JN221817

イスラームからつなぐ

◆

6

思想と戦略

山根 聡 ［編］

Islamic Trust Studies
イスラーム信頼学

東京大学出版会

Connectivity and Trust Building in Islamic Civilization, Vol 6
Thought and Strategy

Sou YAMANE, Editor

University of Tokyo Press, 2025
ISBN 978-4-13-034356-5

シリーズ刊行によせて

　第一次世界大戦とその後の国際秩序模索の時代から 100 年が過ぎた。この 1世紀の間に、第二次世界大戦と 40 年余りの冷戦を経て、脱植民地化が進み、ソ連崩壊によるアメリカ一極支配体制が出現し、人類はようやく安定した平和の時代を手に入れた、と見えた瞬間があった。

　しかしそれが錯覚であったとすぐに明らかになる。世界人口の約 6 割を占める一神教徒にとっての聖地が集中するパレスチナでは、アメリカなど西側諸国の後押しを受けた、イスラエルによる植民地化の暴力が止まらない。多民族国家ユーゴスラビアでは内戦が始まり、強制追放と虐殺が相次いで四分五裂した。冷戦期にアフガニスタンにて対ソ連戦の道具として西側に利用された「自由の戦士」たちは、その後「テロリスト」として 9・11 事件を起こしたとされる。アメリカが「大量破壊兵器疑惑」をでっちあげて起こしたイラク戦争は、イラク国家機構の完膚なき破壊と甚大な人命損失を招き、10 年ほどしてシリア内戦に連動して「イスラム国 (IS/ISIS)」を生み出した。

　これらはイスラームが何らかの形で絡んだ顕著な事件の一部でしかない。イスラームといえば、常に他者との対立・紛争を想起する人が多いのも無理はない。世界の移民・難民におけるムスリムの割合は非常に高く、排除と分断の動きは深刻さを増している。冷戦終結後最大の危機とされるウクライナ戦争も、この 100 年続いてきた排除と分断の大きな流れの中に位置づけられ、さらなる古層にはこの地域を支配したムスリム政権の記憶が横たわる。

　より一般化した見方をするならば、国民の同質性を国家の前提に掲げつつ、他方で人口の多数派・少数派を意識し、敵を措定して立ち向かうのを「文明化の使命」により正当化する——過去 1 世紀を通じて、こうした動きが世界各地で進んできたのである。それは私たちの身の周りでもふとした折に顔を出し、ひとたびインターネット空間に立ち入れば、その野放図な拡がりをまざまざと目にすることになる。

　もちろん、この間に数多の国際組織が形成され、グローバルなサプライチェ

ーンは緊密度を増し、コミュニケーション手段は驚異的な発達を遂げ、国境を越えた人々の交流が深まった。人類文化の多様性が強調されて、多文化主義が政策化される局面も現れてきた。しかし、こうした動きが排除と分断の動きに抗しきれぬまま押し流されようとしているのを認めざるをえない。

　本シリーズは、広い意味での「イスラーム」に関わる研究者が、「つながり」（コネクティビティ）と「信頼」をキーワードにしつつ、1400年間（2022年はイスラーム暦元年622年から太陽暦計算でちょうどどこの節目であった）にわたるイスラームの拡がりの歴史と現在のなかに、排除と分断に対抗する知を見つけ出そうとするものである。ただし、イスラームの教義から出発して演繹的考察を深め、イスラーム文明の独自性を結晶化させる、という方法はとらない。逆に、研究者が取り組んできた過去と現在のイスラームをめぐる多様な時空間から、学知のみならず、暗黙知として認識してきたような「つながりづくり」の知恵と術を抽出しようとする。そしてそれを排除と分断をのりこえるための戦略知として鍛え上げることを目指すものである。

　もちろん、現在20億ともいわれる人口規模をもつムスリムもまた、排除と分断を経験し、苦しんでいる。しかし長い目で見れば、イスラーム文明はこれまで多様な集団や文化を包摂してきたのであり、「つながりづくり」と信頼構築のための知恵と術の宝庫でもある。本シリーズを通じて、その戦略知を様々な形で伝えたいと思う。「イスラームからつなぐ」という言葉にはそうした願いが込められている。

　本シリーズを生み出す母体となるプロジェクトは、文部科学省科学研究費・学術変革領域研究（A）「イスラーム的コネクティビティにみる信頼構築：世界の分断をのりこえる戦略知の創造」（2020-2024年度）、略称「イスラーム信頼学」である。本シリーズが、読者にとって新たな「つながりづくり」のために役立つ手がかりとなることを願っている。

編集代表　黒木英充

目　　次

イスラーム思想の戦略的可変性

山根 聡

はじめに

昭和一九年六月一日

〇午後三時半より青野寿郎氏の講演『大東亜戦争の意義』

　物質的な意義はよくわかったが精神的な意義は判らなかった…英米人だけがえらいとは思わない。野獣かも知れない。しかし日独といえども野獣性がある。どっちも人間である。神と罪の間をしきりに往来する精力的民族だというだけである。われわれが神で、敵は悪魔だと確信し、それで勇気をふるい起す人間も多いだろう。また国民を動員し、世界の世論に訴える関係上、その宣伝は必要であろう。しかし自分は、どちらも神でなく悪魔でなく、どちらも人間だと信じるから、それゆえ最後まで戦わねばならないのだと思う。神と悪魔の戦いなら戦ってもムダである［山田 2002: 356-357］。

　人間はしばしば、個人や集団を問わず、何らかの思想や信条を信じて行動する。特に特定の宗教集団に属する者が行動する場合、その行動指針は宗教的に規定もしくは正当化される場合がある。ここに紹介した日記は、太平洋戦争期に医学生だった作家山田風太郎が記したもので、神国日本の勝利に疑問を抱いている。彼は神国を疑っているのではなく、戦争は神ではなく人間が戦う、という事実を述べている。しかし仮に、宗教集団が戦争に参加する場合、宗教集団内で決められた方針や戦略は宗教的に正当化され、それに疑問を抱く場合は宗教に反する行為と断じられることもありうる[1]。人はなぜ信仰によって行動

の指針を決め、その指針を疑うことは決してないのか[2]。本書は、ムスリムがムスリム自身もしくは他者と対峙するときに、衝突の回避を念頭に置いて何らかの戦略性をもって方針を転換することはないのか、という可能性を検討するものである。

　本書は、科学研究費学術変革領域研究（A）「イスラーム信頼学」による成果刊行シリーズ「イスラームからつなぐ」の第6巻として刊行されるものである。イスラーム信頼学は、ムスリム同士の独自の水平的な「つながりづくり（コネクティビティ）」を研究主題としている。

　研究計画班「思想と戦略が織りなす信頼構築」は特に、現代世界の喫緊の課題であるミャンマーのロヒンギャをめぐる問題やシリア情勢をめぐる国際社会の確執、インドにおける宗教間対立、あるいは移民社会でのムスリムの行動と受容する社会の動態など、ムスリムを含む形で発生している分断や対立状況について、ムスリム・非ムスリム双方の視点から、政治思想が戦略的に利用されながら信頼構築に向かう状況などを解明することを目的としている。そのなかで宗教的な思想や解釈に可変性がある点を考察することで、ムスリム独自の信頼構築の流れを明らかにすることを念頭に置いている。本シリーズは、為政者と市民との間のタテの関係性でなく、ムスリム同士のヨコのつながりに焦点を置いているが、本書では、タテとヨコの双方を描くことで、ムスリムの動態を考察していく。

1　信仰の確信と思想の戦略的可変性

　ムスリムが唯一神アッラーのことばだと信じている聖典『クルアーン』は、

神が唯一にして万物の創造主、全知全能の支配者であることを強調して、人間に神への絶対服従を呼び掛けている［飯塚 2023: 143］。イスラームという宗教は、長い年月をかけてクルアーンに記された神の言葉の解釈によって組み立てられていった体系である［鎌田 2024: 111］。彼らにとってこの信仰の根幹に疑念を抱く余地はないが、帝国主義の時代、イスラーム圏の多くは列強の植民地となると、そこではムスリムの行動規範であったシャリーアに代わって西洋法が施行された。たとえ植民地化を免れた国々でも、列強への従属が進んだ。のちに帝国主義からの独立を果たしたとき、それらの国々では相続や婚姻などに関係する家族法の分野を除いてシャリーアが施行されることはなく、事実上の政教分離が常態化した［飯塚 2023: 144］。

　独立を果たした国々のなかには、シャリーアを復活させようとする動きが起こった。シャリーアの復活には、伝統的なイスラーム解釈へ盲従する者もあれば、伝統的な解釈の「誤解」を正そうとする試み（解釈の刷新）を主張するアヴドゥフのような人物も出た［飯塚 2023: 148］。こうして近代以降、ムスリム社会内部においてイスラームの解釈をめぐる議論はイスラーム主義者と呼ばれる運動家たちによって活発化した。特に大戦間期に結成されたムスリム同胞団はハサン・バンナーによって牽引された。バンナーは 1939 年の第 5 回総会で、同胞団を定義するなかでウンマの快癒を目指す「社会思想」などの 8 つの定義を加えた際、同胞団を「政治組織」と定義した［飯塚 2023: 162–163］。それまではムスリム社会の改革を目指す社会運動であったイスラーム主義が政治運動へとつながり、そこで議論されたイスラーム政治思想が広まった。ただし、欧化エリートたちはこうした議論に耳を傾けることがなかったため、イスラーム主義の台頭は、欧化に対する疑義が募る第二次世界大戦後の 20 世紀半ばに展開することとなる。

　イスラーム主義者たちは、近代以降の情勢の変化のなかで、イスラームの解釈の可能性を広げた。バンナーはあるとき、「映画はハラールか、ハラームか」と聞かれて、「ハラームな映画はハラーム、ハラールな映画はハラール」と答えたという［飯塚 2023: 159］。この柔軟性は、結果的に、ムスリム内部での思想や行動に対する可変性を生んでいるのではないだろうか[3]。

　もちろん、思想の戦略的解釈があるとしても、それが常に紛争の解決に至る

わけではない。むしろ、紛争解決の手段として暴力に依拠することを許してしまう事態は、現在の社会において実際に発生している。急進的な「ジハード」論のように、ある思想が敵対する他者に対する攻撃を正当化し、ムスリムの権益を保護する「信頼構築」となることも否定できない。1980 年代のアフガニスタンでの対ソ連戦争をジハードとみなし、神のための戦争に世界各地からムスリムがムジャーヒディーンとして参加したのである［山根 2023: 173］。一方で、2023 年 9 月以降緊張が高まっている中東情勢では、イスラエルによるガザのムスリムに対する攻撃に反対するイランの反発などが懸念されているが、この紛争において当事者がユダヤ教徒とムスリムでありながら、メディアにおいて「宗教戦争」という言葉が全く使われていない点は注目すべきである。対立において、人質の引き渡しや武装組織への攻撃などが報じられるものの、宗教的判断等は一部のウラマー以外に発出していない。2024 年 4 月 1 日のイスラエルによる在ダマスカス・イラン大使館攻撃についても、サウジアラビアやオマーン、カタール、クウェート、バハレーンなど湾岸諸国政府は、在外公館への攻撃を国際法違反として一斉に批判するも、「ムスリム同胞に対する攻撃」としての宗教的な感情は前面に出していない[4]。同様に、4 月 13 日のイランによるイスラエル攻撃についても、「地域情勢」に対する懸念が示され、事態の収拾を望む声明が発出されたが、宗教的な言及はなされていない[5]。すなわち、クルアーンにおいて「汝らに戦いを挑む者があれば、アッラーの道において堂々とこれを迎え撃つがよい」（Q2: 190-194）など、ジハードを正当なものと解釈する章句のもとにアフガニスタンなどでジハードに参戦した時代とは異なり、イスラエルとの関係改善を図っていた中東諸国のなかには、地域の安定を最優先として、破壊的行為は解決をもたらさないと主張する潮流が大勢を占めている

---

3) 「最も効果的な戦略は、暴力だけに頼るのではなく（暴力は優位性を誇示したり、攻撃性を表したりする手段として使えるが）、同盟関係を組む能力を生かすことである」［フリードマン 2021: 45］と指摘されるが、この「同盟関係を組む能力」もまたコネクティビティの一つではないだろうか。

4) 以下、中東情勢の現状については、日本エネルギー経済研究所中東研究センターの堀拔功二研究主幹のご教示による。

5) 2024 年 4 月 19 日のイスラエルによるイラン・イスファハーンへの攻撃については、アラブ首長国連邦とオマーン政府が地域の不安定化を懸念してイスラエルを批判したが、他国は声明を出していない。

のである。これは、政府が、地域の安定を優先した戦略的な判断を施していると考えられる。ただし、そうした為政者の判断と、この地域のムスリムの感情が合致しているとは言い難く、今後ムスリム同胞としての連帯が前面に出ることも否定はできない。本書では、こうした為政者側ではなく、ムスリム社会における水平的なコネクティビティを明らかにしようとしている。われわれはそのうえで、ある意味で柔軟な解釈が可能となっている点に留意しておくべきであろう。

　本書で研究対象となる時代は、前述のように、ムスリムが西洋と接触したことでムスリム社会内の法が変容した 19 世紀以降から現在に至る期間に設定している。

2　戦略、非ムスリムとの関係性、ジェンダー

　本書は、3 つのテーマによって構成される。それは、(1) 戦略としての思想もしくは思想の戦略的展開、(2) ムスリムと非ムスリムの関係性をめぐる問題、そして (3) ジェンダーをめぐる戦略性である。それぞれのテーマに関し、世界各地のムスリムの動態の事例を紹介、検討している。

(1)　戦略としての思想、思想の戦略的展開

　ムスリムがムスリム・コミュニティの行動規範として何らかの思想を提示するとき、その思想はいかに戦略的に展開されているかについて検討する。ここでは特に、ムスリム・コミュニティ内部での動きについて、シリアとインドネシア、パキスタンの事例で検討する。

　青山とアルアフマド（第 1 章）は、「アラブの春」の影響で発生した「シリア内戦」が、その終結後も欧米諸国による経済制裁や諸外国の部隊駐留等によって復興が進まないシリアを対象としている。難民や移民の受け入れ社会への統合を促す「有機的連帯」を生み出す役割を果たしているイスラームへの帰属意識、すなわち「ムスリム同胞」に対する互助的な意識が移民と受け入れ社会の統合にどの程度寄与するかを考察するもので、移住しているトルコとレバノン在住のシリア人、そして受け入れ側のトルコ人やレバノン人に対するアンケー

トを実施したものである。これによりイスラームに対する信頼性と社会統合への意識の相関関係を明らかにしている。シリアからの難民をムスリムの「ともだち、きょうだい」と呼ぶか、「難民」と呼ぶか、といった選択に悩みながらも、難民を受け入れる側に積極性が顕著でないことが指摘されている。ムスリムの同胞意識を刺激するよりも、より実効的、実務的な取り組みを重視するべきとの結論は、前述のイスラエルとの関係での現実的対応にも通じるところであり、ムスリム社会が戦略的に変化しつつある様子を描き出している。

　穏健的、もしくは寛容的なイスラームのあり方を考察するうえで、インドネシアのイスラーム組織「ナフダトゥル・ウラマ NU」は注目すべき組織である。菅原（第 2 章）は、インドネシア最大のイスラーム組織である NU が多用する「寛容なイスラーム」がいかにして形成されたか、すなわち現実の社会や政治へのアプローチにおいて柔軟性のある解釈とともに世俗政治に対する強硬な解釈も発表してきており、その政治思想の戦略性について論じている。インドネシアにおいて政党に対し伝統派、近代派、改革派などという説明がつけられているが、それら用語の意味も時代や文脈によって異なっている点は、政治思想の解釈の可変性を示している。

　人口の約 98％がムスリムであるパキスタンは、独立時インドとの差異化のもと、ムスリム国家として独立を果たした。だがそこでは、ムスリムの近代的国家を目指す政治家と、イスラーム体制の樹立を求めるイスラーム主義者との間で国家のあり方をめぐる議論が生じ、政治思想が政権の正当化のために利用された。山根（第 3 章）は、パキスタンで政治思想がいかに戦略的に解釈、採用されてきたかを検討し、独立後イスラーム化と世俗化の間を行き来してきたパキスタン社会がどのような変化を辿ったかを探る。

（2）　非ムスリムとの関係性を探る

　ムスリムの思想とその戦略性を検討するうえで、ムスリムと非ムスリムの関係性は重要である。非ムスリムとの共存、対立をムスリムがどう判断するかについて、思想面や活動面で戦略的要素を持つことは自然なことであるが、ここでは歴史的な経緯を含めた議論を進める。

　藻谷（第 4 章）は、19 世紀前半、エジプトのムハンマド・アリーが遠隔地で

あるシリアを統治した時代における政権とシリア在地有力者の関係構築の様相を解き明かしている。そこでは、在地有力者を代官として任命することで地方支配を委任するという、信頼に基づいた関係性が浮かび上がる。同様に、在地有力者で構成させる地方評議会が設置された際には、ウラマーのほか、場合によっては協議会の半数が非ムスリムの在地有力者であった事実から、現実的な統治を進めるうえで、政権と在地有力者の関係性を、在地有力者の反応を考察することで明らかにしている。

　言うまでもなく、ムスリムと非ムスリムの関係性は、歴史的な展開を持っている。現代ミャンマーにおけるロヒンギャの問題は、ラカイン北部におけるムスリムと仏教徒の対立として扱われるが、池田（第5章）は、仏教徒と移住してきたムスリムの関係性や植民地を支配するイギリス政府が彼らをどう見ていたかを歴史的に明らかにする。現在、ロヒンギャという呼称が「ロヒンギャ・ナショナリスト」によって使用されているが、この語は1940年代後半まで1世紀半にわたって使用された文書がなく、現在の民族運動に利用されている根拠の危うさも指摘する。つまりこの語はムスリムが政治活動をするうえで戦略的に用いられた呼称であるともいえよう。ムスリムの自意識が他者との関係性でいかに育まれたかという問題は、現在の「ロヒンギャ」と呼ばれる集団が形成され、排除されるに至った政治的背景に起因しているのである。

　世界最大の民主主義国家と自らを謳い、独立後にネルーが世俗主義の根幹として、宗教の違いで人が殺されることのない国を掲げたインドでは1990年代以降、ヒンドゥー至上主義がムスリムとの暴力的な対立をもたらしている。中溝（第6章）は、インド独立直後の第1回総選挙（1951年）から現代までの総選挙の流れを通して、少数派であるムスリムの投票行動を分析し、牝牛保護団のようなヒンドゥー至上主義者がもたらすムスリム迫害の暴力的戦略に対して、ヒンドゥー、ムスリム両者で何らかの対策を講じるべきであるとの意志が表明されている点など、暴力に対する宗教を問わない拒否反応は、現代において示唆的である。中溝は、ビハール、カシュミール、アヨーディアなど、現代インドにおいてヒンドゥーとムスリムの対立、衝突が問題となっている地域でのアンケートを実施することで、近年のムスリムとヒンドゥーの意識のあり様を示している。

シャルマーとラール（第7章）は、ムスリムNGOがインド国内の他宗教などの共同体との信頼とつながりを（再）構築する役割を果たした事例を紹介する。こうした研究は、現在のインドでもほぼ見られないもので、ムスリムが探る異教徒との共存に向けた戦略について、ムスリム女性の協働、ソーシャルメディアの活用、仕事上の談話でムスリムという言葉を戦略的に用いていることなど、貴重な事例を提供している。

（3）　ジェンダーと戦略

　ムスリム社会においてジェンダーをめぐる問題は特に西洋的なフェミニズムが唱える男女の完全平等という立場から批判されてきた。特に、クルアーンにおいて男女に対する規程が異なる章句の存在が、男女間の不平等な関係性として指摘されてきた［後藤 2018］。こうした批判に対するムスリム側からの反論は、イスラーム主義者の場合、男女の相互補完的な性格を強調し、西洋的な完全平等は女性の尊厳を奪う［岡 2002: 432］とした。それでもなお、ムスリム女性の社会進出をめぐる議論が存在するということは、ジェンダーの問題をめぐる新たな視点による研究が俟たれることを示している。

　工藤（第8章）は、パキスタン人の父と日本人の母を持つムスリム女性たちのアイデンティティ交渉のプロセスを通して、彼女らのコネクティビティとジェンダーがいかに交差するかを、24名の女性の証言をもとに明らかにしたものである。そこでは、父親から押し付けられたイスラームの価値観、という感覚を、「パキスタンの文化」に由来するものとして峻別し、イスラームのあり方を戦略的に語ることで、自らの新たな生き方を探ろうとしている姿が見えるのである。これは、日本におけるパキスタン系移民が第2世代以降になってからの新たな動きとして興味深い傾向を示している。

　また後藤（第9章）は、ムスリムの国際的啓蒙団体「ムサーワー（平等）」の活動を通して、ムスリム家族が平等と公正をもたらそうという目的のためにどのような思想に基づいて戦略的な行動をとっているかを明らかにしている。そこでは、国際人権基準の男女平等とイスラームにおける男女平等論を比較したうえで、ムサーワーの活動では、女性差別撤廃条約で求められる男女平等と、イスラームにおける男女平等が完全に一致するという主張を掲げ、ジェンダー

問題におけるイスラーム批判をかわす戦略性が見られるのである。そこでは、国際人権基準とイスラームの男女平等論を並べて、その共通性を見出す工夫が見られる。こうした、イスラームに基軸を持ちながらも異なる基準に対する歩み寄りを模索する動きは、昨今の潮流として注目される。

ムハンマッディーン（第10章）は、アフガニスタン出身者を含むパキスタンやインド、インドネシアでのムスリム女性の地域移動に関する調査を通して、ムスリム女性にとっての「信頼」という考え方を明らかにしている。女性の移動にとって重要な要素として、平和であるということが挙げられる。女性が外出を含む移動を行うとき、家族にとっては移動する女性に対して信頼を抱くよりも、移動の際の平和的な環境、安全に対する信頼が必要となるのである。パキスタンでのマドラサでの調査を始めるにあたってのマドラサ幹部とのやり取りの失敗や苦労も紹介しているが、それはまさに、信頼構築の流れであろう。調査の過程で得た信頼は、やがて女性学者を会議に参加させることができるまでに至っている。同章は、信頼構築の過程を、実体験をもって記したものである。

上記のような章立てによって、本書はムスリム同士あるいはムスリムと非ムスリムの間での信頼構築に向けた戦略的な動きを、タテ、ヨコの関係性から解明する。ここでは最後に、ムスリムのヨコのつながりについて、筆者が専門とする南アジア地域の事例を2つ紹介したい。

3　19世紀北インドにおける宗教間対立

1858年、インドはイギリスの直接統治の下に入った。ムスリム、ヒンドゥー、スィクが混住していたパンジャーブでは、それまで混交していた宗教コミュニティが、西洋からもたらされた技術や思想を汲み入れつつ、各コミュニティの権益保護や改革運動を活性化させ、集団間の対立を生んだ。ヒンドゥーとムスリムの政治的対立は結果的に、1947年のインドとパキスタン分離独立につながっていく。そのなかで、宗派を超えたムスリムの団結を訴えて1884年に結成された「イスラーム擁護協会」は、思想の戦略的解釈を行って他宗教やイギリス政府との対立を回避しようとしていた。

擁護協会が運営するイスラーミヤ・カレッジの憲章文が、イギリスによるインド統治を「誠実かつ賢明なヴィクトリア女王はインドおよびパンジャーブの多様な宗教集団を統治し、様々な便宜をもたらしている」［水澤 2023: 139］と称賛し、女王即位 50 周年記念行事への参加や女王逝去時の追悼基金設置などの動きや［水澤 2023: 141］、全インド国民会議派年次大会への代表派遣を見送るなど［水澤 2023: 138］の動きに見られるように、同協会はイギリス政府との対立を回避していた。さらに協会は、ハディースにおいて預言者ムハンマドが「（公正な支配者に）感謝しない者は神に感謝しない者と同然である」という文言が憲章文で用いられている点を引用して［水澤 2023: 139］、異教徒イギリス人への忠誠がハディースの文言によって宗教的に正当化されていたことになる。

　その一方で、擁護協会はイギリス政府によるマッカ巡礼の法的規制や巡礼費用の増大に対する批判を展開したが［水澤 2023: 144-145］、その文章も「植民地政府が法案を善意から提案していることには何の疑いもない」［水澤 2023: 146］と書いたうえで意見を述べるなど、政府との軋轢を避けた。さらに、インド東部の町カーンプルでイギリス政府が道路建設のためにモスクの一部を損壊した事案に対し、インド各地でイギリスに対する抗議活動が起こった際も、穏健派と呼べるような自制的な態度の論調を掲載して、クルアーンの「神は耐える者と共にある」という章句をもってムスリム側に自制を呼びかけている［水澤 2023: 151］。

　ムスリムのこうした動きに対して、同時代にヒンドゥー側でもムスリムとの対立を回避しようとする動きがあった。

　本書の第 6 章（中溝）と第 7 章（シャルマー・ラール）で言及される、現代インドにおけるヒンドゥーとムスリムの対立は、19 世紀後半に顕在化した[6]。ヒンドゥー教徒、スィク教徒、ムスリムの三つ巴による宗教観対立は特に北インドのパンジャーブ地方で顕在化した。それぞれの教徒らは、自らの宗教の保護を唱えて宗教復興を唱え、改革派等の集団も生まれた。ヒンドゥーの場合はアーリヤ・サマージが結成され、ムスリムの場合はイスラーム擁護協会などが結成された。そこで象徴的となったのは、ヒンドゥーによる牝牛保護運動であっ

6）　南アジアでの宗教間、宗派間の対立のことを特に「コミュナルな対立」と呼び、宗教的、民族的ナショナリズムや宗派主義を「コミュナリズム」と呼ぶ。

た。

　これは 1830 年代、インドに駐在する
イギリス宣教師が牛肉を食べていたこと
に対し、昨今のヒンドゥーの道徳の低下
はイギリス人によってもたらされたと発
言したことなどから始まった［小谷 1993:
70-71］。この流れにおいて、19 世紀から
20 世紀にかけて起こった「サンスクリタ
イゼーション」と呼ばれるカースト上昇
運動により、ヒンドゥー教徒の間で宗教
的純化を目指す動きが活性化し、肉食を
忌避する動きが始まったのであった［小
谷 1993: 82］。1873 年、ボンベイでダヤー
ナンド・サラスワティが「アーリヤ・サ
マージ協会」を設立、活動は 1880 年代
には全インドに広まり、特にパンジャー
ブで展開された。

図 1　『牝牛の嘆き』の表紙
注）　筆者所蔵。

　対立が高まるなか、1885 年頃にラー
ホールから雑誌『牝牛の嘆き』が刊行された（図 1）。その内容はヒンドゥーか
らムスリムへの「語りかけ」となっていて、対立を回避しようとする意図が読
み取れる。その記事の一つは、ムハマド・ムラード・アリーという人物が牝牛
保護に生涯を捧げたというもので、ムスリム側が牝牛保護を理解していると描
かれている[7]。

　同誌にはムスリムに対し、必要以上の牝牛の屠殺を控えるようにという論調
の文章が収載されている。ヒンドゥーの牝牛保護運動を主導したラーラ・シガ

---

7)　その記事では、「ムスリム同胞に告ぐ、われらの宗教にはある動物の肉を食することがハラー
ルとされている、あるいは、こうした動物を供犠に出すこともある。真面目なムスリムが自分
の食する動物を屠ることはあっても、売り捌くために何百匹も殺すことはないように（してほ
しい）。屠殺して金儲けをしようとする人間が捌いた肉を食べることは宗教で憎まれることで
ある。こうした行動から逃れるように（してほしい）。こうした行為（動物をむやみに殺すこ
と）は弾圧であり、終末の日にも許されないであろう。

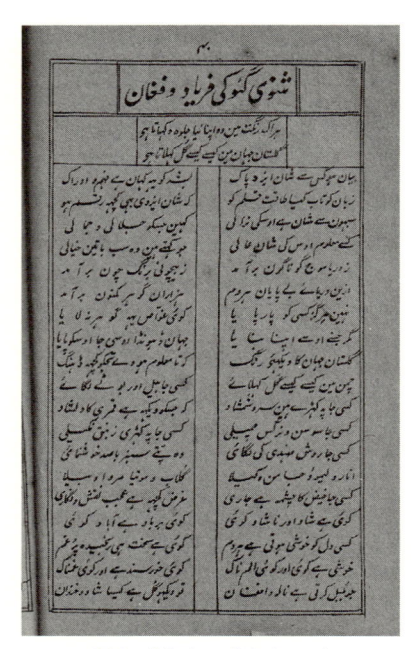

図2 「牝牛の嘆き」の詩

注） 筆者所蔵。

ーチャンドが山間の村で牝牛が殺害される場面に遭遇して心を痛めていると、その場にいたマウルヴィーからも牝牛保護の協力を得たことで勇気を得、生涯を牝牛保護に捧げることとなったという経緯も描かれている。すなわち、ムスリムやヒンドゥーの一方的な判断でなく、両者が揃って牝牛保護に臨むという理想的な挿話が含まれるのである。

　さらには「牝牛の嘆き」と題するウルドゥー語の詩が掲載されている。その一部をここに紹介しよう（図2）。

　　　泣き咽びつつ牝牛は嘆く　わたしの
　　　首を刈る者がそこに在る
　　　誰もわたしの嘆きを聞いてくれない
　　　わたしを褒めるのは神（Khudā）だ
　　　け
　　　わたしは苦しめられ　皆に従うだけ
この悩む心のさまは　あらゆることに泣き叫ぶばかり
わたしは残虐なものになくそれを受ける者
わたしは苦しめられ　皆に従うだけ
神様　この無力さはいかがなものか　あらゆることがわたしの破滅
わたしのさだめは打ち砕かれ　あまりに酷いこの命
見た目では　この世はわたしの友のよう
　　　　　しかし本当はわたしの皮を求めている
（中略）
わたしのさまに慈悲をなげかけ　わたしの苦しみに身体を震わせ
牝牛保護の新聞を出せば　心を寄せてくださる
牝牛保護の会員になられた　協会で講演もなさった
多くの講演も新聞に載せられた　それがこの方のお気持ちを表すこと

アリーガルで聞いたには　屠殺人が　わたしの姿に心を揺さぶられ

　　心にわたしへの慈悲が生まれ　仲間を集めて

　　皆を座らせこういった　ここに皆を呼んだのは

　　こんな仕事辞めてしまえ　こんな暴虐から離れたまえ

　　家畜を殺すこと勿れ　神を畏れたまえ　[Prashād 1885?: 40-41]

　雑誌『牝牛の嘆き』は、まずムスリム自身の文章での牝牛保護の言葉を引用し、そのうえでヒンドゥーの体験から牝牛が屠殺される残酷さを描き出してムスリムを諭そうとしている。この雑誌に一貫しているのは、ムスリムによる牝牛屠殺を批判するのでなく、牝牛に対する憐れみをムスリム社会のなかに生み出そうとしている点である。また、「悪いムスリムの肉を食べてはいけない」という言い方によってムスリム全体を批判することを避け、「良いムスリム」と「悪いムスリム」がいるとして、牝牛保護への理解を求めている。つまり、20世紀以降のヒンドゥーとムスリムの深刻な対立の直前はヒンドゥー側からも「善良なムスリム」への修復可能な「呼びかけ」が存在していたのである[8]。それは、ムスリム集団内部でのヨコのつながりによる思想の変化に対する戦略的な対応であった。

4　ジハード思想の広がり

　南アジアのムスリムの政治思想が他のムスリム社会に浸透していくうえで、思想の翻訳・出版は大きな影響力を持つ。本書第3章（山根）で取り上げる南アジアのムスリム復興運動家アブル・アアラー・マウドゥーディーによるイスラーム政治思想は、ウルドゥー語で出版され、南アジア、特に北インドで共有されたが、その著作は1940年代後半以降アラビア語やペルシア語などさまざまな言語への翻訳を通して各地で共有された。特に1979年末のソ連軍によるアフガニスタン侵攻以降、マウドゥーディーの著作は数多くの言語で集中的に刊行された[9]。出版地はクウェートやシリア、ケニア、イラン、マレーシア、スウェーデンなど世界各地に散らばり、確認できたものだけでも37言語に及

---

8)　こうした呼びかけをウルドゥー語のマスナヴィー体で書いたという点も、当時のウルドゥー文学がヒンドゥーとムスリムの両者に共有されていたことを示すものである。

図3　イスラーム入門書

注）　サイイド・クトゥブ、ハサン・バンナー、マウドゥーディーのジハード論を紹介している（JI 本部附属図書館所蔵）。

んでいる。その多くはマウドゥーディーによるイスラーム入門書だが、ジハード論なども翻訳出版された（図3）[10]。翻訳による思想の共有については、本シリーズ第3巻［野田 2024］を参照されたい。翻訳の出版によって、マウドゥーディーのイスラーム政治思想が水平的に拡散していったのである。

　なお、1978年末、マウドゥーディーはイラン・イスラーム革命の指導者アーヤトッラー・ホメイニー師宛の書簡を送って革命を称賛した。ホメイニーは返書をパキスタンに派遣した使者2名によってマウドゥーディーに手渡した[11]（図5）。ホメイニーは書簡で、1399年ムハッラム

9）　ラーホールのJI本部図書館にはマウドゥーディー著作の翻訳物の一部が所蔵されている。翻訳は日本語（出版地はレバノン）、中国語、フィリピン語、マレー語、タイ語、インドネシア語、ヒンディー語、ベンガル語、パンジャーブ語（スィク教徒が用いるグルムキー文字）、アッサム語、カンナダ語（南インドの言語）、シンハラ語、タミール語、グジャラート語（インド北西部の言語）、マラヤーラム語、パシュトー語、ディヴェーヒー語（モルディブの言語）、ネパール語、アラビア語、ペルシア語、トルコ語、ウズベク語、ウガンダ語、セルビア語、クルド語、スワヒリ語、ソマリア語、ズールー語、ハウサ語、英語、フランス語、ドイツ語、ロシア語、スペイン語、ポルトガル語、イタリア語、スウェーデン語（翻訳はスウェーデンのルンドの Muslim Students Organization）等が残されている（マレー語とインドネシア語、ウガンダ語などは、それぞれのテキストに表記されている言語名をそのまま筆写している）。出版社に関しては、クウェートは Sahaba Islamic Press や Al-Faisal Islamic Press、シリアはダマスカスの The Holy Koran Publishing House、ケニアはナイロビの Quran House および The Islamic Foundation、マレーシアは Peti Surat、レバノンは The Holy Koran Publishing House、イランは Kitab Khana Milli、アフガニスタンは Khush Hal Mina である（テヘランとカーブルの出版物の一部は奥付にウェブサイトやメールアドレスが付してあるため21世紀のものと推定される）。出版社名が不記載の手書きのキリル文字のロシア語のパンフレットも複数ある（図4）が、出版地はパキスタンのペシャーワルで、誤字が散見される。アフガニスタンでの対ソ連戦争時のソ連軍兵士、特に中央アジアのムスリム兵士に配布されたと考えられる。言語の特定には北田信先生（大阪大学）にご教示を得た。

10）　出版物にはクトゥブのジハード論も含まれる。出版社が世界各地に散らばっている事実については、資金源や出版の経緯を調べれば、当時のイスラーム復興に対するムスリム間のコネクティビティが浮き彫りになる可能性があり、今後の研究が俟たれる。

月 10 日（＝1978 年 12 月 11 日）付の手紙を受け取ったと述べ、マウドゥーディーのイスラーム革命支持に謝意を表した[12]。マウドゥーディーはホメイニーの使者に自身の著作とともにウルドゥー語で親書を送った。親書では、イスラーム革命を称賛し、ともにイスラーム体制確立のために協力しようと述べている（Nu'manī 1982: 305-306）[13]。マウドゥーディーが主張するイスラーム体制は、イランでの革命に続いて、アフガニスタンでのジハードの波に乗って後押しされた[14]。こうした思想の共有や共鳴は、翻訳という作業によって、ムスリム同士のヨコのつながりを広く水平的に広げた。インターネットの技術が進化し続ける現在、イスラーム思想がさらに戦略的に利用され、ムス

図 4　マウドゥーディー著作のロシア語版：『世界の長（預言者ムハンマド）』

注）　JI 本部附属図書館所蔵。

---

11)　ホメイニーはマウドゥーディー宛の手紙をフランスに滞在していた 1399 年サファル月 2 日（1979 年 1 月 1 日）に書いている。

12)　ホメイニーは、革命がイスラームの世界観に基づき、抑圧と腐敗に反対し、イスラーム的な正義の確立を目指す革命であったとし、世界には大国の支援を受けた圧政に苦しむイスラーム諸国が他にもあると指摘した。大国は貧しい人々を助けることなく自国の資源（石油など）を無駄な武器の購入に使っており、いかなる反対勢力も容認せず、反対者を殺していると批判し、イスラームはムスリム全員に対し、抑圧に立ち向かい、非ムスリムや不信心者から遠ざかるよう呼びかけていると強調した。そして抑圧をイスラームの正義に置き換えるために、今、すべてのムスリムが互いの違いを捨て、団結してイスラームの敵に立ち向かう義務があると述べた。

13)　この書簡は、1962 年後半からマウドゥーディーのタイピストとして働いていたアースィム・ヌウマーニーが、彼の備忘録を出版したときに掲載された。ヌウマーニーはマウドゥーディーの秘書グラーム・アリーとともに常にマウドゥーディーのそばにいた。当初ヌウマーニーは日記をつけなかったが、1974 年に JI の本部がラーホール郊外のマンスーラに移転すると日記をつけるようになった。なお、図書館の閲覧にあたっては前 JI 外交担当アブドゥルガッファール・アズィズ氏および元パンジャーブ大学教授ラフィーイウッディーン・ハーシュミー博士のご助力を得た。

14)　この時期パキスタンの大学の教員人事も JI 系の教員が採用され、「リベラル」な研究者が追われる立場となった。学生も 1974 年に結成された「イスラーム学生団体 Islami Jam'iat al-Talaba」が大学内で勢力を伸ばした。

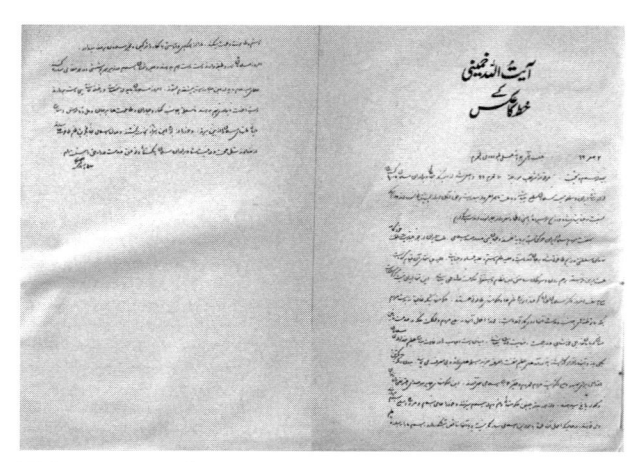

図 5 ホメイニー師のマウドゥーディー宛書簡

注）JI 本部附属図書館所蔵。

リムの間に広範囲で共時的に浸透する可能性はさらに高くなるであろう。そこにわれわれは、ムスリムのコネクティビティの「したたかさ」ともいえる戦略的な強みを感じるのである。

参考文献

飯塚正人 2023「イスラーム主義の盛衰」『岩波講座 世界歴史 21　二つの大戦と帝国主義Ⅱ　二〇世紀前半』岩波書店

岡真理 2002「ジェンダー」大塚和夫ほか編『岩波イスラーム辞典』岩波書店

鎌田繁 2024「イスラームは「戦争」をどう考えるか——クルアーンと古典的法学、反体制派のジハード論」鈴木董編『講義　宗教の「戦争」論——不殺生と殺人肯定の論理』山川出版社

小谷汪之 1993『ラーム神話と牝牛——ヒンドゥー復古主義とイスラム』平凡社

後藤絵美 2018「クルアーンとジェンダー——男女のありかたと役割を中心に」松山洋平編『クルアーン入門』作品社

鈴木董 2024「宗教と戦争を考える」鈴木董編『講義　宗教の「戦争」論——不殺生と殺人肯定の論理』山川出版社

野田仁編 2024『イスラームからつなぐ 3　翻訳される信頼』東京大学出版会

フリードマン、ローレンス 2021『戦略の世界史——戦争・政治・ビジネス　上』貫井

佳子訳、日経ビジネス人文庫

水澤純人 2023『「近代ムスリム市民社会」の誕生——イスラーム擁護協会の「女性問題」から考える』晃洋書房

山田風太郎 2002『戦中派虫けら日記 滅失への青春』ちくま文庫

山根聡 2023「信頼のためのイスラーム思想と戦略」黒木英充・後藤絵美編『イスラームからつなぐ 1 イスラーム信頼学へのいざない』東京大学出版会

Maudūdī, Saīd Abu'l Ālā, 'Ibādī (trans.). 1980 *Glava vsego Suw*[sic]*ego*, Peshawar.

Maudūdī, Saiyid Abū al-A‘lā, et.al. 1982 *Falsafa-i Jihād dar Islām*, Kuwait: Al-Ittiḥād al-Islāmī al-‘Ālamī lil-Munaẓẓamāt al-Ṭullabīya

Nu‘manī ‘Āṣim. 1982 Makātīb Saiyid Abu A‘lā Maudūdī, Lahore: Islamic Publications.

Paṇḍit Likh Rām. 1883 *Risāla Ishtrī Sikhiyā*, Lahore: Shaikh Āriya Pres.

Prashād, Lāla Bhopat. 1885? *Go Bilāp*, Lahore: Matba‘ Āftāb-e Panjāb.

第 **I** 部

戦略としての思想、思想の戦略的展開

第 1 章

在外シリア人と受け入れ社会の コネクティビティ

青山弘之／ジアド・アルアフマド

はじめに

　2011 年に「アラブの春」の波及によりシリアで発生した紛争（いわゆるシリア内戦）は、同国を未曽有の混乱に陥れた。紛争は、2024 年 12 月にバッシャール・アサド政権が突如崩壊し、大きな節目を迎えた。だが、国土は複数の政治主体によって分断され、諸外国が各所に基地や拠点を設置し、部隊を駐留させている［青山 2021］。分断と占領を特徴とするこうした膠着状態は、欧米諸国による経済制裁とあいまって、復興を阻害し続けている。そしてそのことが、紛争によって国外に逃れた人々の帰還を困難なものとし、避難先での定住と統合がより現実的な選択肢となっている。だが、彼らの統合は、受け入れ社会がいかに人道的かつ友愛的であったとしても、さまざまな負担を伴うものであり、時として差別や排斥を増長しかねない。

　本章では、難民や移民の受け入れ社会への統合を促す「有機的連帯」（solidarité organique）［Durkheim 1893］を生み出す役割を担ってきた宗教、具体的にはイスラーム教への信頼性（コネクティビティ、connectivity）にどのような可能性があるかを論じる。ここでいう信頼性とは、イスラーム教への信仰、イスラーム教に基づく（と個人や集団が考えている）実践、イスラーム教徒としての帰属が、社会的な活動、特にここでは移民と受け入れ社会の統合の促進にどの程度寄与するかを指す。

　分析対象は、トルコとレバノン、そしてそこで居住する在外シリア人とした。両国が多くのシリア人（難民、移民）を受け入れてきたこと、そして宗教・宗

派の構成が対照的であることが、その理由である。すなわち、トルコとレバノンは第 1、第 2 のシリア人受け入れ国である一方、トルコは国民の大多数がイスラーム教徒からなる比較的一元性の高い社会であるのに対して、レバノンは宗教・宗派のモザイクとして知られる多元性を有している。

　以下では、筆者が現地の調査機関の協力を得て実施した二つの意識調査を通じて得られた回答を解析し、トルコ在住のシリア人、トルコ人、レバノン在住のシリア人、レバノン人がイスラーム教に寄せている信頼性と、統合への意識との間の相関関係を明らかにし、シリア人の統合を実現するには何が求められるのかを考察する。

　なお、現地協力機関の一つで、トルコでの実査を統括したチェチクリ研究所の所長を務めるメフメト・チェチクリ氏は、調査終了直後の 2023 年 2 月 6 日に発生したトルコ・シリア大地震で命を落とした。本章は、第 3 の共著者とでも言うべき同氏の献身的な助力なくしてかたちを得ることはなく、本章はメフメト氏が筆者の共同研究者、そして友人としてこの世に生を受けていたことの証である。本題に入る前に、その故人に哀悼の意を表したい。

1　トルコとレバノンに移住、避難したシリア人

　2011 年にシリアで紛争が発生して以降、多くのシリア人が、より安全な場所を求めて、国外に避難、あるいは移住した。国連難民高等弁務官事務所（UNHCR）によると、その数は推計で約 600 万人に達している。彼らの大部分は、トルコ、レバノン、ヨルダン、そしてイラクに居住している。このうち、トルコは、もっとも多くのシリア人を受け入れており、その数は約 350 万人にのぼる。また、レバノンは、トルコに次いで多くのシリア人を受け入れており、約 80 万人に達している ［UNHCR, Operational Data Portal, Refugee Situations n.d.］。

　トルコとレバノンは、紛争発生当初、いずれもシリア人の出入国に制限を設けず、シリア人は両国にビザなしで入国することができた。だが、シリアで混乱が増し、シリア人の流入が急増すると、両国は規制を強化するようになった。

　トルコでは、イスラーム国が勢力を増した 2014 年 6 月末の段階で 79 万人だったシリア人は、同年末には約倍の 155 万人に増大、2015 年 10 月には 200 万

人を、同年末には 250 万人を超えた［UNHCR, Operational Data Portal, Refugee Situations n.d.］。トルコはこうした状況にもかかわらず、当初はシリア人の入国に制限を設けず、門戸開放政策を宣言した［Koca 2015］。だが、2016 年に入って、シリア人の数が 300 万人に近づくと［UNHCR, Operational Data Portal, Refugee Situations n.d.; Republic of Türkiye, Ministry of Interior, Presidency of Migration Management n.d.］、入国を希望するシリア人にビザの取得を求めるようになった［Hürriyet Daily News 2016］。とはいえ、多くのシリア人が不法入国を続けたため、ビザ制度の導入は、シリア人の流入を抑えるものではなかった。

　一方、レバノンは、シリア人の増加に懸念を抱くようになった［Janmyr 2016: 61］。シリア人は、2014 年に入ると急増し、1 月に 80 万人強だったその数は、9 月には 117 万人になった［UNHCR, Operational Data Portal, Refugee Situations n.d.］。事態に対処するため、レバノン政府は、2015 年に入るとシリア人の入国を厳しく規制するようになった［Janmyr 2016］。これによって、シリア人の数は 110 万人台で横ばい状態となり、2015 年 5 月以降は徐々に減少を始めた［UNHCR, Operational Data Portal, Refugee Situations n.d.］。

　国外に逃れたシリア人は、本来であれば、国際人道法に基づく保護対象者（protected persons）として扱われるべきだった。だが、トルコとレバノンはそれぞれ独自の法的地位を付与した。

　トルコは 1951 年のジュネーブ条約（難民の地位に関する条約）の加盟国だが、1967 年の難民の地位に関する議定書には加盟していないことを理由に、シリア人を保護対象者として扱うことを拒否した。その代わりに、トルコは 2014 年、一時保護制度（Geçici Koruma Sistemi）を採用し、シリア人が帰国するまでトルコに留まり、特定のサービスや権利を享受する権利を与えた［Alahmad 2023］。また、合法的に入国したシリア人には、在留許可を与え、毎年これを更新していった。2016 年になると、これらの措置に加えて、一部のシリア人に例外的に国籍を付与するようになり［BBC 2016］、トルコ在住のシリア人の約 5％にあたる 20 万人がその受益者となった［Mülteciler Derneği 2022］。

　一方、レバノンは、ジュネーブ条約と難民の地位に関する議定書のいずれにも加盟していないため、シリア人を保護対象者として受け入れる法的義務がないとの立場をとった。とはいえ、レバノン当局は、シリア人に就学や就業を目

的とする滞在許可を取得するよう求めることで、不法入国者の受け入れに柔軟な姿勢を示した［al-Mudīrīya al-ʻĀmma li-l-Amn al-ʻĀmm al-Lubnānī n.d.］。

こうしたトルコとレバノンの対応は、両国の国民とシリア人の権利の格差をもたらした。シリア人の不遇は、受け入れ社会の自発的な支援や連帯によって補われた［Carpi and Şenoğuz 2019］。シリア人が両国への避難を余儀なくされた当初から、両国社会は、シリア人を「きょうだい」や「客人」として迎え、さまざまなかたちで優遇しようとした。とはいえ、こうした姿勢は時間の経過とともに徐々に薄れていった。両国では、差別が蔓延し始め、シリア人を排斥しようとする動きさえ見られるようになった［Jancewicz 2021; al-ʻArabī al-Jadīd 2022］。こうしたなか、紛争が分断と占領を特徴とする「膠着した終わり」［青山 2021］を迎えると、両国におけるシリア人の地位は不確実なものとなり、帰国を選ばなかった場合、受け入れ社会に統合されうるのか否かについて問題提起される機会も減っていった。加えて、両国に確固たる移民管理政策がないこと［Ineli-Ciger 2017; Zenginkuzucu 2021; El Mufti 2014］も、問題をさらに複雑にしていった。

2　意識調査

難民・移民、受け入れ社会にかかる意識調査は、1 カ国を調査地に選び、両者のいずれかだけを対象に行われるものがほとんどである。だが、難民・移民の受け入れ社会への統合の可能性を見極めるには、統合が双方向的なプロセスであることを踏まえた場合、両者の適性や意向を知ることが不可欠である。こうした理解に基づき、複数の国を調査地として選び、難民・移民、受け入れ社会の双方の意識を把握し、統合の可能性を評価するため、筆者がトルコのチェチクリ研究所、レバノンのスタティスティック・レバノンの全面協力を得て実施したのが「トルコとレバノンにおけるシリア人の統合にかかる世論調査（2022 年）」［青山・アルアフマド 2023］だった。

実査地の選択において、社会の人口構成（宗教・宗派の帰属）や信仰形態を異にする場所 2 カ所、具体的にはイスラーム教徒（スンナ派）が多く居住し、厳格な信徒が多いとされる場所と、宗教・宗派が多様で、宗教的に寛容、あるいは世俗的な場所を選択した。トルコにおいては、前者を代表する地域と実査地

としてガズィアンテップ県、後者を代表する地域としてイズミル県、レバノンにおいては、前者を代表する地域として北部県、後者を代表する地域としてベイルート県およびその周辺地域（いわゆる大ベイルート）を選んだ。

　4つの実査地における調査対象者の数は、トルコ在住のシリア人、トルコ人、レバノン在住のシリア人、レバノン人それぞれ 500 人とした（ただしトルコでは対象者は若干多くなった）。これにより、各調査地において 95％以上の信頼度を確保、許容誤差を 5％以下に抑えた。また調査対象者における代表性を担保するため、調査地として選定された地区において、シリア人の居住の有無、社会経済的地位、宗教・宗派を踏まえつつ、20 の地区を無作為に選定した。そのうえで各地区において、キッシュ表を用いて 5 つの街区を無作為に選んだ。各街区においては、性別と年齢を踏まえつつ、10 人の調査対象者（うち 5 人がシリア人、5 人がトルコではトルコ人、レバノンではレバノン人）を無作為に選び、インタビューを行った。調査対象者の主な経歴情報は表 1 の通りである（調査の単純集計結果については、青山・アルアフマド［2023］を参照のこと）。

　質問票は以下 3 つの節から構成された——第 1 節は、調査の目的を調査対象者に説明し、回答に同意を得るための導入節、第 2 節は、調査対象者の経歴などの基本情報にかかる 32 の質問からなる節、そして第 3 節は、調査対象者の生活状況、シリア人、受け入れ社会への認識や評価についての 29 の質問からなる節である。これらの質問の内容は、原則として、トルコ在住のシリア人、トルコ人、レバノン在住のシリア人、レバノン人のすべてにおいて共通とした。だが、一部の質問は、調査地の事情、プレテストの結果を踏まえて、文言を変更、あるいは削除した。

　実査は、トルコでは 2022 年 10 月 15 日から 11 月 18 日にかけて、レバノンでは 11 月 14 日から 12 月 1 日に行われた。

3　分析で使用する質問の回答——平均値から読みとれる特徴

　「トルコとレバノンにおけるシリア人の統合にかかる世論調査（2022 年）」には、イスラーム教への信頼性が統合において果たす役割を調査対象者がどのように評価しているかを明らかにするため、以下のような 5 段階評価（リッカー

表1　調査対象者の経歴情報

		トルコ（2191 人）		レバノン（2000 人）	
		シリア人(1076 人)	トルコ人(1115 人)	シリア人(1000 人)	レバノン人(1000 人)
調査地 （B1）	ガズィアンテップ	535 人（49.72%）	551 人（49.42%）	——	——
	イズミル	541 人（50.28%）	564 人（50.58%）	——	——
	大ベイルート	——	——	500 人（50.00%）	500 人（50.00%）
	北部県	——	——	500 人（50.00%）	500 人（50.00%）
性別 （B2）	男性	532 人（49.44%）	549 人（49.24%）	500 人（50.00%）	500 人（50.00%）
	女性	544 人（50.56%）	566 人（51.76%）	500 人（50.00%）	500 人（50.00%）
年齢 （B3）	最年少	19 歳	18 歳	18 歳	19 歳
	最年長	75 歳	79 歳	80 歳	83 歳
	平均	40.8 歳	34.3 歳	38.8 歳	35.4 歳
宗教 （B19）	イスラーム教	1065 人（99.98%）	1070 人（95.56%）	988 人（98.80%）	793 人（79.30%）
	キリスト教	6 人（0.56%）	1 人（0.09%）	5 人（0.50%）	203 人（20.30%）
	なし	5 人（0.46%）	24 人（2.15%）	4 人（0.40%）	2 人（0.20%）
	その他	0 人（0%）	20 人（1.79%）	3 人（0.30%）	2 人（0.20%）
結婚状況 （B12）	独身（未婚）	291 人（27.04%）	335 人（30.04%）	183 人（18.30%）	378 人（37.80%）
	シリア人と結婚	657 人（61.06%）	5 人（0.45%）	752 人（75.20%）	32 人（3.20%）
	現地人と結婚	30 人（2.79%）	663 人（59.46%）	26 人（2.60%）	520 人（52.00%）
	離婚	48 人（4.46%）	57 人（5.11%）	15 人（1.50%）	23 人（2.30%）
	死別	49 人（4.55%）	55 人（4.93%）	22 人（2.20%）	45 人（4.50%）
	その他	1 人（0.09%）	0 人（0.00%）	2 人（0.20%）	2 人（0.20%）

出典）　青山・アルアフマド［2023］をもとに筆者作成。

ド尺度）の質問が用意された。

・　Q15-27．同じ宗教であることは、受け入れ側社会と調和して暮らしてい
　　くうえで重要である（トルコとレバノン在住のシリア人）／同じ宗教であるこ
　　とは、シリア人コミュニティと調和して暮らしていくうえで重要である
　　（トルコ人とレバノン人）。

　また、シリア人の受け入れ社会の統合の可能性を見極めるために、以下のよ
うな 5 段階評価の質問が盛り込まれていた。

・　Q5．あなたはどの程度受け入れ側社会の一員だと感じていますか（トルコ
　　とレバノン在住のシリア人）／あなたはあなたの国で暮らしているシリア人
　　がどの程度あなたの社会の一員になったと感じていますか（トルコ人とレ

バノン人）。

- Q15-1. 以下のことにどの程度同意しますか——シリア人は地元社会にとって負担である。
- Q15-3. 以下のことにどの程度同意しますか——地元社会のことをよく知っている（トルコとレバノン在住のシリア人）／シリア人コミュニティのことをよく知っている（トルコ人とレバノン人）。
- Q15-28. 以下のことにどの程度同意しますか——家を所有していたら、シリア人に貸しても良い（トルコ人とレバノン人）。
- Q15-29. 以下のことにどの程度同意しますか——会社を所有していたら、シリア人を受け入れても良い（トルコ人とレバノン人）。
- Q18. あなたやあなたの家族（近親者）がこの国の人と結婚するとしたら、どの程度心地よいと感じますか（トルコとレバノン在住のシリア人）／あなたやあなたの家族（近親者）がシリア人と結婚するとしたら、どの程度心地よいと感じますか（トルコ人とレバノン人）。
- Q26-3. 以下の呼称は、この国に住むシリア人を表すのにどの程度適切だと思いますか——難民。
- Q26-7. 以下の呼称は、この国に住むシリア人を表すのにどの程度適切だと思いますか——きょうだい。

　これらの質問に対するトルコ在住シリア人、トルコ人、レバノン在住シリア人、レバノン人の一般的な意識を理解するため、それぞれの結果の平均値を算出した。算出は、各質問の最高評価を5ポイント、2番目に高い評価を4ポイント、3番目に高い評価を3ポイント、4番目に高い評価を2ポイント、最低評価を1ポイントに換算、無回答を欠損値とすることで行われた。表2は、算出された平均値の一覧である。

　イスラーム教への信頼性が統合において果たす役割への評価について見てみると、Q15-27の平均値が、トルコ在住シリア人（3.23）、トルコ人（2.63）、レバノン在住シリア人（2.81）、レバノン人（2.79）で、いずれにおいても中間値である2.5より高いことから、宗教的共通性が重視されていることが分かる。とりわけシリア人が、それぞれの受け入れ社会よりも高く、宗教に期待をかけていることがうかがわれる。

表2 平均値

	トルコ		レバノン	
	シリア人	トルコ人	シリア人	レバノン人
Q15-27	3.23	2.63	2.81	2.79
Q5	2.95	2.02	2.57	3.43
Q15-1	1.86	3.87	2.11	3.86
Q15-3	3.17	2.64	2.93	3.20
Q15-28	――	2.46	――	2.99
Q15-29	――	2.50	――	2.90
Q18	3.08	2.06	3.03	2.26
Q26-3	2.96	3.90	3.32	3.91
Q26-7	4.06	3.14	3.32	2.86

出典）青山・アルアフマド［2023］をもとに筆者作成。

一方、統合への意識にかかる質問を見ると、Q5の平均値を見ると、トルコでは、シリア人（2.95）の方がトルコ人（2.02）よりも受け入れ社会の一員になったとの意識が高い（トルコ人は平均以下）。トルコ人はシリア人が統合されているとは考えていないが、トルコのシリア人は統合されていると考える傾向が高いということになる。一方、レバノンでは、レバノン人（3.43）の方がシリア人（2.57）よりも高い。レバノン人はシリア人が社会の一部であるとみなす一方、シリア人は依然として疎外されていると考えていると解釈できる。

Q15-1のトルコ在住シリア人（1.86）とレバノン在住シリア人（2.11）の平均値は中間値より低いのに対して、トルコ人（3.87）、レバノン人（3.86）はいずれも高い。このことは、トルコ人とレバノン人は、シリア人が社会にとっての負担だと認識していることを示している。

Q15-3の平均値は、トルコとレバノンで対照的である。トルコでは、シリア人（3.17）の方がトルコ人（2.64）よりも他者への認知度が高いのに対して、レバノンでは、レバノン人（3.20）の方がシリア人（2.93）よりも高い。この違いは、おそらくはトルコでは、シリア人が統合を望んで、受け入れ社会を知ろうとしていることを示している一方、レバノンでは、受け入れる社会（あるいは阻害する側）がシリア人との差異について知ろうとしていることを示していると理解できる。

Q15-28とQ15-29はトルコ人とレバノン人のみを対象とした質問だが、シリア人への家屋の貸与、シリア人の雇用のいずれにおいても、レバノン人（それぞれ2.99、2.90）の方がトルコ人（それぞれ2.46、2.50）より高い。このことは、レバノン人の方が、トルコ人よりも社会生活や経済生活においてシリア人と密接にかかわっていること（あるいは密接であることを迫られている）と解釈できる。

Q18 は、トルコ在住シリア人（3.08）とレバノン在住シリア人（3.03）の平均値はいずれも中間値より高いのに対して、トルコ人（2.06）、レバノン人（2.26）はいずれも低い。このことは、受け入れ社会の成員であるトルコ人とレバノン人が、シリア人以上に姻戚関係を結ぶことに消極的だということを示している。

Q26-3 と Q26-7 の平均値は、いずれの回答も中間値以上であるため、「難民」、「きょうだい」という呼称が適切だとみなされていると見ることができる。ただし、Q26-3 の平均値において、トルコ在住シリア人（2.96）とレバノン在住シリア人（3.32）以上に、トルコ人（3.90）、レバノン人（3.91）が高いことは、受け入れ社会側がシリア人を「難民」という異質な存在と認識していることを示している。また、Q26-7 の平均値からは、トルコ在住シリア人（4.06）、レバノン在住シリア人（3.32）の方が、トルコ人（3.14）、レバノン人（2.86）よりも、「きょうだい」という受け入れ社会と同質な存在と認識していることが分かる。

統合への意識にかかる質問の平均値から分かることは、シリア人と受け入れ社会の間の予定調和的なアンバランスが存在するということである。つまり、シリア人の側が受け入れ社会への統合により積極的であるのに対して、受け入れ社会の側はシリア人の統合に消極的な態度を示すことがあるのである。

4　イスラーム教への信頼性と統合への意識の相関関係

以下では、前節で見たイスラーム教への信頼性が統合において果たす役割への評価を訊いた質問の Q15-27 と、統合への意識にかかる質問の Q5、Q15-1、Q15-3、Q15-28、Q15-29、Q18、Q26-3、Q26-7 の相関関係を算出したうえで、解釈を試みる。

相関関係を算出するに際しての仮説は以下の通りである——①シリア人を受け入れ社会の一部とみなし、なおかつその負担とみなさず、相手をよく知っていると自認し、シリア人を「難民」ではなく「きょうだい」と呼ぶ者において、イスラーム教への信頼性が統合において果たす役割を高く評価している、②イスラーム教への信頼性が統合において果たす役割を高く評価しているがゆえに、シリア人を受け入れ社会の一部とみなし、なおかつその負担とはみなさず、相手側をよく知っていると自認し、シリア人を「難民」ではなく、「きょうだい」

と呼ぼうとする。

　表3は、イスラーム教への信頼性が統合において果たす役割を訊いた質問と統合への意識にかかる質問のスピアマンの順位相関係数を示した表である。

　トルコ在住のシリア人の場合、イスラーム教への信頼性が統合において果たす役割への評価との間に相関関係が見られたのは、呼称にかかる二つの質問、つまり「難民」という呼称についての評価を訊いた Q26-3 の相関係数（0.154）と、「きょうだい」について訊いた Q26-7 の相関係数（0.108）に、1％水準で有意の正の相関が確認できた。このことは、イスラーム教への信頼性が統合において果たす役割を高く評価しているシリア人が、信仰心の篤いイスラーム教徒どうしでしばしば用いられる「きょうだい」という呼称で自己同定する一方で、統合を必ずしも不十分とは考えておらず、そのことが「難民」との自己同定をも伴っている、あるいは、自らを「きょうだい」、「難民」と自己同定しているシリア人がイスラーム教への信頼性が統合において果たす役割を高く評価していると解釈できる。「難民」としての自己同定は仮説通りではないが、トルコ社会へのさらなる統合を希求していると推察できた。

　レバノン在住のシリア人の場合、「難民」という呼称についての評価を訊いた Q26-3 の相関係数（−0.095）に1％水準で有意の負の相関を、また「きょうだい」という呼称についての評価を訊いた Q26-7 の相関係数（0.122）と1％水準で有意の正の相関が確認できた。このことは、イスラーム教への信頼性が統合において果たす役割を高く評価しているシリア人が「きょうだい」という呼称で自己同定する一方、「難民」という異質な存在を指す呼称を嫌っていること、あるいは、自らを「難民」ではなく、「きょうだい」と自己同定しているシリア人がイスラーム教への信頼性が統合において果たす役割を高く評価していると示すものである。また、受け入れ社会の成員との婚姻への認識について訊いた Q18 の相関係数（0.065）にも、5％水準で有意の正の相関が確認できた。シリア人がレバノン人との婚姻への抵抗が低いことは、統合を前向きにとらえていることを示すものである。レバノン在住のシリア人において確認された相関関係は仮説通りだった。

　トルコとレバノンのシリア人においては、イスラーム教への信頼性が統合において果たす役割への評価は自身の呼称への評価にかかる質問以外において強

表3 Q15-27 と統合への意識にかかる質問の相関関係

		トルコ		レバノン	
		シリア人	トルコ人	シリア人	レバノン人
Q5	相関係数	−0.033	0.398**	−0.001	−0.203**
	有意確率（両側）	0.283	0.000	0.977	0.000
	度数	1073	1112	994	988
Q15-1	相関係数	−0.026	−0.501**	0.018	−0.047
	有意確率（両側）	0.396	0.000	0.575	0.139
	度数	1072	1110	993	988
Q15-3	相関係数	−0.010	0.159**	−0.025	0.147**
	有意確率（両側）	0.739	0.000	0.426	0.000
	度数	1072	1110	992	988
Q15-28	相関係数	——	0.500**	——	0.228**
	有意確率（両側）	——	0.000	——	0.000
	度数	——	1112	——	980
Q15-29	相関係数	——	0.523**	——	0.205**
	有意確率（両側）	——	0.000	——	0.000
	度数	——	1111	——	984
Q18	相関係数	−0.014	0.334**	0.065*	0.022
	有意確率（両側）	0.656	0.000	0.041	0.491
	度数	1057	1100	982	973
Q26-3	相関係数	0.154**	−0.680*	−0.095**	−0.086**
	有意確率（両側）	0.000	0.024	0.003	0.007
	度数	1071	1112	992	988
Q26-7	相関係数	0.108**	0.478**	0.122**	0.106**
	有意確率（両側）	0.000	0.000	0.000	0.001
	度数	1071	1109	994	988

注）＊相関係数は 5%水準で有意（両側）。 ＊＊相関係数は 1%水準で有意（両側）。
出典）青山・アルアフマド［2023］のデータをもとに筆者作成。

い相関関係が確認されなかったのに対して、受け入れ社会の側であるトルコ人
とレバノン人においては、多くの質問との相関関係が確認できた。

　トルコ人の場合、すべての質問に有意の関係が確認できた。すなわち、シリ
ア人の統合度への認識を訊いた Q5 の相関係数（0.398）は 1%水準で有意の正の
相関、シリア人の受け入れ社会への負担度にかかる認識を訊いた Q15-1 の相関
係数（−0.501）は 1%水準で有意の負の相関、シリア人社会への認知度を訊いた
Q15-3 の相関係数（0.159）は 1%水準で有意の正の相関、シリア人への家屋の
貸与への選好について訊いた Q15-28 の相関係数（0.500）は 1%水準で有意の正

の相関、シリア人の雇用への選好を訊いた Q15-29 の相関係数（0.523）は 1％水準で有意の正の相関、シリア人との婚姻への認識について訊いた Q18 の相関係数（0.334）は 1％水準で有意の正の相関、「難民」という呼称についての評価を訊いた Q26-3 の相関係数（−0.680）は 5％水準で有意の負の相関、「きょうだい」という呼称についての評価を訊いた Q26-7 の相関係数（0.478）は 1％水準で有意の正の相関が確認できた。イスラーム教への信頼性が統合において果たす役割を高く評価しているトルコ人が、シリア人を自らの社会の一員とみなし、負担と考えず、シリア人のことをよく知っていると自認し、シリア人を「難民」ではなく、「きょうだい」と呼ぶことを好む、あるいは、シリア人を自らの社会の一員とみなし、負担と考えず、シリア人のことをよく知っていると自認し、シリア人を「難民」ではなく、「きょうだい」と呼ぶことを好むトルコ人においてイスラーム教への信頼性が統合において果たす役割を高く評価していることが確認できた。この結果もトルコ人の意識において確認された相関関係が仮説通りであるということを示している。

　レバノン人の場合、シリア人の統合度への認識を訊いた Q5 の相関係数（−0.203）は 1％水準で有意の負の相関、シリア人社会への認知度を訊いた Q15-3 の相関係数（0.147）は 1％水準で有意の正の相関、シリア人への家屋の貸与への選好について訊いた Q15-28 の相関係数（0.228）は 1％水準で有意の正の相関、シリア人の雇用への選好を訊いた Q15-29 の相関係数（0.205）は 1％水準で有意の正の相関、シリア人との婚姻への認識について訊いた Q18 の相関係数（0.022）は 1％水準で有意の正の相関、「難民」という呼称についての評価を訊いた Q26-3 の相関係数（−0.086）は 1％水準で有意の負の相関、「きょうだい」という呼称についての評価を訊いた Q26-7 の相関係数（0.106）は 1％水準で有意の正の相関が確認できた。このことは、イスラーム教への信頼性が統合において果たす役割を高く評価しているレバノン人が、シリア人を社会の一員とみなし、なおかつ彼らのことをよく知っていると自認し、彼らを「難民」ではなく、「きょうだい」と呼ぶことを好む、あるいは、シリア人を社会の一員とみなし、なおかつ彼らのことをよく知っていると自認し、彼らを「難民」ではなく、「きょうだい」と呼ぶことを好むレバノン人においてイスラーム教への信頼度が高いと解釈できる。この結果もレバノン人の意識において確認された相関関

係が仮説通りであるということを示している。

おわりに

　第3節、第4節での分析からも明らかな通り、シリア人はイスラーム教への信頼性が統合において果たす役割を比較的高く評価しているものの、その評価は受け入れ社会への統合の意思や度合いとは結びついていない。だが、受け入れ社会、すなわちトルコ人とレバノン人にとっては、イスラーム教への信頼性が統合において果たす役割への評価は統合において重要な意味を持っていることが確認できた。

　すなわち、イスラーム教への信頼性が統合において果たす役割を高く評価しているトルコ人とレバノン人は、シリア人を全面的に受け入れ、彼らを社会の成員とみなす傾向が高い、あるいは、シリア人を全面的に受け入れ、彼らを社会の一員とみなす傾向が高いトルコ人とレバノン人においてイスラーム教への信頼性が統合において果たす役割を高く評価しているのだ。

　にもかかわらず、イスラーム教への信頼性が統合において果たす役割への評価を訊いた Q15-27 の平均値は、シリア人に比べて受け入れ社会側、つまりトルコ人とレバノン人は高くはない。シリア人の平均値がより高いことは、彼らが統合されるうえで好材料を与えている。だが、そのことは、実際の統合に向けた意識や度合いにイスラーム教への信頼性が結びついていないがゆえに、彼ら自身が統合のプロセスに身を置くには、イスラーム教以外の要素に彼らが後押しされる必要がある。

　統合は、宗教への信頼性だけでは実現しえないことは言うまでもない。トルコやレバノン側が統合を推し進めるうえでは、彼らを受け入れるためのより実効的、実務的な取り組みが求められる。そして、そのことは、意識調査の分析から、シリア人においてより強く言いうることが明らかになった。受け入れ社会は、移民ほど統合に積極的ではない。そうした非積極性を補うためにイスラーム教への信頼性はある程度の効果が見込まれる。だが、それに加えて、イスラーム教に囚われないより実効的で実務的な取り組みが求められる。

参考文献

青山弘之 2021『膠着するシリア——トランプ政権は何をもたらしたか』東京外国語大学出版会

青山弘之・アルアフマド、ジアド 2023「「トルコとレバノンにおけるシリア人の統合にかかる世論調査（2022 年）」単純集計報告書」（CMEPS-J Series No. 72）Contemporary Middle East Political Studies in Japan.net（CMEPS-J.net）、5 月 13 日（https://cmeps-j.net/ja/publications/cmeps-j_report_72）.

Alahmad, Ziad. 2023 "Turkey's Temporary Protection: Syrians' Perspective," *Language, Area and Culture Studies*, No. 29: 135-150.

al-'Arabī al-Jadīd. 2022 ""Mumārasāt Taqyīdīya" bi-Ḥaqq al-Lājiʾīn al-Sūrīyīn fī Lubnān wa al-Mufawwadīya Tu'abbir 'an Qalaq-hā," July 29（https://www.alaraby.co.uk/society/%22%D9%85%D9%85%D8%A7%D8%B1%D8%B3%D8%A7%D8%AA-%D8%AA%D9%82%D9%8A%D9%8A%D8%AF%D9%8A%D8%A9-%D8%A8%D8%AD%D9%82-%D8%A7%D9%84%D9%84%D8%A7%D8%AC%D8%A6%D9%8A%D9%86-%D8%A7%D9%84%D8%B3%D9%88%D8%B1%D9%8A%D9%8A%D9%86-%D9%81%D9%8A-%D9%84%D8%A8%D9%86%D8%A7%D9%86）.

BBC（British Broadcasting Corporation）. 2016 "Erdoğan'dan Türkiye'deki Suriyelilere Vatandaşlık Açıklaması," July 3（https://www.bbc.com/turkce/haberler/2016/07/160703_erdogan_suriyeliler）.

Carpi, Estella and Şenoğuz, H. Pınar. 2019 "Refugee Hospitality in Lebanon and Turkey: On Making 'The Other'," *International Migration*, Vol. 57, No. 2（June）: 126-142.

Durkheim, Émile. 1893 *De la Division du Travail social*, Paris: Presses universitaires de France.

—— （Lewis A. Coser, tr.）. 1984 *The Division of Labor in Society*, New York: Free Press.

El Mufti, Karim. 2014 "Official Response to the Syrian Refugee Crisis in Lebanon: The Disastrous Policy of No-Policy," Civil Society Knowledge Center, Lebanon Support, January（http://cskc.daleel-madani.org/paper/official-response-syrian-refugee-crisis-lebanon-disastrous-policy-no-policy）.

Hürriyet Daily News. 2016 "Turkey's New Visa Law for Syrians Enters into Force," January 10（https://www.hurriyetdailynews.com/turkeys-new-visa-law-for-syrians-enters-into-force-93642）.

Ineli-Ciger, Meltem. 2017 *Temporary Protection in Law and Practice*, n.p.: Brill/Nijhoff.

Jancewicz, Barbara. 2021 "Syrians in Turkey: Experiences of Migration and Integration through a Survey Study（Paper 2020/75）," ecoi.net, February（https://www.ecoi.net/en/file/local/2047047/FULLTEXT01.pdf）.

Janmyr, Maja. 2016 "Precarity in Exile: The Legal Status of Syrian Refugees in Lebanon," *Refugee Survey Quarterly*, Vol. 35, No. 4: 58-78.

Koca, Burcu Toğral. 2015 "Deconstructing Turkey's "Open Door" Policy towards Refugees from Syria," *Migration Letters*, Vol. 12, No. 3: 209-225.

al-Mudīrīya al-'Āmma li-l-Amn al-'Āmm al-Lubnānī. n.d. "Taswiya Awḍā' al-Sūrīyīn Alladhī Dakhalū bi-Ṣūra Gayr Shar'īya qabla Tarīkh 2019/4/24"（https://www.general-security.gov.lb/

ar/posts/392、2023 年 3 月 20 日閲覧）．

Mülteciler Derneği. 2022 "Number of Syrians in Turkey," April 22（https://multeciler.org.tr/eng/number-of-syrians-in-turkey/）．

Republic of Türkiye, Ministry of Interior, Presidency of Migration Management. n.d. "Temporary Protection," updated by January 19, 2023（https://en.goc.gov.tr/temporary-protection27）, "*Syrian Regional Refugee Response*," updated by February 28, 2023（https://data.unhcr.org/en/situations/syria、2023 年 3 月 20 日閲覧）．

UNHCR（United Nations High Commissioner for Refugees）, Operational Data Portal, Refugee Situations. n.d. "Syrian Regional Refugee Response," updated by February 28, 2023（https://data.unhcr.org/en/situations/syria）．

Zenginkuzucu, Dikran M. 2021 "A Comparative Analysis on International Refugee Law and Temporary Protection in the Context of Turkey," *The Age of Human Rights Journal*, No. 17（December）: 385–410（https://revistaselectronicas.ujaen.es/index.php/TAHRJ/article/view/6297）．

第2章 インドネシア多数派がめざす「寛容なイスラム」の変遷

菅原由美

はじめに

インドネシアのイスラームは従来、中東のイスラームに比べて「穏健である」と説明されることが多かった。しかし、スハルト体制末期以降若者によって先導されたインドネシアの新たなイスラーム潮流は、ナフダトゥル・ウラマ（略称 NU）やムハマディヤのような旧来のイスラーム団体とは異なる新しい集団を誕生させ、研究者の間では近年インドネシアにおけるイスラームの「保守転回」[茅根 2019] が強調されている。

一方で、依然としてインドネシア最大のイスラーム組織である NU はインドネシアのイスラームを表す言葉として「寛容なイスラム」という表現を多用し、政府の支持を得ている。しかし、NU の「寛容さ」は歴史的な妥協の結果であり、何が許容され、何が許容されないかは時代とともに変化してきたことに注意することが必要である。NU は中東からの影響により誕生したイスラーム改革派に対する抵抗運動として 20 世紀初頭に設立された団体である。その後、常に法学四学派の法解釈に基づき、現実の社会や政治へのアプローチに柔軟性を示してきたが、イスラーム改革派や世俗政治に対する強硬な解釈も発表してきている。本章では、主に NU が発行した機関誌やパンフレットから、NU における「寛容」の形成に至った歴史的妥協について考察する。

1 NU と「寛容」

　ナフダトゥル・ウラマはインドネシアのイスラームを「寛容なイスラム（Islam toleran）」と表現し、2015 年に開催された NU 年次総会で、インドネシアは「イスラム・ヌサンタラ（Islam Nusantara）[1]」と呼ばれるインドネシア式の寛容なイスラームを目指すべきであると発表した［Schmidt 2021］。NU のこうした表現方法は特に目新しいものではない。NU は、7 世紀以来ヒンドゥー・仏教諸王国が栄えていたジャワ島で、15-16 世紀に戦いではなく、影絵芝居（ワヤン・クリット）などの文化的なアプローチによってイスラームを広めたと信じられているジャワの九聖者（wali sanga）を組織のシンボルとしているように、土着の文化的慣習を尊重すべきであるという立場を主張し、それを「イスラム・ヌサンタラ」という新しいスローガンとして表現した。この表現に対して、NU 内部だけでなく、他のイスラーム組織からも批判は出ており、現在もその議論が続いているものの［Benny Ridwan et al. 2019］、大統領をはじめ、インドネシア政府からは強い支持を受けている。

　インドネシアでは独立以降、国是としてのパンチャシラ（国家五原則）によって国民は「唯一絶対神」を信仰することが定められ、現在、イスラーム、プロテスタント、カトリック、ヒンドゥー、仏教、儒教の 6 つの宗教が国によって公認宗教とされている。国章に描かれている標語「多様性の統一（Bhinneka Tunggal Ika）」は、インドネシア国民の多様性を肯定した上での国としての統一を謳っている。しかし、近年の研究で、インドネシアのムスリムが国内の他宗教の存在を容認しているのか、またどの程度容認しているかは、実際にそれほど明らかではないということが指摘されている。NU と、規模の上で NU に次ぐイスラーム組織であるムハマディヤの指導部と会員を対象としたいくつかのアンケート調査によれば、コミュニティ内の異教徒の居住に対しては、両組織とも指導部は一般会員よりも寛容であることが回答の数値からわかるが、自分

　1）　「ヌサンタラ」はインドネシア諸島の古称。インドネシア語では「イスラーム」とは発音しないので、インドネシア語を翻訳する場合には「イスラム」と表記する。NU もインドネシア語式に「ナフダトゥル・ウラマ」と記述する。

たちのコミュニティ内に他宗教の礼拝所を建設することに同意するかという質問に対しては、一般会員と指導部ともに 80% 近くが「ノー」と答えており、驚くべきことに、指導部の数値は一般会員よりも高い [Menchik and Trost 2018]。ジェレミー・メンチクは、NU とムハマディヤの指導部は「リベラル」であろうとはしていないと主張し、インドネシアのムスリムにとっての「寛容」は、個人の信仰や言論の自由を保障する西洋由来のリベラルな価値観や世俗的な価値観に基づくものではないと論じている。むしろそれは、イスラーム組織間や他の宗教組織との政治的競争と同盟の歴史から生まれた、きわめてプラグマティックな性格をもつ言葉であり、彼らの「寛容」は「耐える、我慢する」と捉えた方が適当であり、その表現の形成過程を考慮する必要があると主張している [Menchik 2016]。

　また、NU とムハマディヤは前者を伝統派、後者を近代派・改革派と説明されることが多いが、これらの用語の意味も時代や文脈によって変化している。前述の通り、インドネシアにおいて改革派イスラームは、中東におけるイスラーム改革運動の影響下でムハマディヤとして誕生し、特にジャワにおけるイスラームの「伝統的」なあり方に疑問を投げかけ、それに対抗して「伝統的」ウラマーが結集して NU を結成した。しかし、NU とムハマディヤの間でのイスラーム法の実践についての議論は、どちらが「伝統派」か、または「改革派」かを一概には評価しがたいほどに、実際には時代によって変わっていることにも気をつけなければならない。

　本章では、NU の「寛容」を彼らの我慢の限界点とみなし、その限界点の変遷を、第 1 に NU の成立背景（1920-30 年）、第 2 に 1950 年代の政治状況とスカルノ政権への参加のための妥協、第 3 にスハルト政権下でのイスラーム弾圧の中での選択、そして歴史の中で形成された「寛容」の限界という 3 つの展開を通して分析する。

2　NU の成立背景——改革派への対抗

　NU は、ジャワ島全土に広がる伝統的なイスラーム寄宿学校（プサントレン）を母体とする組織である。宗教学校としてのプサントレンの歴史はイスラーム

化以前のヒンドゥー・仏教王国から始まっていたが、19世紀末からメッカ巡礼者の増加に伴いプサントレンの数が激増し、巡礼や学業を終えて帰国した人々によって次々と学校が開校された。植民地政府の統計によると、ジャワ島とマドゥラ島には約1万5000の学校があり、23万人の生徒がいた。伝統的なプサントレンにはキヤイと呼ばれる宗教指導者がおり、キヤイの一族が代々プサントレンを経営するのが一般的であった。プサントレンでは、生徒は「キタップ・クニン」(黄色い聖本)と呼ばれる教科書群を用いて、イスラーム法学、イスラーム神学、アラビア語文法、イスラーム神秘主義などのイスラーム諸学を学んだが、学問の中心はキタップ・クニンの暗唱であった。寄宿舎生活では、掃除や洗濯は自分たちでするよう奨励され、上級生が下級生を厳しく指導し、集団生活を通して、生徒たちは規律と自立を学び、将来の宗教指導者になるための教育を受けた。専門はプサントレンごとに異なるため、さまざまな分野の知識を身につけるために、プサントレンを渡り歩くムスリムもいた [Berg 1886]。

19世紀に中東で起こったイスラーム改革運動は、20世紀初頭に中東を訪れた学生や彼らが持ち帰った新聞・雑誌を通じて、東南アジア島嶼部、すなわちオランダ領東インド(後のインドネシア)と英領マラヤ(後のマレーシア)にも伝わった。ジャマールッディン・アフガーニー(1838/1839–97年)、ムハンマド・アブドゥフ(1849–1905年)、ラシード・リダー(1865–1935年)らの影響を受けた改革派は、ジャワ島の伝統的な宗教的慣習を純粋なイスラームからの逸脱とみなし、プサントレンにおける当時のイスラーム教育を教師への「盲目的な模倣」(タクリード)と批判した。彼らはクルアーンやハディース理解に基づく学究的努力(イジュティハード)の必要性を主張した [Laffan 2002]。

改革派イスラーム組織として、ジャワでは、1912年に中部ジャワの古都、ジョグジャカルタでアフマド・ダフラン(K. H. Ahmad Dahlan 1868–1923年)によってムハマディヤが結成され、1915年には首都バタヴィアでアル・イルシアード(Al-Irsyad)が、1923年には西ジャワの都市、バンドンでプルシス(Persatuan Indonesia / Persis)が結成された。1930年代以降になると、ムハマディヤはジャワを越えてオランダ領東インド全域に学校と病院のネットワークを形成した。

1925年には、後にサウジアラビアを建国するイブン・サウード(在位1932–53年)が中東におけるワッハーブ派の影響力を強め、1926年にメッカで世界イ

スラーム会議が開催されることが決定した。オランダ領東インドでは、ジョグジャカルタ・イスラーム会議がこの会議への派遣メンバーを決定し、ムハマディヤとイスラーム同盟[2] のメンバーが参加することとなり、プサントレンの指導者層からは選出されなかった。伝統的慣習の尊重をイブン・サウードに訴えることを望んだ伝統主義者たちは、アブドゥル・ワハブ・ハスブッラー（Abdul Wahab Chasbullah 1889-1971 年）の指導の下、ヒジャーズ委員会という別組織を結成して上述の世界会議に参加した。これが NU の結成につながり、ハシム・アシュアリ（Hashim Asy'ari 1875-1947 年）が NU 最高評議会の初代議長に任命された。

　こうして NU は改革派組織より遅れて設立されたが、ジャワとマドゥラ全域に急速に拡大し、次に南カリマンタン、南スラウェシ、スマトラにも拠点を置いた。1926 年 10 月に開催された第 1 回全国大会（ムクタマル）には 93 人のキヤイが参加し、1929 年に開催された第 4 回全国大会には 1450 人のメンバーが参加した。1929 年までに NU は 62 地区に支部を設立し、1938 年までに 99 地区に支部を設立した。1929 年までに、参加者は宗教的なテーマだけでなく、協同組合などの経済プロジェクトや政府に関する事柄についても議論するようになっていた [Bush 2009: 40]。

　ジャワの伝統派と改革派の間で論争となってきた点はまず伝統的宗教儀式や慣習の容認である。例えば、死者のために儀式化された祈り（tahlilan）、先祖や聖者の墓を訪れる慣習（ziarah）、祈りを始める前の自分の意思の表明（ushalli）などが含まれる。改革派には、このような習慣はクルアーンには説かれておらず、単なる地方の習慣やイスラーム以前の儀式に過ぎないものを神聖化することによって、神を冒瀆していると主張する。逆に、伝統派は、ムスリムに要求されるこれらの精神的行為を実践しない改革派を非難している [Bush 2009: 32]。

　NU とムハマディヤの違いとして他に挙げられるものは四法学派との関係である。NU はしばしば「アフルスンナ・ワル・ジャマー（Ahlusunnah Wal Jamaah）

2）　イスラーム同盟（Sarekat Islam）は、1911 年に結成された民族主義団体である。華人商人に対抗するムスリム商人組織として誕生し、急速に会員を増やし、1919 年には 225 万人を数えたとされているが、1920-23 年にはオランダ政庁により弾圧され、内部分裂を起こし、以降はムハマディヤの政治部隊的存在となった。

の維持と保護」という表現を繰り返す。この表現は「スンナに従う者」を意味し、イスラーム多数派であるスンナ派を指す呼称であるが、インドネシアでは四法学派のいずれかに従う者を指し、伝統派ムスリムが自分たちを改革派ムスリムと区別するためにこの言葉を使用している［Bush 2009: 36］。一方、ムハマディヤは1927年にジャワ北海岸の都市、プカロンガンで開催された全国大会で、独自にイジュティハードを行い、ファトワーを発行する能力がある学者の組織、マジェリス・タルジ（Majelis Tarjih）を設立した。ムハマディヤの法的スタンスは、四法学派のいずれにも属さないという原則と、イジュティハードの実行にあった［Boy 2017］。

　このタクリードとイジュティハードに対する理解も当初両者の間で大きく異なっていた。NU はイジュティハードを強く推奨するムハマディヤに対し、彼らが正しい知識に基づいていないことを批判した。1936年にスラバヤで発行された月刊 NU 誌（Berita Nahdlatoel Oelama）第24号に掲載されたイジュティハードに関する記事には、次のような説明がある。

　　イジュティハード：
　　イジュティハードという名称が何を意味するのか、基本法学の書物に従って説明しよう。イジュティハードとは、法の専門家が原典（アル・クルアーン、アル・ハディースなど）の論証から判決を決定する際に、すでに行った以上のことを加えることができないように、自分の力をすべて使い果たすことを意味する。

　続いて、イジュティハードを行う権利を持つための条件は以下のように説明されている。①クルアーンの完全な知識、②ハディースの完全な知識、③他の学者との合意、④推論（qiyas）の理解、⑤アラビア語の完全な知識である。イジュティハードを行うことができる者についての正確な理解を促した上で、改革派がタクリードと呼び、批判している行為について反論を行っている。

　　ムジャヒード・ムスタキル（Mujtahid Mustaqil）[3] のイマームに従う人は、タクリードを嫌う兄弟たち[4] が言うような人ではない。（にもかかわらず）彼らは、その人は水牛のように従う人であり、どこに連れて行かれるかも

---

3) クルアーンやハディースに基づき独力で直接イジュティハードを行う者という説明がついている。

知らず、「Summum bukmun」[5]の意味さえも知らないと言う。

　皆が知っているように、人間の脳の賢さには、最も無知なものから最も知的な（鋭い）ものまで、さまざまなレベルの知性があり、この2つのレベルの間には何十ものレベルがある。タクリードを行う者も同様で賢さと知識の幅のレベルは様々である。

　この説明の後に、聖典の理解のさまざまなレベルと、そのレベルの者に応じてどのようなタクリードがあるべきかを説明している。この雑誌はまた、このコーナーの最後に当時の改革派による ittiba'（追随すること、模倣）という言葉の使用についても痛烈に批判している。それによると、ittiba' とは、初心者・素人よりもはるかに低いレベルの者の行為を指しており、そのような基本的な概念を理解していない改革派がこの言葉を使うことへの皮肉を述べている。

　「ittiba'」のレベルという新しい言葉を使うことで、彼らは、4人のイマーム自身を除けば、クルアーンとアル・ハディースを知っている者は誰もいないと言っているかのようだ。つまり、彼らは聖典をまったく理解していない。彼らが「ittiba'」と呼ぶものはハーフィズ[6]・レベル以下であり、それどころか、さらに低く、今日素人（orang awam）に分類される我々よりもはるかに低いレベルの行為を指しているのだ。

　上述のように、改革派がオランダ領東インドやその他のイスラーム世界に影響を及ぼし始めた時代に、NU は伝統的な宗教慣習を擁護するための説明を提供するために誕生した。そして、イジュティハードを四法学派に従い、聖典理解の熟達度に応じて行うことを推奨することによって、改革派の批判をかわした。つまり、NU は伝統的な慣習やそれを守るウラマーの権威を低下させない根拠を提供することで、インドネシアにおける「寛容な」組織としての地位を獲得したのである。しかし戦後、その寛容は宗教的解釈ではなく、現実政治との妥協の中で行使されることになった。

---

4)　改革派のことを指している。
5)　クルアーン牝牛の章からの引用。「耳が聞こえず、口がきけない」という意味。
6)　クルアーン全章を暗記しているムスリム。

3 宗教的主張と現実政治との妥協

　現地の政治活動に対する植民地政庁による圧力が強まる植民地期末期になると、伝統派と改革派の対立関係は一旦解消され、NU のアブドゥル・ワハブ・ハスブッラー、ムハマディヤのマス・マンスール（Mas Mansur 1896-1946 年）などのイスラーム指導者の協議によって 1937 年 9 月に 13 のイスラーム組織を束ねるインドネシア・イスラーム最高評議会（Majlis Islam A'la Indonesia / MIAI）が設立された。しかし、1941 年末に始まった日本によるインドネシア占領によって MIAI は活動を停止した。代わって 1943 年 10 月にインドネシア・ムスリム協会評議会、通称マシュミ（Partai Majelis Suryo Muslimin Indonesia / Masyumi）が日本軍によって結成された。その目的は「すべてのイスラーム団体の団結を強化する」ことと「大東亜の利益のために日本を援助する」ことであった［Benda 1958: 150］。日本占領当時のマシュミは、当時許されていた 4 つのイスラーム組織、すなわち NU、ムハマディヤ、ムスリム同盟（Perikatan Umat Islam）、インドネシア・ムスリム連合（Persatuan Umat Islam Indonesia）の連合体であった。

　日本の敗戦により、1945 年 8 月 17 日にインドネシアの独立が宣言され、11 月にはマシュミは政党になることを宣言した。その指導部は執行委員会（Pengurus Besar）と諮問評議会（Majelis Syuro）に分かれていた。国家の独立と並び、マシュミ党の主要な目的の一つは、イスラームの原則に従って国家を組織することであった［Bush 2009: 44］。執行委員会は政治声明を発表し、党の方針を決定する役割を持ち、諮問評議会の役割は、執行委員会に助言と宗教的勧告（ファトワー）を出し、党が取るべき措置の概要を示すことであった。執行委員会は、西洋式教育の学歴を持つ政治家によって占められていた。一方、諮問評議会は、NU のハシム・アシュアリやワヒド・ハシム（Wahid Hasyim 1914-53 年）、ムハマディヤのキ・バグース・ハディクスモ（Ki Bagus Hadikusumo 1890-1954 年）といった学者兼イスラーム組織の指導者が中心であった。

　マシュミ党内部では NU と改革派の対立が深くなり、1949 年 12 月の第 14 回全国大会で、NU とマシュミ党の関係は転機を迎えた。このとき、指導部の再編成が決定され、特に諮問評議会の役割は宗教問題のみに限定された［Noer

2000: 108-109]。NU はこれに強く反発し、自分たちには政治的能力がないと見られていると捉えた［Bush 2009: 45-46］。さらに NU は諮問評議会のファトワーに政府が関心を払わないことに失望した。

　1952 年、ウィロポ内閣が成立し、それまでの 3 つの内閣で NU のワヒド・ハシムが占めていた宗教省の大臣職がムハマディヤのファキ・ウスマン（Faqih Usman 1904-68 年）に交代すると、NU はマシュミ党からの離脱を表明し、新党を立ち上げた。マシュミ党からの攻撃に対処するために、NU は「反知性」キャンペーンを開始し、イスラーム法を十分に理解していないマシュミ党指導者を、イスラームの教えを実践していないと攻撃した。さらに 1954 年に、NU 党は四法学派のいずれかによるシャリーアの確立がこの新党の目的であることを宣言した。NU 党とマシュミ党は共に二院制の立法府の設置を要求したが、NU 党は参議院の議員はウラマーなどイスラーム法に関する問題を仲裁する資格を持つべきであるとまで主張した。さらに、NU 党は大統領と「精神的な領域で直接の責任を負わない閣僚を除く」すべての閣僚がムスリムでなければならないと主張した。対して、マシュミ党はそのような要件を政策に盛り込まなかった。このように、設立当初は、NU 党の方がマシュミ党よりもイスラーム志向が強かった。

　インドネシアでは独立後初めての選挙が 1955 年に行われ、国民の関心も非常に高く、投票率は 91.5％に上った。この選挙には 178 以上の政党・団体が候補者を擁立し、結果として、インドネシア国民党（Partai Nasional Indonesia / PNI）22.3％、マシュミ党 20.9％、NU 党 18.4％、共産党（Partai Komunis Indonesia / PKI）16.4％の 4 つの政党に票が大きく分かれ、強力なイスラーム勢力は生まれなかった。それどころか、NU はこの国政選挙に向けて大きな方向転換を行っていた。

　つまり、1953 年末に NU はインドネシア国民党および大インドネシア統一党（Partai Persatuan Indonesia Raya / PIR）とともに第 1 次アリ・サストロアミジョジョ内閣に参加し、イスラーム諸勢力との連帯よりも民族主義者との同盟を選択した。選挙戦の間、NU 党はマシュミ党と距離を置き、むしろマシュミ党を強硬な政党として国民に見せるために、マシュミ党がインドネシアにイスラーム国家を建設しようと運動する急進的なイスラーム主義グループ、ダルル・イスラ

ーム（Darul Islam 1949-62 年）と同盟を組んでいるように見せかけた［Bush 2009: 50-51］。

さらに、スカルノが 1959 年に「指導民主主義（Demokrasi Terpimpin）」体制を開始したとき、NU 党はそれに真っ向から反対することはせず、マシュミ党とは異なり、スカルノ側についた。権力の座から完全に排除されるよりも、内部から悪に対抗する方がよいという主張は、この時期の NU 党の政治思想の中心的テーマであった。

1958 年の時点で、憲法制定議会はインドネシアをイスラーム国家とすることを望む政党と、スカルノが提唱したパンチャシラ・イデオロギーに基づく国家を支持する政党の間で、議論を行き詰まらせていた。そのため、1959 年 7 月 5 日、スカルノは大統領令第 150 号（Dekrit No. 150 tahun 1959）を発布し、憲法を 1950 年臨時憲法から 1945 年憲法に戻し、憲法制定議会を解散させ、スカルノを首相とする実務内閣を発足させた。1945 年憲法は大統領により強い権限を許す憲法であるが、この憲法に戻すことにより、スカルノはナショナリズムとイスラーム主義のバランスを維持しつつ、国の統一を目指した。上述の大統領令には次のように記されている。

われわれは、1945 年 6 月 22 日のジャカルタ憲章が 1945 年憲法の根底にあり、同憲法との一連の統一体であると確信している[7]。

ここにはスカルノのジャカルタ憲章への配慮、すなわちイスラーム主義者への配慮が見て取れる。ジャカルタ憲章（Piagam Jakarta）とは、1945 年のインドネシア共和国憲法（Undang-undang Dasar / UUD 1945）の前文草案であり、1945 年 6 月 22 日にジャカルタで独立準備調査委員会（Badan Penyelidikan Usaha-usaha Persiapan Kemerdekaan / BPUPK）の 9 人委員会（Panitia Sembilan）によって策定された文書である。この憲章には、国是五原則パンチャシラが含まれていたが、宗教に関する第一原則には、ムスリムがシャリーア法を遵守する義務（dengan kewajiban menjalankan syariat Islam bagi pemeluk-pemeluknya）が含まれていた。この箇所は、その字数から「7 つの言葉（tujuh kata）」と呼ばれ、1945 年 8 月 18 日、憲法批准を任務とするインドネシア独立準備委員会（Panitia Persiapan Kemerdekaan Indone-

---

7) この台詞は NU 全国大会パンフレットにも登場する［Pengurus Besar Nahdlatul Ulama 1962］。

sia / PPKI）によって、1945年憲法の前文から最終的に削除された。この削除は
イスラーム主義者を失望させたが、政府は国の統一と独立を優先するためにこ
の決定を下した。ただし、「唯一絶対神への信仰」が第一原則に置かれている
点がインドネシアを世俗国家としたくないイスラーム主義者たちの懐柔材料に
なったと考えられている。

スカルノが1959年の大統領令でこのジャカルタ憲章に言及したのは、ジャ
カルタ憲章を軽んじていないというメッセージをイスラーム主義者に送るため
であり、宗教大臣に任命されたNUのムハンマド・ワヒブ・ワハブ（Muhammad
Wahib Wahab 1918-86年、在職 1959-62年）[8] の提案によるものだった。

このスカルノによるジャカルタ憲章の承認はさまざまな政治グループによっ
て異なる解釈がなされたが、NUはイスラーム国家の建設をあきらめることな
く、むしろ政権の側に立つことで、将来に道を残すことを選択したと記録して
いる。1959年12月にジャカルタで開催された全国大会でのNU執行委員会総
議長 K. H. イダム・ハリド（Idham Chalid 1921-2010年）の演説［Pengurus Besar Nah-
dlatul Ulama 1962］には以下の説明が入っている。

> 大統領本人に直接会うことはできなかったと報告しました。しかし、私
> たちはこの件に関して大統領と直接接触できる人々と連絡を取ることがで
> きました。多かれ少なかれ、もちろん満足のいくものではありませんが、
> この国のムスリム共同体（ウンマ）の共有と感情を知るルートを通じて、
> 最終的には大統領令の中でジャカルタ憲章の問題と立場について言及され
> ることになりました。

> この小さな種には、ウンマの理想を達成するための闘争を続ける糧とし
> て我々は肥料を与えるべきですが、その道のりはまだ長く、登らなければ
> ならない山も、下らなければならない谷もあります。しかし、道はまだ閉
> ざされておらず、大統領令のなかに道は残されています。

> したがって、私は一つの結論を強調します。大統領令がインドネシアの
> 法的基礎となるのであれば、1945年憲法においてジャカルタ憲章が明確
> な役割を持たなければならないということです。

---

[8]　NUの創始者の一人であるアブドゥル・ワハブ・ハスブッラーの長男。

インドネシアのような、何百年もの間ムスリムが多数派で、加えて革命において小さくない同志であった国では、私たちを含むインドネシアのムスリムが世俗的な事柄以外に、自分たちの信仰への尊重と精神的必要性への配慮を期待するのは道理にかなっています。まして、大統領令のなかでジャカルタ憲章について真剣に触れられた後ではなおさらです。

　こうして、NU はスカルノとの協調路線をとることを選択することによって、民族主義側の主張に妥協しながら、ジャカルタ憲章の実現、すなわちイスラーム主義国家の建設という理想を追うことを選択した。

4　スハルト独裁政権下での文化的イスラームの強調

　前述の通り、「指導民主主義」体制において議会制民主主義を解体したスカルノに対して、NU は融和的であったが、ムハンマド・ナッシール（Muhammad Natsir 1908-93 年）率いるマシュミ党は反スカルノの立場をとった。そして、マシュミ党のメンバーが、インドネシア社会党（Partai Sosialis Indonesia / PSI）メンバーとともに、ジャカルタの中央政府に対抗して 1958 年にスマトラに樹立されたインドネシア共和国革命政府（Pemerintah Revolusioner Republik Indonesia / PRRI）に参加した。そのため、1960 年にはマシュミ党は非合法化され、ナッシールを含む関与したマシュミ党のメンバーは逮捕・収監された。こうしてムハマディヤは政治への関与から身を引くこととなった。

　しかし、スカルノが 1965 年 9 月 30 日事件によって退陣に追い込まれ、スハルト政権が誕生すると、NU もスハルト政権によるイスラーム組織への圧力に苦しみ、政治への関与を弱めていくこととなった。

　9 月 30 日事件は共産党を壊滅させ、当初はその際の NU の青年部隊アンソールの「活躍」により、新政権下で NU の影響力は増大すると思われていた。そうした予想に反し、1971 年の国政選挙には 10 の政党が参加したが、スハルト大統領は政党の数を制限することを決定した。そのため、ムスリムを基盤とするいくつかの政党が合併し、1973 年に開発統一党（Partai Persatuan Pembangunan / PPP）が結成され、ムスリムの統一政党としての役割を担うことになった。PPP は NU、インドネシア・ムスリム党（Partai Muslim Indonesia / Parmusi）、インドネシ

ア・イスラム同盟党（Partai Sarekat Islam Indonesia / PSII）、イスラム教育同盟（Persatuan Tarbiyah Islamiyah / Perti）で構成されていた。しかし、野党である PPP はスハルトの妨害により多くの票を獲得することが困難となり、1984 年、NU はアブドゥルラフマン・ワヒド議長（Abdurrahman Wahid 1940–2009 年）の下、PPP からの離脱を決定した。そして NU は「1926 年路線への回帰（Kembali ke Khitthah NU 1926）」をスローガンに掲げた。1985 年にジャカルタで開催された全国大会で配布された小冊子には、このスローガンが次のように記述されている［Pengurus Besar Nahdlatul Ulama 1985]。

1. 1926 年に前任者たちが NU を設立した理由、目的、目標を思い出し、理解し、再確認すること。
2. 科学技術の発展や時代の要請に応じ、より計画的に、より多様な努力をもって、設立当時の NU の目的を達成するための努力と活動を記憶し、拡大すること。
3. NU 内のウラマーの指導とリーダーシップの継続性を維持すること。

また、同冊子には NU の定義が次のように記されている。

NU は宗教団体（Jam'iyyah Diniyyah）として、イスラーム暦 1344 年ラジャブ月 16 日／西暦 1926 年 1 月 31 日に設立されたイスラーム学者（ウラマー）とその信奉者のフォーラムであり、アフルッスンナ・ワル・ジャマー（スンナ派）であり、四つの法学派（イマーム・アブ・ハニファ、アン・ヌマン・イマーム・マリク・ビン・アナス、イマーム・ムハンマド・ビン・イドリス・アル・シャフィー、イマーム・アフマド・ビン・ハンバリ）のいずれかを信奉するイスラームの教えを維持、保存、発展、実践することを目的とする。また、社会の利益、民族の進歩、人間の尊厳を創造するために、学者とその信奉者の歩みを統合することを目指す。

こうして 1984 年、NU は「1926 年路線への回帰」をスローガンに、自らを四法学派に基づく「宗教団体（Jam'iyyah Diniyyah）」として再定義し、常に妥協を迫られる政治への関与を通じての自己実現を図ることをやめた。つまり、PPP のようなイスラム諸政党の合体政党のなかで、改革派と闘い続けることは、マシュミ党での失敗を繰り返すことになると考えたと推察できる。以降、NU 指導部は、強硬な改革派を「政治的イスラム（Islam politik）」、NU 自らを

「文化的イスラム（Islam kultural）」と呼び、両者の間に一線を引き始めた。

「1926 年路線への回帰」というスローガンは今でも生きているが、近年は「宗教団体（Jam'iyyah Diniyyah）」を発展させ、宗教社会組織（Jam'iyyah Diniyyah Ijtima'iyah）という定義をより一般的に適用し始め、再び宗教組織としてだけでなく社会組織としても自らを主張している［Anshori and Mustaqim 2014］。

おわりに——寛容の形成

NU は、四法学派の教義を基本としつつ、現実には柔軟な解釈を適用する。その意味で「寛容」であり、形式的で柔軟性のない解釈を実践しようとする改革派とは異なる態度をとることが多い。NU は歴史的に伝統的宗教的慣行や現実政治には比較的寛容であった一方で、改革派には敵対的態度をとり、時に容赦ない攻撃を行っていた。彼らの「寛容」は、歴史的な対立から生まれた妥協として形成されたものであり、「寛容」であることは NU の本質ではない。彼ら自身が「寛容」という言葉を言論で使うのは、改革派や過激派に対抗するときの自衛のためであり、彼らが宗教・信仰を蔑ろにする「世俗化」に対して寛容ということはない。

「はじめに」で述べた通り、近年インドネシアでは若者を中心とした、イスラームを前提とする社会的風潮は強くなり、国内で国際的なネットワークを持つイスラーム組織の活動も活発化している。2008 年反ポルノ法の成立以降、インドネシア全土で売買される全食品・化粧品・薬品のハラール認証表示義務付け、アルコール飲料のコンビニでの販売禁止、改正刑法による婚前・婚外性交渉の厳罰化、宗教冒瀆罪の適用増加など、着実にインドネシアの法令はイスラーム色を強めており、大きな議論を呼びつつも、当座のところ、そうした傾向に対する社会的支持は覆りそうにない。

もちろん、この風潮は NU の全体方向性と異なるものではないが、インドネシアで最大の規模を誇ってきた NU であっても今やバランスを保つことはそれほど簡単なことではなくなってきている。これまでと異なり、NU 内部に、「創設者たちが定めた道から逸脱した現指導部の姿勢を正す」と主張する「直線（Garis Lurus）」グループが結成され、インターネットやソーシャルメディア

を通じて彼らのメッセージを発信している。ムハマディヤの指導部でもラディカルなグループと保守グループの間で指導権の奪い合いが続いており、より過激なイスラーム主義者の勧誘によってより多くのメンバーを失うことへの懸念が絶えない。2015年にNUは「イスラム・ヌサンタラ」を提唱し、ムハマディヤは「イスラム・ブルクマジュアン（進歩を運ぶイスラーム）」をモットーに掲げ、イスラームは革新や変化を受け入れるだけでなく、社会の近代化も行うべきだと主張した。ムハマディヤは、創始者アフマド・ダフランの「今日のムハマディヤと未来のムハマディヤは違う」という言葉を引き合いに出し、変化を続けることを是認している [Meyer 2021]。一方、NUは、イスラーム世界の他の地域とつながりを持ち、他の宗教に寛容で、平和的に文化を利用して宗教を広めたとされる九聖者の新しい歴史を「創造」し続けることで、自らの正当性を主張する手段を講じている。西洋文化のグローバル化とグローバル・イスラームの台頭がもたらす新たな課題に直面し、両団体は国内のニーズに合わせて歴史と記憶を修正しつつ、これらを利用することによって正当性を主張し続けている。

参考文献

Berita Nahdlatoel Oelama: Half maandblad. Soerabaja.

Nahdlatul Ulama. NU Online. URL: https://nu.or.id/

Pengurus Besar Nahdlatul Ulama. 1962. *Buku kenang-kenangan mu'utamar ke-XXII Partai Nahdatul 'Ulama di Djakarta, 13 s/d 18 Des. 1959*. Jakarta.

Pengurus Besar Nahdlatul Ulama. 1985. *Khitthah Nahdlatul Ulama*. Jakarta: Lajnah Ta'lif Wan Nasyur.

茅根由佳 2019 「民主化後のインドネシアにおけるイスラームの「保守転回」——Michael Buehler, *The Politics of Shari'a Law: Islamist Activists and the State in Democratizing Indonesia*. ／ Ian Wilson, *The Politics of Protection Rackets in Post-New Order Indonesia: Coercive Capital, Authority and Street Politics*. ／ Jeremy Menchik, *Islam and Democracy in Indonesia: Tolerance without Liberalism*.」『アジア経済』60(1)：68-78.

Anshori, Mohammad and Muhamad Mustaqim. 2014 "Peran Jam'iyyah Ijtima'iyyah dalam Pembuntukan Tradisi," *Jurnal Penelitian* 8(1):179-198.

Benda, Harry. 1958 *The Crescent and the Rising Sun*, The Hague: N.V. Uitgeverij W. van Hoeve.

Benny Ridwan et al. 2019 "Islam Nusantara, Ulemas, and Social Media: Understanding the Pros and Cons of Islam Nusantara among Ulemas of West Sumatra," *Indonesian Journal of Islam and Muslim Societies* 9(2): 163-188.

Berg, L. W. C. van den. 1886 "Het Mohammedaansche Godsdienstonderwijs op Java en Madoera en de daarbij Gebrukite Arabische Boeken," *Tijdschrift voor Indische Taal-, Land- en Volkenkunde* 31: 518-555.

Boy, Pradana. 2017 "The Fatwa of Majelis Tarjih Muhammadiyah," *Fatwa in Indonesia*, Amsterdam: Amsterdam University Press.

Bush, Robin. 2009 *Nahdlatul Ulama and the Struggle for Power within Islam and Politics in Indonesia*, Singapore: Institute of Southeast Asian Studies.

Fearly, Greg and Robin Bush. 2014 "The Political Decline of Traditional Ulama in Indonesia: The State, Umma and Nahdlatul Ulama," *Asian Journal of Social Science* 42(5): 536-560.

Laffan, Michael. 2002 *Islamic Nationhood and Colonial Indonesia: The Umma below the Winds*, Routledge.

———. 2003 "The Tangled Roots of Islamist Activism in Southeast Asia," *Cambridge Review of International Affairs* 16(3): 397-414.

Menchik, Jeremy. 2016 *Islam and Democracy in Indonesia: Tolerance without Liberalism*, Cambridge University Press.

Menchik, Jeremy and Katrina Trost. 2018 "A 'Tolerant' Indonesia? Indonesian Muslims in Comparative Perspective," *Routledge Handbook of Contemporary Indonesia*, edited by Robert H. Hefner, New York: Routledge: 390-405.

Meyer, Verena H. 2021 "Memory and Difference Coherence and Paradox in Javanese Muslims' Stories of the Past," Dissertation, Colombia University.

Noer, Deliar. 2000 *Partai Islam di Pentas Nasional: Kisah dan Analisis Perkembangan Politik Indonesia, 1945-65*, Bandung: Penerbit Mizan.

Schmidt, Leonie. 2021 "Aesthetics of Authority: 'Islam Nusantara' and Islamic 'Radicalism' in Indonesian Film and Social Media," *Religion* 51(2): 237-258.

第 3 章

パキスタンにおける政治思想と戦略

山根 聡

はじめに

本章はパキスタンの政治史においてイスラーム的政治思想がいかに提示され、歴代の政権がどの政治思想をいかに戦略的に採用したかを考察することで、パキスタンにおける政治思想と、パキスタン社会が目指す国家のあり方の関係性を検討する。

南アジア地域には世界の人口の 4 分の 1 を占める合計 19 億人が住み[1]、ムスリム人口は約 6 億人を数える。パキスタン・イスラーム共和国はイスラームを国教[2]とする共和制国家で人口は 2 億 4000 万人を超える。人口の 96.5％がムスリムであり、現在、世界最大のムスリム人口を抱える国となっている。

現在のパキスタンと言えば、2001 年 9 月のアメリカ同時多発テロの首謀者ウサーマ・ビン゠ラーディンが 2011 年 5 月に米軍に殺害されたときの潜伏先であり、女子教育の重要性を訴えるマラーラ・ユースフザイがパキスタン・ターリバーン[3]に襲撃されたことなどから、急進的なイスラーム主義の国とい

---

1) https://www.populationpyramid.net/ja/%E5%8D%97%E3%82%A2%E3%82%B8%E3%82%A2/2020/ （2023 年 12 月 1 日閲覧）

2) パキスタンでイスラームが国教となったのはバングラデシュ独立後に施行された 1973 年憲法による。

3) パキスタン・ターリバーン運動 (Pakistan Tahrik-e Taliban, 略称 TTP) は、2007 年秋にアフガニスタンとの国境近くで結成された。アフガニスタンのターリバーンの影響を受けつつも一線を画す。2007 年 7 月に首都イスラーマーバードで発生したパキスタン軍と警察による急進派の拠点「赤いモスク」急襲以降、パキスタン軍と警察が「アメリカに追従する国家パキスタン」の下にあるとして、軍や警察の施設を中心に襲撃している。

う印象がある[4]。だが実際には、国民の多くが急進派とは一線を画し、地域のスーフィーを敬愛してその墓廟を参詣している[5]。

　排他的で急進的なイスラームと寛容的なイスラームが共存するパキスタン社会において、その政治もまた両者間を揺れ動いた歴史を持つ。時には徹底したイスラーム化政策を掲げ、時には世俗化ともいえる政策を選択する。またイスラーム体制の確立を主張して聖者廟参詣を批判してきた宗教政党ジャマーアテ・イスラーミー（Jamā'at-e Islāmī、イスラーム党、以下 JI）が聖者廟参詣を認めるなど、イスラームの実践においても多様な構造が見られる[6]。

　パキスタンにおけるイスラーム的実践の諸相については多くの研究がなされてきた［加賀谷・浜口 1977; 浜口 1999; Jalal 2014］。だが、パキスタンの政治思想とイスラームの関係性において、「戦略性」を主題とした研究は多くない。ズィヤーウル・ハク率いるパキスタン軍がイスラームをいかに戦略的に利用したか［Rizvi 2001: 208; Cohen 2005: 118-120］や外交政策での戦略［Cohen 2005: 121］についての指摘はあるが、本章ではパキスタン独立直前から現在に至るまでの政治史全体のなかでの政治思想とイスラームの関係性を戦略性の観点から検討する。

1　パキスタン独立前夜——国家像の模索

(1)　独立前後の国家像の変化

　パキスタンは 1947 年 8 月、インドとともにイギリスから独立した。その建

---

4)　2024 年 5 月にも連邦直轄部族地域（FATA）のワズィーリスターン管区内で女子高襲撃事件が発生した。

5)　パキスタンにおける聖者崇拝のなかには、イギリス植民地期に町を開発してその名前が都市名「ジャコバーバード」となっているジョン・ジェイコブ准将（1812-58 年）の墓が聖者廟化している例や、政治家ブットー一族の墓廟がタージマハル風の壮麗な墓所となり参詣者を集めている事例など、スーフィーとは無関係な人物が聖者化している例がある。なお 2010 年以降はスーフィー廟の襲撃事件が発生している。パキスタンで最も知られるスーフィー、ダーター・ガンジュバフシュ（1009-1072/77 年）廟において 2010 年 7 月のウルス（命日祭）でテロが発生、50 名以上が死亡した。2019 年 5 月にもテロが発生、10 名近くが死亡した。メディアでは「寛容なイスラーム tolerant Islam」に対する攻撃とされた。

6)　ズィヤーウル・ハク大統領によるイスラーム化政策が続いていた 1987 年、カーズィー・アフマド・フサイン党首がダーター廟を参詣し、聖者崇拝を事実として受け入れる姿勢を見せた［Nasr 1996: 124］。

国運動は、1940年3月23日に全インド・ムスリム連盟大会議長を務めたムハンマド・アリー・ジンナーが「二民族論」を掲げ、信仰のみならず言語や慣習などが異なるヒンドゥーとムスリムは別個の民族であり、民族自決の観点から「ムスリム民族」による独立国家パキスタンの建国を提唱したことで展開された。

　ここで重要なのは、二民族論がムスリムを民族として捉えた点である。ジンナーら当時のムスリム連盟指導者たちは、パキスタンについて、近代主義的イスラーム思想に立脚した「ムスリム・ナショナリズム」に基づいた建国を志向していた。すなわちパキスタンはイスラーム国家（Islamic state）ではなく、ムスリム民族国家（Muslim nation state）［浜口 1999: 12］であり、建国はムスリム連盟指導者の間では「民族運動」の成果だった。

　近年の研究ではジンナーがパキスタン建国を志向していたのではなく、ガーンディー率いる全インド国民会議派との関係性のなかでパキスタン建国を選択したという考察が提示されている［ジャラール 1999][7]。ムスリム連盟指導者が近代的民主国家の樹立を目標とし、イスラーム体制の国家を目指していなかったことは、パキスタンでの国家とイスラームの関係性を検討するうえで重要である。独立直後の1947年12月には、全インド・ムスリム連盟の最後の決議となるカラーチー評議会決議においてもパキスタンを「全市民が平等の権利を享受し、不安も貧困も無知もない、社会的公正に基づく理想的な民主国家」［浜口 1999: 13］として建設することを掲げており、このなかに「イスラーム」という言葉は用いられていない。

(2)　マウドゥーディーのイスラーム国家像

　ムスリム連盟指導者が近代的な国家建設を希求した一方で、イスラーム復興を唱えて1941年にJIを創設したアブル・アアラー・マウドゥーディー（1903-79年）は、ムスリムが固有の民族であるという見解には賛成したが、それはイスラームのための運動と考えたからであって、ムスリム連盟が主張する民族自決

---

7)　中溝は両説を紹介しながら、「ネルーが宗教的少数派であるムスリムの懸念をよく理解できていれば、ムスリム連盟との交渉、ひいては独立の形も異なっていた可能性がある」［中溝 2024: 537-538］と指摘している。

という西洋的な近代政治思想、特に「民主」主義に基づいた国家建設には強く反対し、パキスタン建国運動を批判していた。彼はムスリム連盟が 1940 年 3 月 23 日にパキスタン構想を表明した直後の同年 7 月に自身の雑誌『クルアーンのタルジュマーン』において、インドでムスリムが多数居住する地域に政府が成立することに関心がないとし、パキスタンという国が神の主権のもとにあればまさに「清浄な（パーク）国（スターン）」であるが、西洋的民主主義に基づいた人間に主権がある場合は「不浄な（ナー・パーク）国（スターン）」になり、非ムスリムが国家を運営するとき、それはさらに汚れたものとなると述べている [Manṣūr 1979: 102] [8]。マウドゥーディーはまた、パキスタンについて神の主権を強く主張した。

> もしアッラーの前に〔首を〕垂れるならわれわれはインドをより拡げるだろう、ヒマラヤの壁を除き、海をも無視してアジア、アフリカ、ヨーロッパ、アメリカ全てがインドに含まれるだろう。人間の前に〔首を〕垂れるなら地獄に落ちる。インドの土地を信奉する〔領土的ナショナリスト〕者どもについて、私が関心を持つべくもない。これ〔インド〕が一つの国であろうが、一万の欠片になろうが興味はない……私には、神の他に何者の主権もないような僅かな土地があれば、インド全体よりずっと価値があると考える [Maudūdī 1992: 103]。

マウドゥーディーのこの発想は、統一インドを求める領土的ナショナリズムに対し、宗教的ナショナリズムの重要性を強く主張したもので、この政治思想は同時代のペルシア語とウルドゥー語の詩人ムハンマド・イクバール（1877-1938 年）の作品にも看取される。

> イスラーム国家について　西洋人に諮るなかれ
>
> 預言者の民の構造は　特別なものなれば
>
> 国家も民族も　ウンマの名の下にできるもの
>
> 汝のウンマは　信仰の力でのみ作られるもの　　[Iqbāl 1989: 248]

マウドゥーディーはこの四行詩を自著で引用し、「イクバールはこの現実を何と見事に表現したことであろうか」と共感した [Maudūdī 1978: 57] [9]。

---

8)　彼のこの発想は、後述するアフマディー教徒排除を求める運動へとつながる。

56 —— 第 I 部　戦略としての思想、思想の戦略的展開

マウドゥーディー率いる JI を含むイスラーム諸政党は新生国家の世俗化を批判していた[10]。それが、印パ分離独立が現実的になると、独立 2 週間後の 8 月 29 日、マウドゥーディーはイスラーム体制を確立させる目的でパキスタンへの移住を選択した［山根 2003: 108-109］。彼によれば「インドの分離がヒンドゥーとムスリムという民族主義に基づいて実施されようとしているところでは、ムスリムが多数を占めようとする国に帰属すべき」［Maudūdī 1992: 288］であるとし、「パキスタンの政体支持を意味するものではない。もしパキスタンの政体がイスラーム体制であればよいが、もし非イスラーム体制となればこれを変革し、イスラーム原理を導入すべく、現在同様に努力を続ける」［山根 2003: 109］と明言した。マウドゥーディーのパキスタン支持という路線変更は批判を受けた［Uthmān 1969: 205］[11] が、彼は政治思想の転換ではなく手段を戦略的に変更したことになる。それゆえマウドゥーディーはインドからパキスタンへの移住を「聖遷（ヒジュラト）」と位置づけた［山根 2003: 108］。

　彼の主張に対しては、JI の支配であれば「イスラーム的」で、他党の政権ではイスラーム的でないという独善的なもので、究極的には政権奪取が目的の権力争いに過ぎず、JI 一党支配体制を求めるマウドゥーディーの姿勢は、ドイツやイタリアのファシスト政権と変わりない［Manṣūr 1979: 105-107］と断じる意見も出た[12]。

---

9) リヤーズ・アフマドはイスラーム国家観においてはマウドゥーディーとイクバールが完全に一致していると評価した［Ahmad 1956: 39］。

10) イスラーム政党のなかでイスラーム・ウラマー協会（ジャミーアテ・ウラマーエ・イスラーム）だけは国民会議派系であったインド・ウラマー協会から離脱してムスリム連盟に参画し、パキスタン建国を支持していた［浜口 1999: 12-13］。

11) ウスマーンはここで、マウドゥーディーがインド国民会議派、ジャミーアトゥル・ウラマー、アフラール会議にも組せず、ただクルアーンとスンナに基づく社会実現を目指したことで、厳格かつ狭量な運動を展開したと批判している。

12) マンスールはマウドゥーディーと対立する左翼的な思想家で、ズルフィカール・アリー・ブットー率いるパキスタン人民党（Pakistan People's Party: PPP）の支持者であった。マンスールのこの著作は一貫したマウドゥーディー批判で、マウドゥーディーの活動方針を「マウドゥーディー主義 Maudūdiyat」と名付けた［Manṣūr 1979: 12］。なお同書は 1952 年の初版後 1979 年に 6 版を数えている。70 年代にブットー政権があったとはいえ、マウドゥーディー批判が少なからず存在したことを推測させる。

(3) ムスリム大衆の国家像

パキスタン建国運動のなか、政治活動に直接関与しない多くのムスリムは、前述のように聖者廟に参詣し、ヒンドゥーの祭礼に娯楽として参加する人々など[13]、イスラーム主義者が求めるイスラーム的生活でも近代主義者が描く世俗化した生活でもないが、ムスリムという自覚を持つ状況にある。彼らは社会において一般的「大衆」で、日常生活において政治思想とは無関係ながら食や礼拝などによってムスリムであることを自覚する。分離独立が決まると、大衆はインドとパキスタンの国境がわからないまま戸惑って混乱が発生し、数十万人規模の犠牲者が出た[14]。

2　パキスタン独立直後の国家像

(1)　主権をめぐる問題

新生国家パキスタンでは近代的民主国家を志向する政治指導者層と、イスラーム国家体制確立を目指すイスラーム主義者の確執のなかで国家建設が進められ、国家がイスラームとの関係性のなかでどうあるべきかについて統一見解のないまま達成された。その結果、憲法制定作業が開始されると、国家のあり方について議論が噴出した。「パキスタンにおいては、ますます多くのムスリムが、イスラームの経済体制、イスラームの政治体制、イスラームの憲法があることを前提とするようになっている」[Smith 1956: 234] と指摘されたが、当時は東西パキスタン両地域にわたって食糧不足が深刻化し、特に都市部の住民は政治、経済の現状に対する不満が高まっていた[加賀谷・浜口 1977: 276] ことや、イスラーム国家に対する国民の挫折感の深化[加賀谷 1973: 80] のなか、イスラームによる社会公正実現や国体維持への期待が高まっていた。1949 年 3 月に採択された憲法目標決議（Objection Resolution）では、先述の全インド・ムスリム連盟決議文の近代的国家像とは異なり、「主権はアッラーにのみ存する」

---

13)　現在のパキスタンでも、春の到来を祝うヒンドゥーの儀礼バサントでの凧揚げが盛んだが、一部の宗教家はこれを批判している。

14)　分離独立当時のヒンドゥー、ムスリム、スィク教徒の三つ巴の混乱で浮き彫りとなった人間の残酷さや慈愛は、独立直後、ウルドゥー文学の主題となって多くの作品が発表された。これらの作品群を鈴木斌は「動乱文学」と命名した[山根 2001: 12-191]。

という文言が入れられ、「ムスリムが聖クルアーンとスンナに定められたイスラームの教義と要請に応じて、個人の領域においても、集団の領域においても、自分の生活を定めることができるような国家」［加賀谷 2014(1973): 126］の建設を掲げたのである。

　憲法目標決議採択直後の 1950 年末、パキスタン政府が個人や宗教団体、政治団体、教育団体、職業団体等から意見を集約したところ、大多数が憲法を一層明白にイスラーム的にする必要があるという結果だった［加賀谷 2014: 31］。決議をイスラーム主義者の勝利とみたイスラーム系団体や政党は、新生パキスタンへの幻滅と不満を利用して、イスラーム憲法の実現のため、大衆運動を扇動した［加賀谷・浜口 1977: 276］。それが後述するアフマディー教団排斥運動である。

　マウドゥーディーはパキスタン独立前から主権（ḥākimīyat）をめぐって発言していた。彼は 1930 年の自著『イスラームにおけるジハード』や、『イスラーム体制とその基本的概念』において、アッラーこそが「ありとあらゆるものの主権を掌握し」（Q23: 8）ているから、「神様が下されたところに忠実にしたがって行けよ。〔アッラーを〕さしおいてほかの仲間のあとについて言ってはならぬ」（Q7: 3）というクルアーンの文言を根拠として、現代の諸悪の根源が神以外に主権を認めた人間による人間の支配という誤謬にあり、これによって人種差別、帝国主義などの諸問題が発生して［山根 2003: 92］いることから、主権は神にあると主張した。この主張は 1960 年代以降、彼の著作がアラビア語に翻訳されてエジプトのイスラーム主義者サイイド・クトゥブらに多大な影響を与えた。JI は 1980 年代になるとマウドゥーディーの多くの著作をアラビア語やペルシア語に翻訳して彼の政治思想をイスラーム世界に広めようとし、マウドゥーディーとクトゥブ、ハサン・バンナーの 3 者のジハード論を並べて冊子としてペルシア語で刊行している［Maududi et al. 1982］。このペルシア語版のジハード論は、1979 年のイラン・イスラーム革命やソ連軍によるアフガニスタン侵攻の時期と重なる点でジハードに関する思想の拡散を検討する手掛かりとなろう。

（2）　イスラーム国家という「幻影」

　憲法目標決議が採択された時期にパキスタンではアフマディー教団[15]をめ

ぐる問題が起こった。これはマウドゥーディー率いる JI が中心となったアフラール会議（Majlis-e Aḥrār-e Islām）[16] が 1952 年 6 月、アフマディー教団を宗教的異端とし、主権がアッラーに存するイスラーム国家パキスタンでアフマディー教徒の入閣は不当として当時の外相らの解任を求めた。政府の対応は遅れたうえ、マウドゥーディーを含む運動指導者を逮捕したため、これに反対する支援者が暴動を起こし、ラーホールでは 2 カ月間戒厳令が敷かれ、マウドゥーディーは国家騒乱罪で死刑判決を受けた。

　1954 年 4 月、この騒乱に関する政府の報告書、通称『ムニール・レポート』 *Munir Report* が発表された。報告書はマウドゥーディーとアフラール会議に暴動の責任があると判断したうえに、パキスタンではイスラーム主義者と近代派の政治家との間でイスラーム国家像について乖離があっただけでなく、イスラーム系政党諸派のなかでも統一見解がなく、「イスラーム国家」という「幻影」 [加賀谷 2014: 129] が国家理念の混乱を招いたとした。そしてパキスタンがイスラーム国家であるという前提のもとでアフラール会議が出した閣僚辞任の要求は間違っており、その実践方法も誤っていると結論づけた [加賀谷 1973: 128-129] [17]。マウドゥーディーは連邦政府首相の調停で終身刑に減刑されたのち釈放された。結局、1956 年公布のパキスタン憲法には主権が神に存するという文言が盛り込まれた。当時のパンジャーブ州首相が反アフマディー教団運動の要求を支持する声明を出すなど政府側もまた国民的統合のシンボルとしてあいまいなままイスラームを掲げ、一部の政治家は大衆の信仰心を害することなく支持を維持しようとした [加賀谷・浜口 1977: 280]。近代派ムスリムも、パキスタ

---

15)　1889 年に北インドで始まったイスラーム改革運動で創始者ミルザー・グラーム・アフマドが自身をメシアでありマフディーと称したために批判を受けた。

16)　イギリス植民地期の 1929 年にラーホールで結成された。デーオバンド学派、バレーリー学派、アフレ・ハディース学派、シーア派が参画、アフマディー教団を批判し、国民会議派とともにパキスタン建国に強く反対した。印パ独立後、パキスタンではイスラーム系団体の集合体として引き継がれた。

17)　JI は、『ムニール・レポート』に対し 1954 年にウルドゥー語で反論の書 *An Analysis of Munir Report* を出版、1956 年にフルシード・アフマドによって英訳された。そこには、「ムスリムとは誰か」[Ahmad 1956: 159-164] といった根本的な議論を通して反論を展開し、この報告書がイスラーム政治や社会体制をゆがめて伝えようとしていると結論づけている。マウドゥーディーと親交のあったマッギル大学（カナダ）のウィルフレッド・C. スミスがカラーチー大学での講演で、ムニール・レポートがイスラーム国家に対する重大な挑戦 [Ahmad 1956: 8] であると発言したことが紹介されている。

ン独立運動の時期から「イスラームの擁護」を掲げていたことから、独立後の国家統一にイスラームが「役立つ」［加賀谷・浜口 1977: 203］と考えた。現代のムスリムが見たことのない理想的なウンマとパキスタンの実態との間で、その後もパキスタンでは国家とイスラームの関係性について議論が続いた。

(3) 南アジアにおけるイスラーム復興思想

国家像とイスラームをめぐる議論がパキスタンで白熱するのは、南アジアという特殊な宗教的環境が大きく影響している。南アジアは、ヒンドゥー教、イスラーム、スィク教、ジャイナ教、仏教、キリスト教など多様な宗教が長い歴史のなかで混在、混交した状況にあり、ムスリムもヒンドゥーの儀礼に参加する姿が見られた［Adīb 1991: 127-131］。

宗教の混交状態をムスリムの堕落として自省を促し、宗派間対立を諫め、クルアーンとスンナに戻るというイスラーム復興を唱えたのが 18 世紀のシャーワリーウッラーだった。その後の南アジアのイスラーム政治思想のなかでは、この「純化」がしばしば主張された。マウドゥーディーの政治思想もこうした純化を求める復興思想のなかに位置づけることができる。

純化を目指す復興思想の着想は、非ムスリムという他者との関係性において喚起されている。シャーワリーウッラーは南アジア社会内部でのヒンドゥーとの関係性においてイスラームへの回帰を唱え、マウドゥーディーやイクバールは、新たな他者としてのイギリス人がもたらした西洋的政治思想を目の前にしてイスラーム復興を目指した。1905 年から 1908 年にイギリスやドイツに留学したイクバールは、留学中に宗教を超えたインドへの愛を描く領土的ナショナリズムから前述の宗教的ナショナリズムへの転換を示しており［山根 2019］、当時の南アジアのムスリムの政治思想は揺れていた。マウドゥーディーやイクバールの主張とは対照的に、クルアーンの注釈書やカリフ論の著作のあるアブル・カラーム・アーザードはガーンディーらとともにインド国民会議派で統一インドの実現を主張しており、ムスリム政治指導者内部でも意見の相違があったことは忘れてはならない。パキスタンでの国家とイスラームの関係性をめぐる議論は、独立前から引き継がれてきたのである。

晩年、イクバールはこうした転換の経緯を振り返りながら「ヨーロッパの環

境が私をムスリムにした」[Javed 2014: 158] として以下の詩句を残している。

　　西洋の台風がムスリムをムスリムにした

　　海の荒波によってこそ　真珠は磨かれるのだ　[Iqbāl 1989; 山根 2019: 201]

　イクバールはムスリムに向けた政治思想を詩の主題とした経緯について、留学中に多忙を理由に詩作を中断しようとしたところ、親友のアブドゥル・カディールが、イクバールの詩には困窮した人々（qawm）と不運な国の病気を癒す可能性があると勇気づけ、イクバールの恩師トーマス・アーノルド[18]に意見を求めたところ、アーノルドもアブドゥル・カディールに同調し、ムスリムの自立を主題とした詩作を続けた [Javed 2014: 156] という点は興味深い。イクバールが自身の詩の「市場性」を認識していたとすれば、詩作活動に戦略性が感じ取れるのである。

　マウドゥーディーの政治思想も、ヒンドゥーとの対立が顕在化した 1920 年代は批判の対象はヒンドゥーだったが、パキスタン建国運動が展開された 1940 年代以降はヨーロッパからもたらされた政治思想、特に人民主権や土地の所有権などを批判した。イスラーム政治思想も時代の要請に応じて変化した。

3　パキスタン独立後の国家像

（1）　世俗化か、イスラーム化か

　パキスタン独立後、政治とイスラームの一体化が進みつつあったが、その後パキスタンは別の選択肢を選んだ。汚職撲滅を掲げた無血クーデタで政権を掌握したアイユーブ・ハーン[19] は、1959 年に官僚政治と間接選挙制を織り交ぜた基礎的民主制を導入、国名を「パキスタン・イスラーム共和国」から「パキスタン共和国」に変えて世俗的な近代国家建設へと転換した。アイユーブ・ハーンは 1961 年、政策にイスラームを導入する目的でカラーチーにイスラーム中央研究所を設立、翌 62 年に「イスラーム近代主義（ネオ・リベラリズム）」を掲げる哲学者ファズルッラフマーン（1919-88 年）[20] を所長に就任させた。「イ

18）　1898 年から 1904 年までラーホールで教鞭を執ってイギリスに帰国、ケンブリッジでアラビア語やイスラームを教えた。イスラーム百科事典英語版編者としても知られる。

19）　パキスタン初代陸軍参謀長（1951-54 年）。54 年に国防大臣に就任した。

スラームの近代化」のもと「イスラームを現代的に再解釈する」姿勢で一夫多妻制の制限等、現代の社会情勢に合致する方向性を提示したが、当時のパキスタン社会においてイスラーム的価値観の急速な変更にはマウドゥーディーら宗教指導者や民衆からの厳しい批判を受けた。

ファズルッラフマーンが近代化を志向したのに対し、マウドゥーディーは「近代をイスラーム的文脈で解釈する」ことを目指した。彼は現代をイスラーム的価値観から外れた「無明時代」と断じ [Maududi 1978: 182-184; 山根 2003: 105-106]、ファズルッラフマーンを「死に値する」として非難、ファズルッラフマーンは 1968 年にパキスタンを去った。国家の近代化を志向する人々は「リベラル」と呼ばれて保守派と区別された。渡米して教鞭を執ったファズルッラフマーンは多くの学生に影響を与えて世界的に評価されたが、パキスタンでは思想的影響力を示すことはなかった。

(2) ウラマーと近代的復興思想

世俗化に反対するマウドゥーディーだったが、彼はそれまでのイスラーム教育を担ってきていたウラマーとは一線を画していた。1941 年に JI が設立された際、綱領では首長（アミール）は選挙による選出であると決められ [Ahmad 1976: 165]、ほかのウラマーが主導するイスラーム政党とは異なる「非ウラマー系宗教政党」[加賀谷 1992: 286] として政治活動を展開した。

マウドゥーディーがウラマーと方針を異にしたのは、ウラマーが「伝統的なイスラーム」諸学を教授するだけで、社会のイスラーム化を目指す政治・社会運動に消極的であったことから「時代遅れ」的な存在だと批判したためであり、ウラマー側も、マウドゥーディーが革新者（mujaddid）のごとくふるまっていると捉えて、マウドゥーディーが JI 設立時に参画を呼び掛けてもほとんどが賛同しなかった [Nasr 1996: 115]。なおマウドゥーディーの姿勢は「現代の思想や運動の受容に対する理解が得られるもので、純粋な（theth）ウラマーと比較すれば、彼の思想にはリアリズムの輝きがある」[Uthmān 1969: 201] と評価された[21]。

---

20) オックスフォードに学び、イギリスのダーラム大学やカナダのマッギル大学で教鞭を執っていた。パキスタンを離れた後は、UCLA やシカゴ大学で教鞭を執った。

ところが JI はパキスタンにおけるイスラーム体制樹立を目指すうえで、ウラマーとの連携が必要と考えて路線を変更し、ウラマーと連絡を取り、憲法目標決議や反アフマディー教団運動での団結を呼びかけ、ウラマー側も賛同した[Nasr 1996: 116]。ウラマー側とマウドゥーディー側の両者が、パキスタン社会において大衆の信仰心に訴えて支持を得るという利害が一致し、「イスラーム体制の確立」という名分のもと協調したのである[22]。

非ウラマー系の JI とウラマー系のジャミーアト・ウラマーエ・イスラーミー、ジャミーアト・アフレ・ハディース、そしてシーア派系のタヘリーケ・ジャアフリーヤ・パキスタンは永らく距離を置いていたが、対テロ戦争直後の 2002 年に米軍を中心とした多国籍軍によるアフガニスタンへの攻撃を当時のムシャッラフ大統領が支持したことに反対して「統一行動集会 Muttaḥida Majlis-e ‘Amal」を結成、同年の下院総選挙で 342 議席中 59 議席を獲得、アフガニスタンと国境を接する北西辺境州（現在のハイバル・パフトゥンフア州）では州議会での 124 議席中 54 議席を獲得した。宗教勢力の議席数増大は、米軍によるアフガニスタンとパキスタンの国境地帯のムスリム同胞への攻撃への反発が要因とされる。同盟は 15 項目の綱領のなかでパキスタンをイスラーム福祉国家と位置づけ、社会的公正の実現を掲げた[23]。

(3) 民族運動とイスラーム的紐帯

イスラームはパキスタン国民統合の象徴［井上・子島 2004］となったが、パキスタンが経験したのは、宗教を紐帯とする国家という理想とは裏腹に、国内でのパシュトゥニスターン運動やサラーイキー運動[24]、あるいはスィンド州でのスィンディー語の公用語化を求める運動など「民族自決」を提唱する運動

---

21) この著者はマウドゥーディーの女性に対する厳しい姿勢を批判している［Uthmān 1969: 205-207］。

22) 2024 年 8 月、JI は電気料金の値上げに反対する全国規模のストを呼びかけて実行させたが、この運動ではイスラーム的な言説はなく、大衆運動の先導という路線をとった。

23) この連帯は長続きせず、2007 年にはジャミアト・ウラマーエ・パーキスターンが同盟を離脱して解散状態となり、2008 年の下院選挙では 7 議席と議席数を大幅に落とした。

24) パシュトゥニスターン運動はパキスタンとアフガニスタン両国に居住するパシュトゥーン人の自治運動で、アフガニスタンは運動を支援した。サラーイキー運動はパンジャーブ南部の方言サラーイキー語話者による自治運動である。いずれも 1950 年代から 60 年代に活発となった。

だった。加えて、東パキスタンでのベンガル民族運動が展開された結果、1971年の第3次印パ戦争を経て東パキスタンがバングラデシュとして独立した。

　バングラデシュ独立ではパキスタン建国の理念「二民族論」の限界が指摘され[25]、その後パキスタンはイスラーム国家として中東諸国との関係強化により経済の立て直しを図った。バングラデシュ独立時に大統領を務めていたズルフィカール・アリー・ブットー（1928-79年）は、「リベラル」な政治家として台頭し、「イスラーム社会主義」を掲げて銀行業や製造業などの主要企業の国有化や土地改革を実施した[26]。だが実際にはイスラーム的な要素はほとんど見られず［黒崎 2002: 129］、むしろ政権下の1974年には第2回イスラーム諸国会議をラーホールで開催させ、中東諸国への出稼ぎ労働者を派遣して外貨獲得を目指し、シャルワール・カミーズを国民服とし、禁酒を施行するなど、イスラーム主義者やイスラーム諸国に配慮した戦略的な政策を執った。アフマディー教団の問題についても1974年、パキスタン刑法に基づきアフマディー教徒が自らをムスリムと称したり、布教活動や礼拝所をモスクと呼ぶことなどが禁止され、ブットー政権下でアフマディー教団は異端とされた[27]。ブットーの政策はイスラーム主義者からの反対を回避するように、イスラームの否定や近代化には触れず、イスラーム社会主義という新たな提案で政策を進めるものであった[28]。1999年の軍事クーデタで政権を奪取し、対テロ戦争時の国際社会からの莫大な支援のもとで経済発展とメディアの自由化を進めたムシャッラフ大統領は自伝でブットーを「民主主義者の仮面を被った独裁者」［Musharraf 2006: 159］

25）　二民族論を批判したのはバングラデシュ独立を支持したインド共産党であった［加賀谷 1971: 52］。加賀谷はバングラデシュ独立が西パキスタン民主主義運動との連帯を一方的に破ったことを批判した［加賀谷 1971: 57］。「バングラデシュの分離・独立によって「イスラームの絆」の不毛性が立証されたとする主張は、国民統合論としては短絡的な議論であると言わざるを得ない」［浜口 1999: 11-12］という指摘もある。

26）　ブットーは「パン、服と家（Roṭī, Kaprā aur Makīn）」というスローガンを掲げて［Bhutto 2008: 177］国民生活の向上を約束し、「イスラーム社会主義」と銘打った自身の政策を推進しようとした。

27）　ブットー政権後のズィヤーウル・ハク政権下ではイスラーム化政策が進められ、1984年にはパスポートでアフマディー教徒からムスリムとして記載する権利が剥奪された。

28）　浜口は、ブットー政権はハク政権のイスラーム化の前段階として位置づけられるが、ブットーがイスラーム主義者に妥協するためにイスラームを強調したのに対し、ハクは原理主義的もしくは伝統主義的イスラーム思想に依拠した点で両者は明らかに異なると評価している［浜口 1999: 15］。

と評価した。ブットーに対する評価は、「政治的な便宜上イスラーム法の導入を行った［Sayeed 1980; Weiss 1986］、あるいは「防御的なイスラーム」［Richter 1983: 131］、「象徴としてのイスラーム」［Taylor 1983: 181］など、戦略的、便宜的に「イスラーム」という文言を政策に用いたと指摘された。

（4）　国際情勢の変化とイスラーム化の親和性

　パキスタンと中東諸国との関係は第 3 次印パ戦争後に強化されたが、それを後押ししたのは国際情勢の変化だった。1979 年 1 月に起こったイラン・イスラーム革命と同年 12 月に始まったアフガニスタンへのソ連軍侵攻である。

　1977 年にブットーを軍事クーデタで倒し処刑に追い込んだズィヤーウル・ハクは政権奪取後国際社会から非難されたが、イランとアフガニスタンでの情勢によって戦略的にパキスタンの重要性が増すと、西側諸国とイスラーム諸国は揃ってパキスタン支持を表明した。ハクは軍を「パキスタンの建国理念（イスラーム）を維持する存在」［Jalal 2014: 219］とし、それを支える政権の正当性を主張した。同時にハクは自身の政権に JI の人物 3 名を入閣させ、利子の廃止、イスラーム冒瀆法の施行などイスラーム化政策を進めた。これらはクーデタによって成立した自身の政権をイスラームという文脈で正当化させた。これはアフガニスタンでの対ソ連戦争を共産主義者に対する「ジハード」と位置づけることで中東諸国からの支援を取り付けるためにも必要な戦略的措置だった。つまり、政治と宗教と軍の思惑がイスラームのもとで一致したのである［Jalal 1990: 324; Mehdi 1994: 33］。ハクの外交政策のスローガンは「イスラーム、敬虔な信仰心、ジハード（Islam, Piety, and Jihad）」［Jalal 2014: 234］で、前述のブットーの「パン、服、家」とは全く異なった。ブットーがバングラデシュ独立後の混乱を収拾し、国民生活の向上を訴えて支持を得たのに対し、ハクは戦争特需を利用して国民の宗教心を強調した。

　ハクのイスラーム化政策のうち、1986 年に施行した「イスラーム冒瀆法」はパキスタン社会において大きな意味を持った。この法はアッラーや預言者ムハンマドを含め、イスラームを冒瀆した場合に最高刑が死刑となる法律である。冒瀆法は 20 世紀初めのイギリス統治時代に宗教間対立を抑え込むために施行されたが、ハク時代の冒瀆法は、その後 30 年間、イスラームを掲げるあらゆ

る急進派への批判も困難な環境を生み出した［山根 2015b］。これは、2014 年 12 月に発生したパキスタン・ターリバーンによる小学校襲撃で 141 名が死亡した事件を受けて、翌年 1 月に憲法修正が実施され、宗教を語るテロリストの一掃が決定され、軍による対テロ作戦が実施された。

4　現在のパキスタンと政治思想

(1)　「リベラル」とイスラーム

　対ソ連戦争はソ連軍の完全撤退で 1989 年に終結したが、その後アフガニスタンでは国内諸勢力の間で政治権力をめぐる対立が内戦となった。アフガニスタンのイスラーム主義者たちはマウドゥーディーの著作の翻訳に触れて感化され、対ソ連戦争時には JI と緊密な関係を持っていた。パキスタン政府としてもパシュトゥニスターン運動等で対立していたアフガニスタンに親パキスタン政権が樹立されることを望んで、パシュトゥーン人の指導者グルブッディーン・ヘクマティヤールを支援した。パキスタン政府はジハードを掲げつつも、実際には地政学的な理由でアフガニスタンの特定のグループを支援した。パキスタンは 1994 年にターリバーン結成に協力、ターリバーンは急速に勢力を拡大して 1996 年 9 月に首都カーブルを制圧した。ターリバーン政権は対立する諸勢力（北部同盟）と内戦状態に入った。パキスタンでは 88 年にハク大統領が急死すると、Z. ブットーの娘ベーナズィール・ブットー（以下 B. ブットー）が政権を取り、文民政権となったが、ターリバーン結成はブットー政権下で画策されたもので、政権よりも軍が強い影響力を持つ流れは引き継がれていた。ハク政権時に政界入りしたナワーズ・シャリーフも政権を取ったが、B. ブットー同様、軍との人事等をめぐる対立で首相の座を失った。B. ブットーがリベラル、ナワーズがイスラーム的というイメージがあったが、結局は軍の意向によって内政外交の政策は変化した。

(2)　軍と政治

　1997 年にナワーズ首相を軍事クーデタで追い出して後に大統領となったムシャッラフはその自伝で、幼少期に父の勤務で暮らしたトルコについて、パキ

スタンと同じイスラームを共有しながらも、アタチュルクは教条主義と曖昧主義からトルコを救い、近代化を果たした［Musharraf 2006: 19］と評価した。ムシャッラフは、ハク政権時に宗教勢力がイスラーム法導入を要求したので、ハクにとってイスラーム化政策は受け入れやすい便利な政策であって［Musharraf 2006: 160］、アフガニスタンでの対ソ連戦争を戦うムッラーたちはパキスタン政府、アメリカ、サウジやその同盟諸国から支援を得たことから、ハクは近代化を後退させるイスラーム化政策を導入した［Musharraf 2006: 161］、と否定的に述べている。同じ軍のトップにありながらも、ハクとムシャッラフは社会のイスラーム化について全く逆の考えを持っていた。

　ムシャッラフの時代は9.11事件発生を挟んでおり、イスラームとテロが同一視される風潮を生んでいた。2004年、彼は国連での演説でパキスタンが穏健なイスラーム国家としてパキスタンなりの民主化を行っていると述べた［山根 2015a: 56］。これは国際社会からパキスタンへの理解を得るうえでも必要な発言であった。パキスタンでは軍の政治への影響力が大きく、軍政は民主政治とかけ離れている印象を与えるが、パキスタン政治では軍政と民政が比較されると同時に、イスラーム的政権と「リベラル」な政権が対照的に扱われる。ただし、1950年代に軍事クーデタで政権をとったアユーブ大統領がパキスタンの政治を「基礎的民主政」［山根 2015a］と紹介し、ムシャッラフが「パキスタン独自の民主化」を進めていると紹介したように、軍政と民政、イスラーム的政権とリベラルな政権の4要素が交じり合ってきたというのが実情である。B.ブットーも自伝において、西洋諸国が民主主義を宗教の文脈で語り、自由が神の与えた権利であるかのように語り、それを教団が宗教の説教をするかのように民主的価値を海外に広めようとしている［Bhutto 2008: 82-83］とし、民主主義を標榜しながらもアメリカがムシャッラフ軍事政権の対テロ政策を支持する点を批判した［Bhutto 2008: 83］。B.ブットーは、ある調査結果を引用しながら、イスラーム諸国における選挙での政党の競争力は、非アラブ諸国がアラブ諸国の20倍を超えており、民主化については、イスラーム的か否かは問題ではなく［Bhutto 2008: 86］、西欧が指標とする民主主義の度合いよりも、問題は国家内の自由度にあり、民主主義を支えるのは公正な選挙であると訴えた［Bhutto 2008: 88］。近年では、B.ブットー政権やシャリーフ政権で繰り返される汚職に

対する国民の不満が、社会公正の実現を掲げる元国民的クリケット選手イムラーン・ハーンの支持へとつながり、イムラーンは軍の支援を受けて 2018 年に首相となった。その後軍との軋轢が生じて 2023 年に失脚したものの、特に若年層の支持は今も続いている[29]。

このように、パキスタンの政治は、イスラーム的か世俗的かという縦軸と、軍政か民政かという横軸で表すことができるだろう。ただし、民政のほとんどは軍に支えられた状況にあって、軍との対立が発生すると、すぐに失脚する構造も変化していない[30]。パキスタンの政治史は、インド、アフガニスタンなど周辺国との緊張関係から軍の政治への関与を招き、政権と軍との関係性のなかで各政権の政策や政治思想がイスラーム的解釈によって正当化されてきたのである。

5　政治思想の正当化の手段としてのイスラーム

パキスタンにおける国家とイスラームのあり方は、世俗国家を目指す動きから厳格なイスラーム体制を目指す動きまで、歴史的背景によって変化し続けた。JI のように一貫して厳格なイスラーム体制を志向する政治思想であっても、スーフィー参詣について認める判断を下し、現実的解釈を行った。ただしこの参詣の理由は、パキスタン社会における聖者崇拝を受け入れつつ、JI として民衆の支持を得たいという理由があった［Nasr 1996: 124］。それはまさに戦略的な解釈の一例といえるだろう。同様に、「リベラル」の旗手として政治家の道を歩んだ Z. ブットーが自身の政策を「イスラーム社会主義」と銘打ったのも、戦略的な手法であり、結局、いずれの政治家や思想家も、自身の政治思想をイスラームによって正当化するという戦略において違いはないのである。

パキスタンは、ヒンドゥーとムスリムが異なる民族であるという「二民族論」という主張から建国された。その後もバングラデシュ独立やインドとの関

---

29)　軍との軋轢は、次期陸軍参謀長の人事をめぐる対立や、ウクライナと良好な関係にある軍の制止を振り切って、ロシアがウクライナに侵攻した日にプーチン大統領に面会に行ったことなどが重なったことによる［山根 2024］。
30)　2023 年 9 月、定年を迎えたバージュワー陸軍参謀長は、最後の講演において、パキスタン軍が 70 年にわたって政治に関与してきた事実を認めた［山根 2024］。

係性において、国家のあり方や政策において常にイスラームが意識されており、今後世俗化が進むことがあっても、イスラームの枠組みを越えることは難しいであろう。ムスリムとして国家を「獲得」した、という意識が、パキスタンの政治に常に影響を与え続けているのである。

参考文献

井上あえか・子島進 2004「パキスタン統合の原理としてのイスラーム」黒崎卓・山根聡・子島進編『現代パキスタン分析──民族・国民・国家』岩波書店

加賀谷寛 1992「政治エリートとしての宗教勢力」山中一郎編『パキスタンにおける政治と権力──統治エリートについての考察』アジア経済研究所

─── 2014(1971)「『バングラ・デーシュ』批判ノート」東長靖・松村耕光・山根聡編『南アジアの政治と文化──加賀谷寛著作集2』京都大学イスラーム地域研究センター

─── 2014(1973)「パキスタンの政治と宗教──「イスラム国家」(Islamic State) 理念について」東長靖・松村耕光・山根聡編『南アジアの政治と文化──加賀谷寛著作集2』京都大学イスラーム地域研究センター

加賀谷寛・浜口恒夫 1977『南アジア現代史Ⅱ　パキスタン・バングラデシュ』山川出版社

黒崎卓 2002「ズルフィカール・アリー・ブットー」大塚和夫ほか編『岩波イスラーム辞典』岩波書店

ジャラール、アーイシャ 1999『パキスタン独立』井上あえか訳、勁草書房

中溝和弥 2024「独立インドの国民国家建設」『アジア人物史 12 [20-21 世紀]』集英社

浜口恒夫 1999「イスラムとパキスタンの国民統合──ジアー・ウル・ハック政権下のイスラム化とその後」『研究成果報告書 No. 2 1990 年代における南アジアの構造変動』文部省科学研究費・特定領域研究（A）「南アジアの構造変動とネットワーク」総括班

山根聡 2003「南アジア・イスラームの地平　イクバールとマウドゥーディー」小松久男・小杉泰編『イスラーム地域研究叢書2　現代イスラーム思想と政治運動』東京大学出版会

─── 2015a「パキスタンの民主政権を支えるのは軍か、イスラームか、メディアか?」『現代インド研究』5 号

─── 2015b「対テロ戦争期パキスタンの政治・社会における内的変化」『アジア研究』61 巻 3 号

─── 2019「イクバールのロンドン」小松久男編『歴史の転換期 10　1905 年　革命のうねりと連帯の夢』山川出版社

─── 2024「2023 年のパキスタン──選挙をめぐる社会の混乱」『国際情勢紀要』94 号

Adīb Yūnas. 1991 *Merā Shahr Lāhor*, Lahore: Ātish Fishān Pablikeshanz.

Ahmad, Khurshid (Trans.). 1956 *An Analysis of the Munir Report*, Karachi, Jamaat-e-Islami Publications.

Ahmad, Sayed Riaz. 1976 *Maulana Maududi & the Islamic State*, Lahore: People's Publishing House.

Bhutto, Benazir. 2008 *Reconciliation: Islam, Democracy, and the West*, London: Simon & Schuster.

Cohen, Strephen Philip. 2005 *The Idea of Pakistan*, Lahore: Vanguard Books.

Iqbāl, Muḥammad. 1989 *Kulliyāt-e Iqbāl*, Lahore.

Jalal, Ayesha. 1990 *The State of Martial Rule: The Origin of Pakistan's Political Economy of Defence*, Cambridge University Press, Cambridge.

――――. 2014 *The Struggle for Pakistan: A Muslim Homeland and Global Politics*, London: The Belknap Press of Harvard University Press.

Javed Iqbal. 2014 *Zindah Rud ('Allama Iqbal ki Mukammal Sawanih Hayat)*, Lahore: Sang-e meel Publications.

Maudūdī, Abu al-A'lā. 1978, *Masa'la-e Qaumīyat*, Lahore: Islamic Publications.

――――. 1992 *Taḥrīk-e Āzādī-ye Hind aur Musalmān*, Vol. 2, Lahore: Islamic Publications.

――――. 1995 *Qādiyānī Masa'la aur Us ke Madhhabī, Siyāsī, aur Mu'āshratī Pahlū*, Lahore: Islamic Publications.

Musharraf, Pervez. 2006 *In the Line of Fire—A Memoir*, London: Simon & Schuster.

Manṣūr, Fīroz al-Dīn. 1979 *Maulānā Maudūdī ke Taṣawurāt*, Lahore: People's Publishing House.

Mehdi, Rubya. 1994 *The Islamaizaion of the Law in Pakistan*, Curzon Press.

Nasr, Seyyed Vali Reza. 1996 *Maududi and the Making of Islamic Revivalism*, New York: Oxford University Press.

Nu'mānī, 'Āṣim. 1988 *Guftār o Afkār*, Lahore: Idāra-e Ma'ārif Islāmī.

Ritcher, William. 1983 *The Political Meraning of Islamization in Pakistan: Prognosis, Implications, and Questions*. Syracuse University Press.

Rizvi, Hasan Askari. 2001 "The Military," in *Power and Civil Society in Pakistan*, ed. By M. Anita Weiss and Gilani, S. Zulfiqar, Oxford University Press.

Stephan, Alfred and Robertson, Graeme B. 2003 "An 'Arab' More Than 'Muslim' Electrical Gap," *Journal of Democracy* 14, No. 3.

Sayeed, Khalid bin. 1980 *Politics in Pakistan, The Nature and Direction of Change*, New York: Praeger.

Saiyid Qutb, Hasan al-Bannā, Maududi. 1982 *Falsafah-i-Jihād dar Islām*, Kuwait: Al-Ittiḥād al-Islāmī Al-'Ālmī.

Smith, W. C. 1956 *Islam in Modern History,* Princeton University Press.

Taylor, David. 1983 *Islam in the Political Process*. Cambridge University Press.

Uthmān, Muḥammad. 1969 *Islām Pākistān meṇ―Pākistān aur Islām ke Buniyādī Masā'il kā Khayāl -afroz Jā'izah*, Lahore: Maktaba-e Jadīd.

Weiss, Anita M. 1986 "The Historical Debate on Islam and the State in South Asia," in Anita M. Weiss（ed.）, *Islamic Reassertion in Pakistan*, Syracuse University Press.

（関連ウェブサイト）

南アジアの人口　https://www.populationpyramid.net/ja/%E5%8D%97%E3%82%A2%E3%82%B8%E3%82%A2/2020/（2023 年 12 月 1 日閲覧）

72 —— 第 I 部　戦略としての思想、思想の戦略的展開

非ムスリムとの関係性を探る

第4章 ムハンマド・アリー政権の シリア支配に見える関係構築

藻谷悠介

はじめに

　本章はエジプトのムハンマド・アリー政権による 1832 年から 1840 年までの歴史的シリア地域[1]（以下、シリア）の支配を取り上げ、政権とシリア在地有力者の間の関係構築の様相を検討するものである。「近代エジプトの父」とも呼ばれるムハンマド・アリー（1769–1849 年）は、1805 年にオスマン朝下でエジプト州総督に就任すると、独自の富国強兵策を掲げ、中央集権的な支配体制の構築や徴税請負制の廃止、綿花など商品作物の指定栽培と専売制、西洋由来の技術の導入と工業化などの諸改革を推し進めると同時に、規律訓練に基づく新式の軍隊を整備し、積極的な対外遠征を通じて支配領域を拡大し続けた。そして、1831 年にはシリアに侵攻し、オスマン軍との多くの戦闘に勝利して同地の行政権を認められ、1840 年まで同地を支配した。政権は本拠地エジプトから離れたシリアを支配するに当たって、必然的にシリアの在地有力者と関係を取り結ぶことを求められた。本章の狙いは、このように近代の中東地域において外来の政治権力と在地社会が新たに接触した局面に着目し、そこに生起したであろうコネクティビティの様相を、在地有力者の任官という事例を通して検討し、その背景に見え隠れする双方の「戦略」を考察することにある。

　さて、本書『イスラームからつなぐ6　思想と戦略』の他の 9 章が基本的にイスラーム教やムスリムを取り巻く現代的課題を取り上げ、そこに見える信頼

---

1)　現在のシリア、レバノン、ヨルダン、パレスチナ、イスラエル、およびトルコの南東部を含む地域の総称。政権の具体的な支配領域については、図 1 を参照されたい。

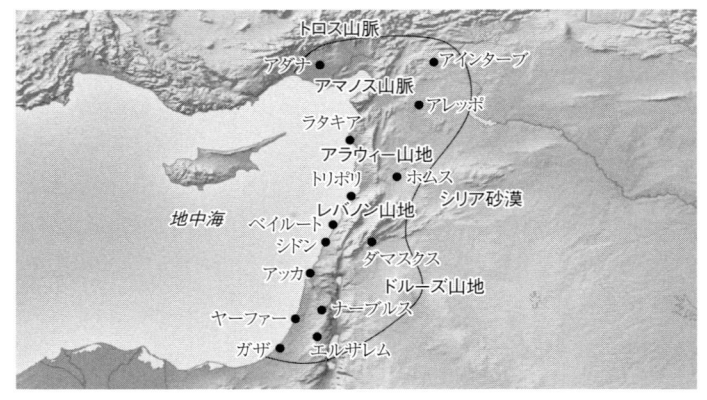

図1　ムハンマド・アリー政権の支配領域

出典）　筆者作成。

構築やコネクティビティを論じているのに対し、本章は筆者が専門とする 19 世紀前半の歴史的事象の分析から、コネクティビティの検討を試みるものとなっている。また、筆者がこれまで研究を進めてきたのは、主に文書史料を活用した政治史・制度史であり、本シリーズの文脈に即して言うなれば、政治権力とムスリム社会の間の垂直的な関係に焦点を当てるものである。そのため、ムスリム社会、あるいはムスリムを包摂する社会における人々の水平的な信頼構築ないしコネクティビティを検討するという、本シリーズの研究課題に取り組むに際して、これまでの研究と異なるアプローチを模索することとなった。本章はこのような試行錯誤を経た一試論となっていることを、予め断っておきたい。

　コネクティビティの検討という目的の上で本章が試みるのは、近代 19 世紀における政治権力と在地社会との間に、水平的な関係構築の側面を見出すことである。19 世紀前半のエジプトにおけるムハンマド・アリー政権の支配は、中央からエジプト各地に派遣される役人たちによって構成される厳格な役人ヒエラルキーを通して、上意下達と情報の吸い上げを実現する、中央集権的な支配体制を大きな特徴としていた [Rivlin 1961: 86-97; Marsot 1984: 100-102]。他方、政権のシリア支配に関わる史料から見えてくるのは、在地有力者に地方支配を委ね、彼らが持つ軍事力や情報、人的ネットワークを頼る政権の姿勢、そして政

権の支配に対する在地有力者の複雑な反応である。これらのことから、両者の間の関係構築は、「近代」あるいは「ムハンマド・アリー」という言葉から想起されるような、中央集権的な政治権力による上からの一方的なプロセスではなく、むしろエジプトからの外来政治権力とシリアの在地有力者の間に発生した、双方向的な駆け引きの展開であったと理解することができよう。

　この点を踏まえた上で、2つの節から構成される本論では、次のような形で議論を進める。まず第1節では、政権の視点から、どのように在地有力者を任官し、支配体制に組み込んでいたのかを分析する。具体的には、シリアにおいて地方支配の主軸を担った2つの主体、すなわちシリア各地に任じられた行政官である代官（mutasallim）と、シリア主要都市に新設された合議機関の地方協議会（majlis al-shūrā）に分析の焦点を当てる。一方で、この分析のみでは政治権力による在地有力者への一方的かつ上からの関係構築にばかり光が当たることとなってしまう。そこで第2節では、在地有力者の視点から、政権への接触とその際の彼ら在地有力者間の関係性を検討することで、任官を通じた関係構築をより水平的かつ双方向的に理解することを試みる。もちろん、在地有力者ごとに政権との接触の様相は多種多様であったが、本章ではなかでも政権の厚遇を得て、支配体制のなかで重要な位置を占めた2人の人物、すなわちレバノン山地の首長バシール・シハーブ2世とパレスチナ丘陵の在地有力者フサイン・アブドゥルハーディーを具体例として取り上げる。

　先行研究においては、政権と在地有力者との関係について論じる際、シリアを占領したムハンマド・アリー政権に対して、シリア在地有力者たちがどのような対応を取ったのか、という点に焦点が当てられてきた［Polk 1963; Hoexter 1984; Divine 1994］。一方で、政権がどのように在地有力者と接触し、自らの支配体制のなかに組み込んでいったのかについては、十分に検討されてこなかった。翻って本章における検討は、政権側の関係構築の姿勢を検討することに軸足を置きつつ、それを踏まえて在地有力者側の接近についても再検討することで、関係構築の双方向的な解釈の可能性を提示するものと位置づけられよう。また本シリーズの趣旨に即して付言するならば、政権と在地有力者の双方には非ムスリムのアクターも含まれており、非ムスリム同士、あるいは非ムスリムとムスリムの間のつながりが、政権と在地有力者の関係構築においても重要で

あったことが示唆される点にも、本章の意義を見出すことができる。

　本章では歴史学研究の立場から、文書史料と叙述史料を併用して研究を進める。第1節で主に参照するのは、エジプト国立公文書館（Dār al-Wathā'iq al-Qaw-miyya）に所蔵されている文書群（以下、DWQ 文書）である。同文書館は入館から閲覧、複写に至るまで非常に厳しい制限がかけられており、そこに所蔵される史料群は先行研究において殆ど活用されてこなかった。本章ではこの貴重な史料群を大いに活用することで[2]、政権がシリア支配体制のなかに在地有力者をどのように取り込んでいたのかを詳らかにする。他方、在地有力者側の動向を探る第2節においては、回想録などの叙述史料も参照している。それらのなかでも、シハーブ家に書記として仕えたミシャーカ・ミーハーイール（1800-88年）が著した回想録『友人たちからの提言への返答』al-Jawāb 'alā Iqtirāḥ al-Aḥbāb は、バシール・シハーブ2世を取り巻く当時の状況について、子細な情報を多く提供する貴重な史料である。

　本論に先立ち、まずはムハンマド・アリー政権のシリア支配体制を概観しておきたい。ムハンマド・アリーはエジプトに留まり、シリア遠征軍総司令官である長子イブラーヒーム・パシャ（1789-1848年）にシリアの支配を委ねた。その上で、軍務に追われるイブラーヒーム・パシャに代わって、エジプトから派遣されたシャリーフ・パシャ（生没年不詳）が行政総監（ḥikimdār）としてシリア全域の政務を統括した。また彼に加え、シリア在地のキリスト教徒バフリー・ベイ（生没年不詳）が、首席会計官（mudīr al-ḥisābāt）としてシリア全域の財務を点検する重要な役割を担っていた。シリアはダマスクスを主都としていくつかの州に分割され、各州に州長官（mudīr）が任じられた。また、前述の通りシリア各地に在地有力者から代官が任命されたほか、主要都市には在地有力者から構成される地方協議会が設立された [Hofman 1975; Sālim 1990; Safi 2004; 藻

谷 2018b; 2023]。

1　在地有力者への地方支配の委任

　本節では、政権がシリア各地に新たに配置した代官および地方協議会の分析を通じて、政権による在地有力者の登用について検討する。上述のように、代官と地方協議会の議員はシリア各地の在地有力者から任命されたことが指摘されており、政権と在地有力者の関係を理解する上で、適切な題材と言えよう。

(1)　代　　官

　代官はエジプト支配最初期からシリア各地に任じられた行政官であり、以下で明らかにするように、政権に代わって地方支配を主導する重要な立場にあった。この代官の人事に関しては、支配最初期の 1832 年 11 月の時点で、シリア各地に計 30 人の人物が代官として任じられていたことが DWQ 文書から判明する[3]。彼らのなかには特定が困難な人物もいるものの、少なくとも 22 人はシリアの在地有力者であったことが確認できる。一方で、エジプトなどシリア外の出身者は確認できない。また、彼ら 30 人の代官の殆どは、名前や称号からムスリム武人層であったと考えられ[4]、非ムスリムであったことが確認できるのは、次節にて取り上げるバシール・シハーブ 2 世の孫 3 名のみである。

　先行研究によれば、エジプト軍総司令官イブラーヒーム・パシャが各地の代官を任命していたとされてきた ［Hofman 1975: 313-315; Sālim 1990: 58-59］。一方で、1832 年 11 月にシャリーフ・パシャがシリア行政総監としてダマスクスに

　3)　DWQ 文書のなかには、支配開始から間もない 1832 年 11 月時点のシリアの代官の一覧を見つけることができる。それによれば、この時点でシリア全域に 37 の代官位が設定されており、一部の代官位は空位もしくは兼轄となっていたため、一覧のなかでは合計 30 人の人物の名前が代官として挙げられている ［DWQ, MA240, no. 203, JDM, 23 Nov. 1832］。
　4)　一覧に名前が挙げられている者たちは、全員に称号が付されているが、なかでも「アーガー」の称号を持つ者が 16 人と突出して多かった。「アーガー」はシリア、とりわけダマスクスにおいてイェニチェリ部隊や傭兵部隊の将校、行政官など、総じて権力基盤の一つとして軍事力を有していた者たちに付されていた称号であった ［大河原 1992: 48-57］。「アーガー」以外の称号としては、パレスチナ地域に長老を意味する「シャイフ」、レバノン地域に首長を意味する「アミール」がそれぞれ多く見られるが、彼らのなかにも軍事力を背景に地域で影響力を有していたものが多い ［Farah 2000: 1-11; Cohen 1973: 8-13］。

着任して以降は、彼の名義で代官が任命されていた事例も史料中に見出すことができる［Rustum 1987-88, 2: 71-72, 83-84, 119-120］。いずれにせよ、両名以外の人物による任命の形跡を示す史料は見られないことから、代官は政権のシリア中枢の高官たちによって任命されていたと考えられる。また、DWQ 文書中には代官が政権から給料を受け取っていたことを示す文書が見つかることから[5]、彼ら代官は政権から任命を受けるのみならず、給料の支払いを受ける政権の役人であったことが判明する。

　エジプト支配期における代官の役割については、各地のシャリーア法廷台帳に残る代官任命の記録のなかに言及が見られる。それらをまとめて列挙すると、上層部からの命令・指示の遂行、イスラーム法廷による裁定の執行、徴税と国庫への納入、治安の維持、農村の復興・開発、となる［Rustum 1987-88, 2: 18-19, 29-30, 34-35］。このことから、代官は管轄域内の行政全般に関して、命令や裁定に則って政務の執行を差配する立場にあったことがうかがえる。高官たちから各地へ下された命令および指示は基本的に代官に宛てられており[6]、代官が地方支配の中軸として政権から命令を受け、その執行に責を負う立場にあったことが確認できる。このことに関して、各代官の下にはエジプト軍から十数名の兵士が派遣されていたことが DWQ 文書から読み取れる[7]。上述のように代官に任命された在地有力者の多くがムスリム武人層であったことも考慮に入れれば、代官の主たる役割は徴税と治安維持にあり、代官に任じられた在地有力者にはその執行のための武力が求められたと考えられる。

5)　例えば、以下を参照。DWQ, MA 252, no. 310, from Sharif Pasha to the Chief Khedival Secretary, 5 Apr. 1836, T; MA 257, no. 26, from Sharif Pasha to the Khedival Chief Secretary, 15 Apr. 1839.

6)　DWQ, MA 238, no. 263, JDM, 22 Sep. 1832; no. 269, orders from Ibrahim Pasha, 23 Sep. 1832; MA 240, no. 106, JWM, 9 Nov. 1832. 代官以外に宛てられた命令・指示としては、後述するように各地の徴税請負人や長老に宛てられたものが散見されるほか、イスラーム法官などに宛てられたものも僅かに見られる。DWQ, MA 238, no. 211, JWM, 17 Sep. 1832; MA 240, no. 131, JWM, 12 Nov. 1832.

7)　代官たちはエジプト軍からそれぞれ十数名の衛兵（qawwās）を宛てがわれており、その目的は必要に応じて治安維持や徴税に武力を伴って臨むためであったことが複数の文書から読み取れる。DWQ, MA 235, no. 55, JWM, 7 Jun. 1832; no. 75, JWM, 10 Jun. 1832; no. 163, JWM, 23 Jun. 1832.

（2） 地方協議会

　地方協議会はエジプト支配期にシリア各地に新設された、在地有力者から構成される合議機関であり、その創設はエジプト支配期の主要な新機軸として先行研究の関心を広く集めてきた［Hofman 1975; Sālim 1990; Safi 2004; Ghazzal 2018］。最初の地方協議会は、エジプト軍がダマスクスを占領した直後の 1832 年 6 月 21 日に、同地に設立された［DWQ, MA 235, no. 145, minutes of the council of Damascus, 21 Jun. 1832, T］。その後、1833 年 7 月までの間にアレッポにも地方協議会が設立され［Rustum 1986-87, 2: 318, 340］、1834 年 1 月にベイルートに地方協議会が設置されるなど［Rustum 1986, 1: 37-38］、シリア各地に地方協議会が段階的に設置されていった。DWQ 文書をはじめとする諸史料から確認できる限りでは、最終的に少なくとも 18 の都市に地方協議会が設置されており[8]、同機関がシリア全域の主要都市に広く新設されたことがわかる。

　続いて地方協議会の議員にどのような人物が任命されたのかを見ていこう。ダマスクス協議会については、設立初日の議事録に議員 23 人の署名が残されており、確認できる限りでは全員がダマスクスの在地有力者であったこと、武人層のみならずムフティーやナキーブなどウラマー層も多く含まれていたこと、2 人の非ムスリムも含まれていたことが判明する［DWQ, MA 235, no. 145, minutes of the council of Damascus, 21 Jun. 1832, T］。一方、ダマスクス以外の協議会については、10-15 名程度の議員から構成されていたようで、確認できる限りではダマスクス協議会と同様にウラマーや非ムスリムを含む在地有力者から構成されていた[9]。特にベイルート協議会については、同地のムスリムと非ムスリムの比率を勘案してか、12 人の議員のうち 6 人が非ムスリムであったことが史料に明記されており［Rustum 1986, 1: 37-38］、非ムスリムの地方協議会への参与を象徴する事例として注目される。

　さて、地方協議会の議員の任命については、文書史料から得られる情報が非常に限られるものの、彼ら議員がイブラーヒーム・パシャら高官によって任命されたことがいくつかの史料から読み取れる［DWQ, MA 235, no. 150, JHB, 22 Jun.

8）　次の文献や史料を典拠とする。藻谷 2018a: n. 5; DWQ, MA 250, no. 401, minutes of the council of Adana, 25 Feb. 1835, T; MA 252, no. 243, from Sharif Pasha to the Chief Khedival Secretary, 20 Mar. 1836, T; Rustum 1986-87, 2: 358; 3: 170, 178; Rustum 1987-88, 3/4: 7, 254, 259.

1832; Rustum 1986: 37; Nawfal 1990: 295]。また注目すべきことに、彼ら議員も代官と同様に、政権から給料の支払いを受けていたことが先行研究において指摘されており [Hofman 1975: 331]、史料中にもその旨の記述が確認できる[10]。以上のことから、地方協議会の議員は代官と同様に政権の高官によって任命され、また政権から給料の支払いを受ける役人であったと考えられる。

　では、地方協議会はどのような案件を協議していたのだろうか。まず、上述の設立初日のダマスクス協議会の議事録を見ると、主にダマスクスおよび周辺農村の住民から付託された案件を協議しており、その内容は税に関わる諸問題から犯罪の処罰、私人間の紛争解決まで多岐にわたっていた [DWQ, MA 235, no. 145, minutes of the council of Damascus, 21 Jun. 1832, T]。一方で、地方協議会がシリアの主要都市にまで拡大した後には、主に財務案件を協議するようになったことがうかがえる[11]。なお、これら協議された案件については、その決議が代官を通じて執行される決まりとなっていたことも、ダマスクスやアレッポ、ベイルートの協議会の事例から判明する[12]。これらのことから、地方協議会はシリア各地で財務案件を中心とした合議による意思決定を担っており、その執行を代官に指示することのできる重要な立場にあったと理解できる。

---

9)　例えば、アダナ協議会については議事録からムフティーや非ムスリムを含む9人の議員が確認でき、そのうち6人については、アダナの在地有力者であった旨が史料中に明記されている [DWQ, MA 251, no. 241, minute of the council of Adana, 17 Aug. 1835, T]。なお、この議事録の出席者一覧については、欠席者への言及がなく、アダナ州の州都であった大都市アダナの協議会がベイルート協議会（12人）よりも議員が少ないというのは些か不自然であるため、議員の総数は9人を上回っていたと考えるのが自然であろう。一方、アレッポの協議会についても、1836年6月28日の議事録中に当日の欠席者を含む議員15人が列挙されている。ここで挙げられている出席者はニスバが省略されている者や、役職名を以て名前に代えている者が多く、全員を特定するのは困難であるが、特定可能な人物は全員が在地有力者であり、また彼ら議員のなかにはムフティーとナキーブに加え、非ムスリムと思しき2人が含まれていたことが確認できる [DWQ, MA 252, no. 205, minutes of the council of Aleppo, 28 Jun. 1836, T]。

10)　例えば、以下の史料を参照のこと。Nawfal 1990: 295; DWQ, MA 257, no. 26, from Sharif Pasha to the Chief Khedival Secretary, 15 Apr. 1839, T.

11)　例えば、現存する1838年のアレッポ高等協議会の500件以上の決議の記録を見ると、住民のみならず、役人・軍人から回付された案件も多く協議するようになっていたこと、そして決議された案件の殆どが、物件費の査定および徴税額・徴税権の設定をはじめとする政権の財務案件であったことが確認できる [藻谷 2018b: 34-37]。地方協議会が主に財務案件を扱っていたことについては、当時のナウファルが残した著作においても指摘されている [Nawfal 1990: 295]。

（3） 在地有力者への地方支配の委任

　以上の分析から、代官と地方協議会の両者が、エジプト支配期のシリアにおいて、地方支配の主軸を担う存在であったということが見えてくる。シリア各地に任じられた代官は、徴税をはじめとする政務の執行を差配し、各所に指示を下す立場にあった。また、シリア主要都市に設置された地方協議会は、財務案件を中心に合議を行い、決議内容を代官に執行させることのできる立場にあった。すなわち、シリア各地における政務の意思決定から執行に至るまでの流れが、両者によって主導されていたのである。そして、代官は主にムスリム武人層から、また地方協議会の議員は武人層・ウラマー層のムスリム有力者、および非ムスリムの有力者から、政権の高官によってそれぞれ任命されていたという知見を踏まえれば、シリア各地の行政はまさに多様な層からなる在地有力者たちによって主導されていたことになる。

　そして、彼ら代官や地方協議会の議員は政権から任命と給料の支払いを受けた役人であったことを考慮に入れれば、政権が在地有力者たちを積極的に支配体制のなかに組み込み、彼らに地方支配を基本的に委ねていた、と理解することができるだろう。では、在地有力者に地方支配を委ねるという政権の「戦略」には、どのような背景があったのだろうか。代官に関して言えば、在地有力者の武力行使を通じて徴税や治安維持を遂行させる狙いがあり、そのためにこそ政権は主にムスリム武人層を代官に任じていたと理解できる。また、地方協議会については、在地有力者の持つ情報を地方支配に活用することが意図されていたと考えられる。地方協議会が主に協議していた財務案件についていえば、特に地域固有の慣習や事情などを詳細に把握することが求められたために、司法に携わるウラマー層や、財務や経済活動に関与することの多かった非ムスリムを含め、多様な層の在地有力者を議員に任命し、彼らの持つ情報を行政に

12）　ダマスクス協議会については、その設立の経緯が上述の議事録を含む 2 つの文書において記述されているが、いずれの文書においても、同協議会の決議内容をダマスクス代官が執行するという規定が明記されている。DWQ, MA 235, no. 145, minutes of the council of Damascus, 21 Jun. 1832, T; no. 150, JHB, 22 Jun. 1832. また、1834 年 1 月にベイルート協議会が創設された際の規定にも、同協議会の決議をベイルート代官に執行させる旨が書かれているほか、同代官は業務の執行に際して同協議会の決議を得る必要がある、という記述まで見られる ［Rustum 1986, 1: 37-38］。さらに、1838 年のアレッポ高等協議会も、自身の決議を決議書（khulāṣa）としてアレッポ代官に送付し、その内容を執行させていたことが明らかになっている ［藻谷 2018b: 39-41］。

反映させようとしていたと考えられるのである。

2 在地有力者の対応

　前節から示されたように、政権はシリア各地への代官と地方協議会の配置を通じて、在地有力者主導の地方支配を構想していた。では、続いて在地有力者の側に視点を移し、バシール・シハーブ 2 世とフサイン・アブドゥルハーディーの 2 人の在地有力者の事例を軸として、エジプト軍侵攻時の在地有力者たちの動向を検討する。この作業を通じて、任官を通じた政権と在地有力者の関係構築の展開を詳らかにすることができるだろう。

(1)　バシール・シハーブ 2 世

　シハーブ家は元々レバノン山地の南東に位置するタイム谷を拠点とするスンナ派の有力家系であったが、17 世紀末以降にレバノン山地の長老たちの合意の下で同地域の大首長の地位を独占するようになり、オスマン朝総督から域内の徴税を広く請け負うとともに、行政を差配した。シハーブ家のうちでレバノン山地に拠点を移した者たちの多くは、同地で勢力を拡大しつつあったキリスト教マロン派に次第に改宗しており、本節で取り上げるバシール・シハーブ 2 世 (1767-1850 年) も、まさにこのマロン派のシハーブ家の生まれであった [Salibi 1965: 3-12; Farah 2000: 3-5]。彼は 1788 年にレバノン山地の長老たちの支持を受けて同地の大首長の座に就いたものの、レバノン山地内外の権力闘争に翻弄され続けた。1819 年にはレバノン山地を管轄するシドン州総督の介入によって、大首長の地位をタイム谷のシハーブ家に譲ることとなった。その後大首長に返り咲くも、1822 年にはダマスクス州総督とシドン州総督の政争に巻き込まれる形で再び大首長の座を追われた [Polk 1963: 13-21; Farah 2000: 6-8]。

　注目すべきことに、この政争の過程でバシールは他ならぬエジプト総督ムハンマド・アリーに執り成しを求めてエジプトに亡命しており、その際に政権に必要時の兵力供出を申し出て支持を取り付けていた。そして、同年中にレバノン山地に戻って大首長の座を取り戻すと、以降は政権の支持を後ろ盾として、レバノン山地で政敵を排除し、権力基盤を確立した [Polk 1963: 21-31; Farah

2000: 8-12]。加えて、この亡命の際、バシールは政権の下で財務に従事していたバフリー・ベイ（ユーハンナー・バフリー）と予め連絡を取り、彼を介してムハンマド・アリーと接触を図った旨が、ミシャーカの年代記に記されている [Mishāqa 1955: 88]。バフリー・ベイは多くの書記を輩出するホムスのギリシア・カトリックのバフリー家に生まれ、1810 年代に父親と共にエジプトに亡命し、政権に仕えていた。そして、後にエジプト軍のシリア侵攻に随伴してシリアに戻り、前述のようにエジプト支配期にシリアの財務を一手に点検する首席会計官に任じられた重要人物である。彼とバシールの関係性については、他に情報はないものの、この記述はバシールが、シリアのカトリック教徒のネットワークを介して接触を図った可能性を示唆する点で非常に興味深い。

　このように、1831 年 11 月のエジプト軍によるシリア侵攻以前からムハンマド・アリー政権の知己を得ていたバシールであったが、いざエジプト軍がシリアに侵攻すると、バシールは即座に加勢することはなく、その対応に逡巡していた。バシールの下には、熾烈を極めたアッカ攻城戦[13] の開始と前後して、エジプト軍総司令官イブラーヒーム・パシャ、およびアッカで防戦するシドン州総督の双方から加勢を求める書簡が届いていたが、この時点では未だオスマン朝君主がどちらの勢力を支持するか不透明であったこともあり、バシールは中立の立場を取っていた [Kutluoğlu 1998: 64; Sulaymān 2001: 220]。ミシャーカの年代記によれば、エジプト軍がシリアに侵攻した当初、バシールはタイム山地のシハーブ家から対応を問われた際に、アッカの事案が終了した後に対応策を伝えると返答していたことから [Mishāqa 1955: 111]、先の見えないアッカ攻城戦の結果を待って、政権への態度を決めようとしていたことがうかがえる。

　しかし、アッカ攻城戦が長期化し、対立するレバノン山地の長老たちが先んじて次々とエジプト軍に恭順し、またエジプト軍から脅迫的な内容の加勢の要請が届くようになると、1832 年 1 月には遂に意を決してアッカに出向き、エジプト軍に加勢した [Kutluoğlu 1998: 64-65; Farah 2000: 13]。他方、バシールに

---

13)　政権は 1831 年 11 月にシリアへの軍事侵攻を開始した際に、正当化の事由としてエジプト州からの逃散者の送還を拒否したシドン州総督への懲罰を掲げていた。そのため、シリアに侵攻したエジプト軍は、シドン州総督が拠点とする港町アッカへと一路進軍した。しかし、固い防備を誇るアッカの攻略は困難を極め、激しい攻城戦がその後翌年 5 月まで半年にわたって続くこととなった [Kutluoğlu 1998: 61-73; Safi 2004: 54-59]。

先んじて政権に恭順したレバノン山地の長老たちの多くは、その後アッカ攻城戦の最中に君主から下された命令に従い[14]、エジプト軍の下を出奔してオスマン朝軍に合流した［Kutluoğlu 1998: 72; Farah 2000: 13］。同年5月にエジプト軍がようやくアッカを攻略すると、続いてバシールは先鋒としてダマスクス攻略に向かい、6月に先陣を切ってダマスクス入りを果たした。またその後は、北方のホムスにおいて7月に発生したオスマン朝軍との会戦のなかで、主力を担ってエジプト軍の勝利に貢献した［Mishāqa 1955: 113–117; Büssow and Safi 2013: 66］。

　以上で整理したように、当初こそエジプト軍への加勢が遅れたものの、アッカ攻城戦からその後のシリア・アナトリア遠征における多大な貢献を果たした。そのために、バシールは政権支配下のシリアで厚遇を受けていたことが史料からうかがえる。例えば、彼が大首長として支配下に置いていたレバノン山地には、前述の代官や地方協議会をはじめとする政権の役人・機関が配置されていた形跡を確認することができない。また、DWQ文書中にはレバノン山地に関わる案件が際立って少ないことから[15]、同地の行政についての情報が殆どエジプトに共有されておらず、レバノン山地に限っては支配をバシールに完全に委ねていたと考えられる。

　このことに加え、シリア支配最初期の1832年11月時点においては、バシールの孫のムルヒムがベイルート代官、同じく孫のマフムードとサイードが共同でザハレ代官にそれぞれ任じられ、再従兄弟のバシールとハサンがそれぞれシドンとスールの代官に任じられていたことが判明する［DWQ, MA240, no. 203, JDM, 23 Nov. 1832］。したがって、レバノン山地に東西で隣接する地域にまで、彼の血族や親族が政権の代官として任命されていたことがわかるのである[16]。

　さらに、血族や親族以外にも、彼と密接な政治的つながりを有していた者た

---

14)　当初、エジプト軍の侵攻はあくまで州総督同士の軍事衝突の体を取っており、オスマン朝君主は双方に停戦を命じる対応に留めていた。しかし、政権が命令に応じずに攻城戦を継続したため、君主は1832年2月以降に領内各地からシリア北部に軍を結集し、トリポリなどではエジプト軍とオスマン軍の局所的な戦闘が発生した。そして同年4月には、遂に君主がムハンマド・アリーおよびイブラーヒーム・パシャを王朝に対する反逆者として名指しするに至った［Kutluoğlu 1998: 68–73; Safi 2004: 213–214］。

15)　レバノン山地に関連する文書については、主に徴兵や徴用に関わる文書がごく一部見られるに留まっている。DWQ, MA 240, no. 92, orders from Ibrahim Pasha, 8 Oct. 1832; MA 258, no. 179, from Sharif Pasha to the Chief Khedival Secretary, 26 Nov. 1839, T.

ちが、レバノン山地に近い主要都市の代官に任じられていた。例えば、トリポリ州の州都トリポリの事例を見てみると、同都市にはアッカ攻城戦の最中の1832年1月に、トリポリの在地有力者ムスタファー・バルバル（1767-1835年）が代官として任じられていた［Hofman 1975: 314; Sālim 1990: 60］。彼は若いうちから武人としてトリポリ周辺の多くの在地有力者の下を転々としており、バシールの兄弟のユースフに仕えていた時期もあった。やがて武勇で名を馳せた彼は、シドン州総督に仕えるようになり、トリポリの代官に任じられるまでに立身出世を果たした。しかし、1821年に専横を理由としてシドン州総督が彼を捕縛しようとしたため、レバノン山地に逃亡してバシールの庇護を受けていた。そして、その後1826年にバシールの執り成しによってエジプトに避難し、ムハンマド・アリーの庇護を受けて、1831年にエジプト軍に随伴する形でシリアに戻っていた［Nawfal 1990: 268-280; Sulaymān 2001: 100-127］。

　また、ダマスクス州の州都であり、エジプト支配期にシリア全域の主都としても機能したダマスクスに目を向けると、その代官には在地有力者のアフマド・ユースフ（-1863/64年）が任命されていた。彼の詳しい出自については不明な点が多いものの、ダマスクスのクルド系有力者であり、バシールのダマスクスにおける代理人兼通訳として権力を有していたという。彼は1832年6月にエジプト軍がダマスクスに迫ると、ダマスクス州総督の臨時代理（qā'immaqām）として出向いて降伏の意思を伝え、ダマスクス攻略後にはイブラーヒーム・パシャによって同地の代官に任じられるに至ったとされる［Abū 'Izz al-Dīn 2009: 122-123; Schilcher 1985: 151-153］。このことに関して、ミシャーカの年代記はバシールが上述のように1822年にエジプトに避難した際に、アフマドがバシールに同行してエジプトに渡ったと述べている［Mishāqa 1955: 88］。この記述から、アフマドがバシールの重要な協力者であったことがうかがえるだけでなく、エジプトに渡ってムハンマド・アリーの知己を得ていた可能性も考えられる。

---

16)　なお、タイム谷を拠点とするスンナ派のシハーブ家についても、1832年11月時点では、同家に属するサアドッディーンとアフマドがハースバイヤー代官、アファンディーがラーシャイヤー代官にそれぞれ任じられていた［DWQ, MA240, no. 203, JDM, 23 Nov. 1832］。

(2) フサイン・アブドゥルハーディー

政権から厚遇を受けた在地有力者のもう一つの事例として、パレスチナ丘陵の在地有力者フサイン・アブドゥルハーディー（–1837 年）を挙げることができる。フサインが生まれたアブドゥルハーディー家は、パレスチナ丘陵北部において 19 世紀に入って頭角を現した新興のイスラーム教スンナ派の有力家系であり、1820 年代まではジェニン周辺の農村の長老などを輩出していたが、総督の代官のような要職に任じられるほどには至っていなかった。フサインは 1831 年 11 月にエジプト軍がシリアに侵攻するや否や、同地域の新興有力家系であったカースィム家やジャッラール家の者たちとともに、同月 20 日にはエジプト軍に合流し、恭順の意を示した [Nimr 1938: 248-249; Hoexter 1984: 192-194]。

ただし、フサインも即座に政権への恭順を決めたわけではなかったようである。ミシャーカの年代記によれば、エジプト軍がシリア侵攻を開始したことを受け、フサインはバシール・シハーブの下に使節を送り、政権と州総督のどちらに付くべきか相談したという。そこでバシールは政権に付き従うことを勧め、すぐにエジプト軍の下に向かうべき、と返答したとされる [Mishāqa 1955: 110-111]。バシール自身がこの時点で政権に対して中立の立場を取っていたことは、すでに指摘した通りである。そのため、この記述からうかがい知ることができるのは、フサインやバシール、そして他の在地有力者にとっても、ムハンマド・アリー政権への恭順の是非の判断は難しく、しかし決断を迫られる重要な局面にあった、ということであろう。

結果として、フサインらはパレスチナ在地有力者のなかでもいち早く政権に恭順した。この素早い対応の背景には、パレスチナ北部で当時最有力であったトゥーカーン家のアスアドが、パレスチナ南部で先んじてエジプト軍に接触していたことに集団で対抗する狙いがあったとされる [Hoexter 1984: 197-198]。イブラーヒーム・パシャはこれを歓待し、合流の翌日にはフサインをジェニンの代官に任じた。フサインと共にアッカに赴いた有力者たちは、政権に恭順の意を示した後に本拠地へと戻っていったが、フサインはパレスチナ丘陵に戻ることなく、アッカ攻城戦を続けるエジプト軍の下に留まった。そして、パレスチナ北部の情報提供や手勢の兵力の供出など、攻城戦に苦戦するエジプト軍を献身的に支えた [Hoexter 1984: 194; Safi 2004: 75]。

このような貢献もあってか、彼はすぐに一代官から著しい出世を遂げたことがうかがえる。1834 年にはシドン州の州長官に任命され、1837 年に死去するまでシドン州の行政を広く監督する重要な役割を担ったのである。また、フサインはシドン州に留まらず、トリポリ州およびヤーファー州に含まれる地域の行政にも関与していた事例が多く見られること[17]、またフサインが州長官を務めていた 1837 年までの時期にこの 2 州には州長官の任命が見られないことから、フサインの州長官としての管轄はシドン州、トリポリ州、ヤーファー州の 3 州に及んでいたと考えられる。在地有力者であるフサインが州長官という要職に抜擢されたことは、他の州長官がエジプト軍の将官であったことと対比することで、よりその特異性が際立つ[18]。

　加えて、彼の血族も政権の厚遇を享受していたことがわかる。まず弟のマフムードが、1832 年 8 月に港町ヤーファーの代官に任じられた。注目すべきことに、1837 年にフサインが死去すると、マフムードはその後任としてシドン州長官に任じられ、エジプト支配期の終わりまで同職を務めたとされている [Hoexter 1984: 195-196; Mannā' 1986: 279-280]。また、フサインの息子スライマーンも、1834 年 4 月からパレスチナ丘陵の主要都市であるナーブルス代官に任じられ、エジプト支配期の終わりまで同地の代官を務め続けたとされる [Hoexter 1984: 195; Mannā' 1986: 274-275]。このように、アブドゥルハーディー家はエジプト支配期にフサインの主導の下で大きく力を伸ばし、フサインの死後も要職を獲得するに至っていた。

(3)　政権への接近と関係構築

　以上のバシールとフサインという 2 人の在地有力者の事例は、多くの点で異なっており、少なからず対照的である。バシールはキリスト教マロン派のシハーブ家の生まれであり、エジプト軍のシリア侵攻以前からレバノン山地において

---

17)　例えば、次の文書中にそのような事例が見られる。DWQ, MA 252, no. 298, from Sharif Pasha to the Chief Khedival Secretary, 23 Mar. 1836, T; MA 253, no. 225, from Ibrahim Pasha to the Chief Khedival Secretary, 9 Oct. 1836, T.

18)　アレッポ州の州長官には、ムハンマド・アリーの甥にしてエジプト軍少将のイスマーイール・ベイが任命された。また、アダナ州長官については頻繁な交代が見られたものの、任命されたのは中将アフマド・メニクリ・パシャをはじめとするエジプト軍の将官たちであった。

て抜きんでた権力基盤を有し、かつムハンマド・アリー政権と以前から知己を得ていた。一方、フサインはイスラーム教スンナ派の出であり、シリア侵攻以前にはパレスチナ丘陵北部の一有力者に過ぎず、かつ政権とはそれまで直接的な関係を有していなかった。しかし、両者はエジプト支配期において広域の行政を一任される重要な立場を与えられ、かつその血族・親族や縁故の者たちにまで主要都市の代官職、さらには州長官職もが与えられていた。政権がシリアの地方支配を概ね在地有力者に委ねていたことは第 1 節にて明らかにした通りであるが、そのことを加味してもこのような厚遇は際立って目立つものである。

　政権によるバシールとフサインの厚遇を考える上では、それが両者の側からの政権へのさまざまな働きかけ、そして政権と両者の間での駆け引きを経て実現したものであったことが注目される。バシールについては、政権との接触はエジプト軍のシリア侵攻より以前に遡り、1820 年代にエジプトに亡命して政権の支持を得ていたものの、エジプト軍のシリア侵攻時には即座に恭順せず、政権からの強い圧力を受けてようやくエジプト軍に加勢した。一方、フサインはシリア侵攻以前には政権との接触は確認できず、またエジプト支配期までは政治権力や行政経験について、同地において傑出した存在であったわけでもなかった。しかしフサインはエジプト軍のシリア侵攻を見て政権に即座に恭順し、さらに自身がエジプト軍の軍営地に残って、情報提供や兵力供出を通じて軍を献身的に支えた。

　ここで重要となるのは、彼らを含む在地有力者たちには、オスマン朝側に加勢するという選択肢も常に存在していたことである。エジプト軍がシリアに侵攻した当初、バシールは政権からの求めにも応じることなく、アッカ攻城戦の行方を静観する姿勢を見せており、またフサインも政権への対応に逡巡し、バシールに政権への恭順の有無を相談していた。アッカの攻城戦が開始された時点では、オスマン朝君主が交戦勢力のどちらを支持するかは不明であり、またエジプト軍の強大な軍事力と港町アッカの強固な防備は共に広く知られていたことから、シリアの在地有力者が判断に苦慮したことは不思議ではなかった。しかし、バシールとフサインは、どちらも自身の政敵が政権側に加勢したことを受け、それに後れを取らぬようエジプト軍に加勢するという選択に至った。そして、ムハンマド・アリー政権が君主から逆賊として認定され、多くの在地

有力者が政権の下を離脱していくなかにあっても、2 人は政権の下を離れることはなかった。言い換えるならば、彼ら 2 人は紆余曲折を経ながらも、政権の側に賭けるという「戦略」に行き着いたのである。

おわりに

　本章では、政権のシリア支配体制がまさに政権と在地有力者の間の交渉や駆け引きによって形成されていく過程について検討してきた。まず政権側の動向について見ると、政権は新しくシリアを支配するに際して、各地でムスリムの有力武人層を各地の代官に任じ、また武人層のみならずウラマー層や非ムスリムをも含めた在地有力者たちから構成される地方協議会を新設し、地域レベルの意思決定・問題解決を委ねた。さらに、バフリーやフサインの事例からわかるように、一部の在地有力者には広い地域を監督する立場をも与えていた。もちろん、政権は必ずしも在地有力者に支配を放任していたわけではなく、彼らを主都ダマスクスから一元的に監督する仕組みを整備していたことに加え、彼らを政権の役人として任じることで、その人事を掌握していた。したがって、政権のシリア支配の「戦略」は、在地有力者に地方支配を委ね、彼らの持つ武力や情報を支配に活用しつつも、彼らを政権の統制の下に置くことにあったと考えられる。

　このことを踏まえた上で、続いて在地有力者の動向に視点を移すと、彼らがそれぞれ異なる形で政権に接近していく様子を見て取ることができた。彼ら在地有力者には当初から政権とシドン州総督のどちらに加勢するか、そして後には政権とオスマン朝のいずれの下に付くかという選択肢が常に存在しており、彼らの「戦略」は常に変化しうるものであった。そのため、フサインのように政権に即座に恭順する場合もあれば、バシールのように中立の立場から様子見する場合もあった。また、バシールやフサインと競合していた在地有力者のなかには、当初こそ政権に恭順しつつも、その後オスマン朝の側に帰順することを選択する者たちもいた。このように、シリアの政治状況が大きく変化する局面にあって、両者の間には、それぞれの「戦略」に基づく駆け引きが常に展開されていた。

このように見ると、政権のシリア支配体制は、政権が上から一方的にシリアに作り上げたものというよりも、むしろ政権と在地有力者双方の「戦略」が重なるなかで、次第に形成されたものであったと理解することができるだろう。オスマン軍との正面戦争に踏み切った政権は、シリア在地有力者の支持、さらには加勢を必要としており、バシールやフサインのようにシリアの征服にも大きな貢献を果たした有力者は、その親族や縁故者までもが政権の下で官職を獲得し、権勢を拡大することに成功した。また、アフマド・ベイやムスタファー・バルバルの事例に見られるように、政権は彼ら在地有力者同士の人的ネットワークを活用し、それを介して支配体制を構築していった。そして、この関係構築はバシールやバフリー・ベイのような非ムスリムの在地有力者をも巻き込んだものであり、またそれは必ずしもエジプト軍のシリア侵攻を機に突如成立したものではなく、その一部は以前からシリアとエジプトの間に存在した人的ネットワークの上に形成されたものであった。

参考文献

DWQ: Dār al-Wathā'iq al-Qawmiyya, Maḥāfiẓ ʿĀbidīn（MA）, 231-260.

大河原知樹　1992「ダマスカスにおけるアーガー層の成立」『日本中東学会年報』7: 39-84

藻谷悠介　2018a「ムハンマド・アリーによるシリア統治に関する重要史料——『アレッポ高等協議会発行の議決書の記録台帳』の検討」『アジア・アフリカ言語文化研究』95: 201-220

———　2018b「ムハンマド・アリー占領期（1832-1840）のアレッポ高等協議会——占領下シリアにおける行政改革の一端」『東洋学報』99(4): 29-58

———　2023「1830 年代エジプト統治下シリアの財務行政——ムハンマド・アリー政権による「改革」の再検討に向けて」『日本中東学会年報』38(2): 31-61

Abir, Mordechai. 1975 "Local Leadership and Early Reforms in Palestine 1800-1834," In *Studies on Palestine during the Ottoman Period*, M. Maʿoz（ed.）, Jerusalem: Hebrew University, 284-310.

Abū ʿIzz al-Dīn, Sulaymān. 2009 *Ibrāhīm Bāshā fī Sūriyā*, Cairo: Dār al-Shurūq.

Büssow, J. and Safi, K.（eds.）2013 *Damascus Affairs: Egyptian Rule in Syria through the Eyes of an Anonymous Damascene Chronicler, 1831-1841*, Würzburg: Ergon-Verlag.

Cohen, Amnon. 1973 *Palestine in the 18th Century*, Jerusalem: Magnes Press.

Divine, Donna. 1994 *Politics and Society in Ottoman Palestine*, Boulder: Lynne Rienner Publishers.

Farah, Caesar. 2000 *The Politics of Interventionism in Ottoman Lebanon 1830–1861*, Oxford: The Centre for Lebanese Studies.

Ghazzal, Zouhair. 2018 "Case-histories from the "Egyptian" Consultative Majlis of Aleppo in the mid-1830s: Fiscal Patrimonialism in Light of the Hermeneutics of Regional Adjudication," In *Forms and Institutions of Justice: Legal Actions in Ottoman Contexts*, Y. Aykan and I. Tamdoğan (eds.), Istanbul: Institut français d'études anatoliennes. Online: https://books.openedition.org/ifeagd/2326, viewed on 29 Jun. 2024.

Hoexter, Miriam. 1984 "Egyptian Involvement in the Politics of Notables in Palestine: Ibrahīm Pasha in Jabal Nablus," In *Egypt and Palestine: A Millennium of Association (868–1948)*, A. Cohen and G. Baer (eds.), New York: St. Martin's Press: 190–214.

Hofman, Yitzhak. 1975 "The Administration of Syria and Palestine under Egyptian Rule (1831–1840)," In *Studies on Palestine during the Ottoman Period*, M. Ma'oz (ed.), Jerusalem: Hebrew University: 311–333.

Kutluoğlu, Muhammed. 1998 *The Egyptian Question (1831–1841)*, Istanbul: Eren.

Mannā', 'Ādil. 1986 *A'lām Filasṭīn fī Awākhir al-'Ahd al-'Uthmānī (1800–1917)*, 2nd ed., Beirut: Mu'assasat al-Dirāsāt al-Filasṭīnīya.

Marsot, Afaf. 1984 *Egypt in the Reign of Muhammad 'Ali*, Cambridge: Cambridge University Press.

Mishāqa, Mikhā'īl. 1955 *Muntakhbāt min al-Jawāb 'alā Iqtirāḥ al-Aḥbāb*, A. Rustum and S. Abū Shaqrā (eds.), Beirut: Wizārat al-Tarbiya al-Waṭaniyya wal-Funūn al-Jamīla.

Nawfal, Nawfal. 1990 *Kashf al-Lithām 'an Muḥayyā al-Ḥukūma wal-Aḥkām fī Iqlīmay Miṣr wa Barr al-Shām*, J. Yannī et al. (eds.), Tripoli, LBN: Jarrūs Burs.

Nimr, Iḥsān. 1938 *Ta'rīkh Jabal Nāblus wal-Balqā'*, Damascus: Maṭba'at Ibn Zaydūn bi-Dimashq.

Polk, William. 1963 *The Opening of South Lebanon, 1788–1840: A Study of the Impact of the West on the Middle East*, Cambridge, MA: Harvard University Press.

Rivlin, Helen. 1961 *The Agricultural Policy of Muhammad Ali in Egypt*, Cambridge, MA: Harvard University Press.

Rustum, Asad (ed.). 1986 *Ḥurūb Ibrāhīm Bāshā al-Miṣrī fī Sūriyā wa'l-Anāḍūl*, 2nd ed., Jounieh: Manshūrāt al-Maktaba al-Būlusiyya.

———— (ed.). 1986-87 *Al-Maḥfūẓāt al-Malakiyya al-Miṣriyya*, 2nd ed., Jounieh: Manshūrāt al-Maktaba al-Būlusiyya.

———— (ed.). 1987-88 *al-Uṣūl al-'Arabiyya li-ta'rīkh Sūriyya fī 'Ahd Muḥammad 'Alī*, 2nd ed., Jounieh: Manshūrāt al-Maktaba al-Būlusiyya.

Safi, Khaled. 2004 *The Egyptian Rule in Palestine 1831–1840: A Critical Reassessment*, Berlin: Mensch & Buch Verlag.

Salibi, Kamal. 1965 *The Modern History of Lebanon*, New York: Frederick A. Praeger.

Sālim, Laṭīfa. 1990 *Al-Ḥukm al-Miṣriyya fī as-Shām, 1831–1841*, Cairo: Maṭbaʻat Dār al-Kutub wal-Wathā'iq al-Qawmiyya.

Schilcher, Linda. 1985 *Families in Politics: Damascene Factions and Estates of the Eighteenth and Nineteenth Centuries*, Stuttgart: Steiner.

Sulaymān, Halā. 2001 Athar al-Ḥamla al-Miṣriyya ʻalā Bilād al-Shām 1831–1840: Wilāyat Ṭarābulus Namūdhajan, Tripoli: al-Muʼassasa al-Ḥadītha lil-Kitāb.

第5章 英領期ミャンマー・ラカイン北部の「移民」ムスリム

池田一人

はじめに

　本章の目的は、ミャンマーのラカイン北部[1] におけるムスリムの間からロヒンギャの名乗りが現れる 1940 年代以前、英領下で当地のムスリムがどのように認知されてきたのかを検討することにある。王朝期から当地ではムスリムがつねに存在してきたにもかかわらず、ロヒンギャは外来の移民であるという見方がミャンマー内外で根強い。この認識の由来は、1826 年から 1948 年までミャンマーを植民地統治した英人による植民地統治下の諸記録にある。したがって英領下でのラカイン北部ムスリムの記録と認知について再検討を行ったうえで、ミャンマー社会とのコネクティビティがいかに形成されてきたのか、その初期過程についての展望を示したい。

　ロヒンギャは外来の移民であるという見方は、現在のミャンマー国内では一般的である。国内で 2012 年頃から始まった宗教対立は、3 度目を数える今回の大規模なバングラデシュへの難民流出を生み出した。とくに 2017 年のミャンマー国軍の軍事行動以降、ラカイン北部のムスリム 100 万人の大部分が国境のナーフ川を渡って避難し、世界最大規模の難民キャンプを形成した。未曽有の人道危機に際して国際社会は一斉に時のアウンサンスーチー政権を非難した

---

1)　ビルマ語でミャンマーは文語体、ビルマ（バマー）は口語体と区別するのが一般的である。本章ではミャンマーを現在の領域全体、ビルマは歴史的主体・民族名・地名・言語名として使用する。ラカインもビルマと同様に使用する。ラカインはビルマ語でヤカイン、英語ではアラカン（Arakan）となる。

ものの、ミャンマー国内ではロヒンギャは土着民族（タインインダー）ではなくミャンマー国民を詐称する外来者である、したがってロヒンギャという民族名も認められないという受け止めが衰えることはなかった。

　メディアや一般書においても、彼らは基本的に移民として歴史的に解説される。王朝期から数次にわたって現在のバングラデシュ・チッタゴン地方から移民を繰り返し、英領期にラカイン北部で急増して存在感を増した。1930 年代には仏教徒コミュニティとの摩擦が生じ、管区ビルマのインド人暴動と相まってやがてラカイン人との関係が悪化した。1942 年に最初の衝突が現地の仏教徒ラカイン人との間で起き、1948 年のミャンマー独立後にはロヒンギャの間で東パキスタンへの合流を求める分離主義運動が起きた。1962 年以降のネーウィン政権下で激しい弾圧を経験し、1978 年に最初の難民流出、1991 年には 2 回目、そして今回が 3 回目で最大の難民危機に至っている。このような歴史的経緯が定着している。

　以上のような移民としてのロヒンギャ理解は、研究者が示してきた歴史研究に依拠している。ロヒンギャが国民であると詐称しているとの国内認識については、ネーウィン時代（1962-88 年）からのムスリム排除の政策と社会印象の醸成という要因が作用していて別に論じる必要がある。しかし英領期に北方のチッタゴン地方からの移民という認識について、エーチャンやチョーミンティンら研究者はほとんど疑問の余地を挟んでこなかった［Aye Chan 2005; Kyaw Minn Htin 2017］。第一人者のライダーにも英領期のチッタゴンから英領ラカインへの移民を主題とした論考があるが［Leider 2020a］、英政庁による当地ムスリムの移民規定については疑問を示すことはない。

　だが、当事者はどのように認識していたのであろうか。王朝期からラカイン人仏教徒の間でイスラーム教の信仰を保ち続けたラカイン・ムスリムとはどのように区別していたのか。英政庁は両者を明確に区別できたのか。そもそも英政庁はなぜ彼らを移民として取り扱い、どのような根拠があったのか。このような諸々の問いを発すると、このナーフ川という境界と北のチッタゴン地方と南のラカイン地方の歴史的な位置づけ、英政庁の行政官が統治のために書き記した膨大な行政文書の性質についても問わざるを得なくなろう。そして、この事柄の総体を理解するため、我々が持っているミャンマー近現代史観にも修正

を施す必要が出てくるだろう。

　本章ではまず王朝期のムスリムと仏教徒の状況に関して史料状況を合わせて概観し、つぎに 19 世紀の英領化過程でのチッタゴン・ムスリムの「移民」状況とこの記録の背景について考えたい。そして 1940 年代の衝突事件と 1948 年の名乗り、1950 年代からの紛争化に至る歴史的経緯の背景として定位されてきた 1930 年代のラカイン地方のムスリムの状況を再考してみたい。

1　前近代の統治——ムラウ朝 350 年とコンバウン朝下の 40 年

　ラカインは、現在の南アジアのイスラーム圏の東端と東南アジア大陸部の上座部仏教圏の西端が重なる地域で、仏教王朝のムラウ朝が 15 世紀から 350 年あまりにわたって支配した。ラカイン人は、第 1 千年期末頃に中国雲南方面から現在のミャンマー領域に南下してきたと考えられるビルマ語系の一集団であり、ラカイン山脈を隔ててエーヤーワディー川流域のビルマ王朝とは異なる独自の仏教政体を営んだ。ラカイン北方のベンガル地方は 13 世紀にはイスラーム化し、14 世紀からのベンガル・スルターン朝を経て 16 世紀末からはムガール帝国に組み込まれている。15 世紀初頭、のちにムラウ朝を創始するミンソーモン（在位 1404-34 年）は、上ビルマのアヴァと下ビルマのペグー勢力の侵攻を受けてベンガル・インド方面の「西国」に亡命し、「デリー王」あるいは「スルタン」の援助を受けてラカインを奪回したとラカイン王統記は言う［Galen 2008: 34; Zaw Lynn Aung 2020: 70-73］。1430 年にムラウに王都が開かれ、16 世紀半ばから 1 世紀ほどの間にはインド洋交易の良港チッタゴンとその周辺地域を支配して繁栄した。17 世紀半ばにムガール帝国にチッタゴンを奪取されてから衰退が始まり、1784 年にコンバウン朝ビルマに征服されて滅んだ。

　ムラウ王廷内外と社会各所におけるイスラームの存在は、諸種の一次史料から断片的にうかがい知ることができる。出土したラカイン・コインから草創期の 10 代の王がムスリム名を持っていたことが判明していて、それはムスリム商人が重要な交易相手であったことと関係があろう。ユーラシア大陸南方海域でアジア交易が興隆した商業の時代（15-17 世紀）のただなかにあって、ムラウ朝はベンガル湾交易の主要プレーヤーであった。16 世紀からポルトガル、17

世紀からはオランダ商人も来航し王都に商館を開いて商業関係を築いた。取引される品目にはアラカン産の米や林産品、そしてベンガル系のムスリム奴隷もあった [Galen 2008: 204-241]。ベンガル人のアラオル（Alaol）もそうした奴隷の出自で、王廷で詩人として地位を築き王の頌詩を残した [D'Hubert 2018; Leider and d'Hubert 2011]。王軍にはムスリム弓部隊があって、現在135の土着民族のひとつに数えられるカマンはその末裔とされ、その名はペルシャ語の弓に由来する [Maung Hsanda 2005]。17世紀半ば、ムガル帝位をめぐってベンガル太守のシャー・シュジャーが弟のアウラングゼーブとの争いに敗れてムラウへ亡命し、その半年後に殺害されている [ベルニエ 1993: 93-98; Leider and d'Hubert 2011: 92-93]。シャー・シュジャーはラカイン簒奪を企てて地元のムスリムとコンタクトをとっていたともされ、その失敗によってアラカンの仏教徒とムスリムの関係が悪化したという指摘もある。18世紀にはムスリムが関係する2度の騒乱と鎮圧が王統記に記録されている [Zaw Lynn Aung 2023]。

　ムラウ朝下での仏教徒とムスリムの混住は、記録に残るところでは奴隷交易とともに戦役による強制移住の結果である。現在チッタゴンとラカインと区別される2地方の間に明確な境界はまだない。ムラウ朝初期からチッタゴンにはラカイン語を話す仏教徒コミュニティがあり、それは強制移住の結果ではなかったろう。他方で、支配者都合による住民移動は宗教と民族に関係なくごく普通に行われ、仏教徒もムスリムも諸記録に残る。ミンビン王（在位1531-53年）の代にはサンドウィップ島からのカラー[2)]、つまりムスリム4000人が南部タンドウェーの仏塔に奴隷（パヤーチュン）として寄進された [Canda Malar Linkara 2013: 317-318]。16世紀末には下ビルマでの戦役の結果、ペグーからモン住民がチッタゴンに入植させられたと、チッタゴンのボーモントン地方で伝わる [Hutchinson 1906: 109; Kyaw Minn Htin 2017: 45-46][3)]。ティリトゥーダンマ王代（在

---

2) ビルマ語・ラカイン語世界で古くからある語で西方からの外国人が原義であり、文脈によってインド人、白人、ムスリムなどの多様な対象を意味する。

3) 『ミンヤーザーヂー文書』には、16世紀末に前期タウングー朝崩壊に結果した戦役後、ペグーからモン語・ビルマ語話者3万3000人が王都ムラウ周辺に連行されたことが記されている [Zaw Lynn Aung 2023: 106]。他方、18世紀末にチッタゴンを訪問したブキャナンは、ボーモントンの人々は1784年のムラウ朝崩壊後にラカイン北部から逃げてきた人々であるとも証言している [Hamilton 1825: 201-212]。

位 1638-45 年）にはチッタゴンの人口掠取を目的に 8 万 5000 人のムスリムがカラーダン川流域へ移住させられたという［Galen 2008: 161-162］。カラーダン・レームロ流域のチャウトー、ムラウ、ミンビャー、ポンナージュン、ミェボンなどの北部各地、さらに中南部各地に現在広く見られるラカイン語化したムスリム（ラカイン・ムスリム）の村々は、この時代から定着していたと考えられる。また、ミンヤーザーヂー王代（在位 1593-1612 年）、タウングー朝のラカイン攻略でタンドウェーのムスリムはさらにビルマ側各地に強制移住させられたことがラカイン王統記に記される［Canda Malar Linkara 2013: 373］。今日ビルマ化したムスリム（バマー・ムスリム）の町として名高い上ビルマのミェドゥーにも、1700 年にタンドウェーからムスリム 3000 人が移住した貝葉の記録があるという［Maung Yin Hsu 2018: 48］[4]。

　ムラウ期の記録に断片的にあらわれる「カラー（ムスリム）」はひとつの実体のある社会集団ではなく、じつは「ラカイン仏教徒」も同様であったろう。後世に仏教徒対ムスリムの構図で引用されがちなシャー・シュージャ事件と 18 世紀のムスリム騒乱は、いまだムラウ朝史における意味づけが詳らかではない。ムラウ王廷にはラカイン仏教徒という意識が醸成されていたろうが、支配下の農村にこの意識が分有されていたかはあやしい。ムスリム農民一円に同胞意識と交流があったかも疑わしい。争いがときに宗教の名のもとに解釈され、各意識をいっとき強めたかもしれない。しかし現代ミャンマーとは異なり、「ラカイン」や「イスラーム」という単位と意識を社会に恒常化させる民族・宗教別の制度・機制はないので、この区別に頓着しない平時の前近代王権の治世下でふたたび希薄になっただろう[5]。つまり、後世のナショナリストや観察者が見ようとする、均質で排他的な宗教・民族意識に支えられた「ムスリム」と「ラカイン仏教徒」は、この時代まだ存在しない。

　1784 年、ムラウ朝ラカインはコンバウン朝ビルマによって征服され滅亡した。エーヤーワディー流域で 18 世紀半ばに覇権を確立したコンバウン朝は拡張主

---

4)　宗教と民族を問わぬ強制移住や王務集団への編入はビルマ側でも同様である。17 世紀初頭のポルトガル人傭兵集団、18 世紀のアユタヤ攻略時のタイ人虜囚、19 世紀初頭のマニプールとアッサム攻略によるムスリム虜囚など、枚挙にいとまない。

5)　ライダーも同様の指摘をしているが、深く掘り下げられていない［Leider 2018: 228-229］。

義的な王朝で、第6代ボードーパヤー王（在位1781-1819年）の代にラカイン遠征して成功し、霊験あらたかなマハムニ仏を王都へ持ち帰り、ラカイン王族と仏教徒・ムスリムを問わない多くの住民をビルマへ連行した[6]。ラカイン虜囚は、同王による世界最大規模のミングンパゴダ造営にも動員された。40年にわたるコンバウン支配は苛烈だったとラカイン側は語り、1810年代のチンビャンをはじめ多くの反乱もあった。とくに王都ムラウのあったラカイン北部は戦乱と重税で荒廃が続き、仏教徒もムスリムも多くは北方のチッタゴンへ避難したという。この避難民を英側の記録が捉えている[7]。しかし、この40年間の住民の様子は具体的には不明である。現ラカイン・ムスリム諸村は留まったものもあったのか、北に避難しのちに帰還してきたのか、南にも逃げたのか、仏教徒も同様だったのか、分かっていない。

ビルマによるムラウ征服は、ラカイン民族意識の形成過程にとっては画期的事件であった。それは民族意識大衆化の最初の契機となり、後世が参照するラカイン民族の歴史経験となった。今日ラカイン王朝史の基本史料として依拠される文書のうち、『ミンヤーザーヂー文書』[8]以外のほとんどはコンバウン支配期以降に書かれ、「ラカイン」を明示的に王統記名・文書名に添えている。20以上のバージョンのあるビルマ語王統記のタイトルには、ほとんど「ミャンマー」の語が含まれていない[9]。征服は失われた王統にラカインの名を刻印した。今日のラカイン意識は王朝期以降、植民地期と独立後の諸種の民族規模の経験と物語の共有をとおして、社会階層を超えて生成されてきた。では、ムスリムはどうであったか。

この時期に初めて、現在の「ロヒンギャ」に連なる語が英語で記録されている。1795年にイギリス東インド会社使節団に帯同した英人医師ブキャナン

---

6) 連れ帰ったラカイン・ムスリムのAbhisha Husseiniを、ボードーパヤー王はミャンマー全土のムスリム統括の大臣に任命したという［Leider 2014: 12］。
7) イギリス東インド会社員Tickellが1795年から1800年までのラカインからの重税と徴兵忌避による数万の流入を記録し［Leider 2020a: 189］、蘭人宣教師がムスリムと仏教徒の避難民定着について記録している［Leider 2018: 230-231］。
8) 1602年勅令による欽定王統記。現存するテキストはサンダウィマラヤーザー王代（在位1777年）の大臣シュエーサーパッ（宮廷伝奏官職の大臣）編纂によるもの［Zaw Lynn Aung 2020: 169; 伊東 2015: 17］。
9) リーバーマンは1798年『新王統記』が最初であるとする［Lieberman 2003: 198］。

（Francis Buchanan）が、「アラカンに定住していたマホメダンはその国を "Rovingaw" と呼んでいる」[Buchanan 1799: 223] と書き残す[10]。ブキャナンは、コンバウン王朝軍によって強制移住させられたラカイン住民のムスリムのひとりから、ビルマ王都アマラプーラでこの証言を得たと推測される[11]。"Rovingaw" はラカインの自称 "Rakhine" のインド系統語による呼称（たとえば "Rakhanga"）が訛ったものと理解され、この文脈ではチッタゴンの言葉でラカインの人々を指すものと理解される [Leider 2014: 8-9; 2018: 228-229]。であれば、ラカインにはラカイン語化していない（あるいはバイリンガルやマルチリンガルだったかもしれない）ムスリムも居住していた、ということを証言する史料となる[12]。だが、こののち 1940 年代後半の「ロヒンギャ」名によるビルマ語での初めての明示的な民族的名乗りの記録に至るまで、1 世紀半の間、この名による記録はない。したがって、現ロヒンギャ・ナショナリストにとって 2 世紀前のロヒンギャの存在証明として語られるこの史料は、この名による民族意識の成立を意味しない。

　むしろここで注目するべきは、英人が当地のムスリムの記述者として登場したことである。18 世半ばまでにベンガルを支配下においたイギリス東インド会社は、ビルマのラカイン征服に深い関心を寄せていた。英領ベンガルのチッタゴン地方がコンバウン朝ビルマのラカイン地方と領域を接することになったからである。それまでぼんやりとしたイメージでしかなかった当地のムスリム像は、第 1 次英緬戦争開戦（1824 年）とラカイン英領化（1826 年）を経て、植民地下の行政記録においてある種の輪郭と理解を与えられていくことになる。

---

10)　ライダーはこのくだりを正確には引用して論じておらず、Rovingaw を Rooinga と引用している [Leider 2014: 9-10; 2018: 229]。

11)　1795 年のアマラプーラ訪問ののち、ブキャナンは 98 年にナーフ川北側まで遠征旅行を行っているが、このときには "Rovingaw" に言及していない [Hamilton and Schendel 1992]。

12)　今日、ロヒンギャ外来説に立つ論者は、ラカイン語化した王朝期以来の「土着ムスリム」（つまりラカイン・ムスリム）と英領期以降の「チッタゴン新移民」を言語の上で峻別し、前者をビルマ土着として数えることは許容しつつ後者を排除しようとする。しかし、18 世紀末の段階でも当地のムスリムはラカイン語化したムスリムもいれば、バイリンガル、マルチリンガル住民もいて、その言語状況は社会・経済・政治状況しだいで 1 世代のうちに容易に変化しただろう。またナショナリズムのない前近代において、言語のみをもってラカイン帰属を論ずることは、時代錯誤である。

2 「移民」規定の文脈——19 世紀の英植民地支配

　英領下ラカインのムスリムは、第一義的に植民地経営における労働力という観点で記録されてきた。植民地経営の目的は経済収奪にあり、それは徴税と経済開発の 2 つの方法で行われた。ラカインでは主要産品のコメが当初から開発対象となって、英政庁は主要耕地であるカラーダン・レームロ流域を後背とするカラーダン河口のアキャブ（シットウェー）に英領アラカンの首府を開く。アキャブはコメ輸出港として整備されてインド植民地と世界市場へとつながる港に成長する。南北に細長い英領ラカインは、ビルマ王朝期の 4 地方区分をそのまま踏襲し、ダニャワディと呼ばれた北部地方はアキャブ県となった。政庁は早い時期から、カラーダン・レームロ川流域の西側に山脈を隔てて併流するマユ川とナーフ川流域の開発も意図していたが、最大の課題は耕作者の不足であった。これをおぎなうために、早い時期から北接する英領ベンガルのチッタゴン地方から労働力を移入することを計画する。

　ライダーが英行政文書に依拠して、労働力としてのチッタゴン人（Chittagonian）の移住過程を検討している。チッタゴン地方のムスリムは 19 世紀後半まで、英史料ではマグとかマグ・ムスルマン（Mugh Mussulman）とも呼称されていた[13]。イギリス東インド会社はビルマ側との問題を意識し始める 1794 年頃から第 1 次英緬戦争頃までの間、ナーフ川を越えて双方向の親族を頼っての移動があることを記録している。1837 年に当地に行政官として赴任したフェイヤー（Arthur Phayre）は、英領となった故地への住民の帰還を語っている[14]。しかし 1850 年代にコメ輸出が拡大すると、政庁は耕作人口の不足を深刻に意識するようにな

---

13) “Mugh” あるいは “Magh” は古い起源を持つ多義的な呼称で、古くは王朝期にベンガルでラカイン人海賊を意味し、植民地期にはラカインにおけるベンガル人仏教徒（自称 “Barua”）にも使われた［1931 Census: 299–230］。

14) フェイヤーは、コンバウン支配期にここの住民はチッタゴン南部、ベンガル湾沿岸島嶼部などに避難していたが、30、40 年後に彼らの父祖の地である当地に戻ってきている、この美しい自分たちの土地、肥沃な土地を長らく失ってきたことを悔いている、というふうに書いている。これらの人々は “immigrants” と表現されており、文脈を見ると多くは仏教徒らしいが、逃亡先の地名・土地柄を見るとムスリムも多かったろうと推測される［Phayre 1841: 697］。後述のように、この叙述にもすでに、ラカインは仏教徒の国というイメージが濃厚に読み取れる。

る。1860 年代からチッタゴンからの移入を政策的に進め、季節移動の労働者は充足したものの、移住者は増えずに 1874 年には政策を停止したという。しかし 1879 年からマウンドーを中心にナーフ川流域への入植が軌道に乗り始め、荒蕪地のコメ作地開拓が進む。1891 年のナーフ郡の最初の人口調査ではすでに 70%がチッタゴン人であり、1911 年に同郡はマウンドー郡に改称される。ナーフ川流域に可耕地が払底するとマユ山地を越えて、マユ川上流のカラーパンジィン地区へと入植が始まった。同地区は人口増の結果、1908 年に下流に郡都のあるヤテーダウン郡から切り離されてブーディーダウン郡になった。こうしてナーフ川とマユ川流域から始まったチッタゴン人の入植はカラーダン・レームロ流域、そして南部のチャウピュー県やサンドウェー県へと広がった。1920 年代には当地のチッタゴン人の 4 分の 3 がビルマ生まれであり[15]、移入ピークは過ぎている [Leider 2018: 231-237; 2020a: 188-225]。

　植民地化から 1 世紀、ラカインではムスリムが増えた。アキャブ県の人口は、1832 年の 10.9 万人が 1881 年に 36 万人、1931 年に 63.7 万人に増加し、ムスリムの割合は 1869 年に 20.67%（アラカン全体で 12.24%）が 1931 年に 38.41%（同 25.56%）となった。1931 年センサスの人種宗教人口統計によると、アキャブ県人口 63.7 万人のうちビルマ系仏教徒は 32.8 万人（うちラカイン人は 27.9 万人）、インド人種ムスリムが 19.3 万人、同ヒンドゥー教徒が 1.7 万人、そしてインド＝ビルマ人種ムスリムが 5 万人と記されている。チッタゴン人は当地のインド人種ムスリムの大部分を占めて「非土着（non-indigenous）」に分類される一方、王朝期からのラカイン・ムスリム（センサス上は「アラカン・マホメダン」）はインド＝ビルマ人種ムスリムで「土着（indigenous）」に分類されている [1921 & 1931 Census][16]。

15)　「3 分の 2」がより正確。1921 年センサスでは、ビルマ生まれのチッタゴン人が 67%、ビルマ外の生まれのチッタゴン人が 11%、ラカイン・ムスリムが 12%となっている [Leider 2020a: 221]。

16)　人種（Race）も言語指標に基づいており、ラカイン人は Arakanese and Yanbye として Burma Group 下に分類される。アキャブ県のインド＝ビルマ人種は大多数が Arakan Mahomedan であり他に若干の Arakan Kaman がいる。ビルマ全土のインド＝ビルマ人種については注 21）を参照。「土着」は 15 言語と中国語、「非土着」はインド、ヨーロッパ、その他の 3 カテゴリーがたてられた。「インド＝ビルマ」は言語になく人種のみにある唯一のカテゴリーで、ビルマ本土のザーバディとミェドゥー、ラカインのカマンとアラカン・ムスリムなど、ビルマ化／ラカイン化したムスリムがここに入る。

ラカイン・ムスリムは、今日でもムラウ朝期以来の土着として認識される。1911 年センサスでは「王朝期にチッタゴンから戦争捕虜として連行された」「土着」であり、チッタゴン移民が本格化する前の 1872 年センサスでは「たぶん県ムスリム人口の 4 分の 3 を占め」て「家族帯同しない新移民とは異なって妻も家族がいて」「何世代も経ている」、「宗教以外ではアラカン人と変わらない」「外来人ではない」人々と記述されている［Leider 2020a: 218-225］。初期の英人行政官も「アラカン王朝時代の虜囚であり、自身の宗教を信仰するマイノリティと見られてきて、しかしよくアラカン社会に統合され、自分自身のベンガル方言とともに現地の言葉も話し、仏教徒マジョリティと同じ身なりをしていた」［Leider 2018: 231］とする。

　しかし、センサス上にいう新旧ムスリムの分類が、当事者にとっても意味ある区別であったと決めつけてはならない。物言わぬ当事者の自己認識が行政文書のそちこちから読み取れる。1931 年センサスには各地域の新旧ムスリムの割合が読み取れるデータが掲載されており、いずれの地域も新ムスリムの人口が卓越している［Leider 2020a: 222］。だが、マウンドー郡では旧ムスリムの割合が 3 割にものぼるという意外なデータが示されている[17]。ライダーは、センサスが取られた時点ですでに移入後数十年を経過した新ムスリムでも、旧ムスリムと自己申告したのではないかと推測する［Leider 2020a: 223］。また、「1921 年センサスではアラカン・マホメダンのうち 1 万から 1.5 万人がインド人（つまり新ムスリム）と自己申告していたものの、1931 年データではこれがインド＝ビルマ人種に編入された」［1931 Census: 230］ことも記されている。英人が植民地経営の観点で、外から措定する新旧ムスリムのカテゴリーは、この時代のムスリム当事者の生活実感に根差した指標ではなかったのだろう。

　さて、今日ロヒンギャを外来の移民とする見方は、以上に検討してきた、主として 19 世紀から 20 世紀半ばまでの英植民地下の記録に根拠があり、物言わぬ当事者の認識を捨象した結果である。なぜ物言わなかったかは後に検討する

17）　王朝時代からのムスリムの移入地は王都ムラウのあるカラーダン流域が主要であった。マウンドーはコンバウン朝ビルマ支配期にイギリス東インド会社に対峙するために開かれた兵営拠点である。ボードーパヤー王代 2 度目の 1802 年のダニャワディ・シッタン（調書）には、ムラウ朝時代のナーフ流域の村落名は記されない［Nga Aung 1802］。

として、まずは労働力としてのチッタゴン・ムスリムが移民として英史料に記録されてきた文脈を検討しよう。

　近代行政としての英植民地行政は、ナーフ川以北を英領ベンガル、以南を英領アラカン、この境を越える移住者を移民とシンプルに捉えた。しかし、ナーフ川の境界はいつから、誰にとって存在したのであろうか。上述の如くムラウ朝はラカイン北部とチッタゴンをひとつの地域として統治していたが、境界としてのナーフ川は記録には見当たらないという。一方で北の英領ベンガルと対峙したコンバウン朝は、ナッミィッ（ナッ川）という名でその境界を記録にひんぱんに記している[18]。英側もこれを境界と認識し、これを越えてきたアラカンの戦災民をコックスバザール周辺で受け入れ、チンビャンの反乱では叛徒が英側の保護下に入る。第1次英緬戦争開戦の理由は、ナーフ川河口のシンマビュー（シャープーリー）島の帰属問題であった。つまりナーフ川の境界とは、政治情勢が緊迫したコンバウン朝支配下、そして行政上の区分が必要となった英領下において、支配者にとって意味のある境界であった。

　そして初期から英人は、英領ベンガルを「ムスリムの国」、英領アラカン（とミャンマー全体）を「仏教徒の国」と本質化して見ていた。フェイヤーがこの見方の基礎を築いたといっても過言ではない。彼は現地の知識人を通してラカイン語王統史や諸種の史料を収集して読解し、初期行政官ロバートソン（Campbell Robertson）やペイトン（Charles Paton）らの蓄積したアラカン知識[e.g. Paton 1828]を飛躍的に発展させた。1846年にテナセリム管区に異動し、1862年には新たに併合した英領下ビルマの弁務長官に就任し、1883年に『ビルマ史』[Phayre 1883]を上梓した。この書籍は彼がアラカンから始めてミャンマー各地で収集した現地語史料をもとに、西欧流の民族史の枠組みを適用して叙述し、のちのビルマ史叙述の原型となった。『ビルマ史』とともに彼の書いた『アラカンに

---

18)　ライダーはこの境界を「すでにムラウ朝とムガル帝国の境界であった」[Leider 2018: 231]、「英人がつくったものではない」[Leider 2020a: 186] とするが根拠を示していない。ゾーリンアウンによると18世紀以前成立のラカインの王統記にナーフ川の名と境界は現れないという。1802年調書に「マウンドーを渡るとカラー・ビー（ムスリムの国）」であるとの記述が見られる[Nga Aung 1802]。文脈を見るとムラウ朝代の支配に関することであるが、この認識が執筆された1802年当時のものである可能性も排除できない。ムラウ朝末期にまで遡りうるとしても、支配者にさほど重視されていなかった可能性が高い。

ついて』や『アラカン史』は、行政文書の至るところで後代の英行政官が引用する基本文献となっている［Phayre 1841; 1844］。

　しかし、ナーフ川を境界にして北をムスリムの国、以南を仏教の国とする英人支配者の世界観は、当時の当地のムスリム（そして仏教徒）住民には無縁の見方であったろう。川の北にも仏教徒、南にもムスリムがいる。ナーフ川の河口はマユ川やカラーダン川と同様に広大だが、上流部では容易に渡河できることを住民は知っている。両岸で気候も植生も変わらない。向こう側には親戚もいて、農作業や行商での往来も珍しくなかったろう。国家による国境管理はない[19]。19世紀後半、植民地政府の呼びかけに、南にチャンスがあるという程度の感覚でチッタゴンから移住が行われたろう。移住して必要があればその土地の言葉を覚えてバイリンガルやマルチリンガルとなるのは当たり前であり、必要がなければ外部の観察者が母語と認識する言葉ですら1世代のうちに忘却する。このような言語的な光景はビルマ世界のどの周縁でも等しく見られる。チッタゴンからの農民たちには、18世紀後半からの戦乱でラカイン北部から避難してきた子孫も含まれたにちがいないが、農村では祖父母以前の系譜は忘却される。王朝期と同様、当のムスリム農民はお上が想定したくにざかいには無関心で、よもや「外来者」と英行政資料の上で記されているとは知らなかったろう。

　この日常生活のなかの土地観は文字を持たぬ当事者の想念のなかでのみ共有され、紙に書かれて記録が残ることはなく、外部に知られることもなくやがて失われていく。その一方で英人支配者によるこの境界と空間、移民規定は、英語で書かれた行政文書の一次史料として残り広く共有され既成事実化していく。ラカイン北部のムスリムは移民である、外来者であるという認識は、植民地行政において一般化し、ラカインとビルマのナショナリスト、そして内外の研究者の間で受容され、今日のロヒンギャ問題の基本認識として定着した。

---

19)　国境管理は1960年代半ば、ネーウィン政権期から始まった。

3 インド移民とエスニック史観——1930 年代の見直し方

20 世紀に入り 1930 年代に至っても、ラカイン北部のムスリムの間からは名乗りの声が聞かれない。ラカイン北部のムスリムたちがどのような自己イメージを持っていて、彼らのコミュニティはいかなるものであったのか、隣人といかなる関係をつくっていたのか、名乗りを含む文献も人類学的な調査もなく不明なままである。

その一方で、1940 年代の衝突と政治化、1950 年代の紛争化の経緯を知る後世の観察者は、1930 年代にその原因を探し出そうとする。管区ビルマでのインド人移民増大を念頭にラカインでもコミュニティ間の対立を当てはめて叙述する。ライダーもまた、1942 年の衝突事件の歴史的背景と原因を、この時期の反インド人感情の高まり、人口増加による土地減少、そして 1935 年インド統治法成立による両コミュニティの自覚の高まりに求める [Leider 2020b: 3]。だが、第 1 にラカイン北部のムスリムは管区ビルマのインド移民労働者と同類なのだろうか。そして、第 2 にこのムスリムはひとつの画然としたコミュニティを形成していたのだろうか。

第 1 の点について、両者が「インド人」というカテゴリーに括られるのはむろんインド亜大陸全体が英植民地であったからだが、土着性という点において両者は異なっていた。19 世紀半ばに始まった下ビルマ開発のために、植民地政庁は不足する労働力をビルマもその一州となっているインドからの移民労働者によっておぎなった。ラングーン港からラングーンと管区ビルマ全体に広がったインド南部のタミルやテルグ、西部のマールワーリーなどのインド移民は、明らかにビルマには馴染みのない人々であった[20]。ビルマ式の農業に対応力のない彼らは農繁期の補助的な農業労働者として、あるいは港湾の人足として季節毎に往来を重ねて、やがてビルマに定着する。人種別に職業的な棲み分けが

---

[20] 1931 年センサスによると、ビルマ州全体でチッタゴン人を含めたインド人 101.8 万人（総人口の 6.95%）の宗教構成は、ヒンドゥー教徒が 55.5%、ムスリムが 39.0% であった。そのムスリムのうちチッタゴン・ベンガル系が約 72%、ついでタミル系と「ヒンドゥスターニー」が各々約 10% を占めた [1931 Census; Baxter 1941: 120]。

進行して地元のビルマ人社会とは異なったコミュニティを形成し、20世紀初頭の管区ビルマではファーニバルの言う「複合社会」が形成された。「人種間分業はつまるところ、ビルマ人とインド人の「土着性」の相違に帰着する」が、これが1910年代以降は競争状況へと流動化していく［高橋 1985: 47］。これに対してラカイン北部のムスリムは、大部分が陸伝いに徒歩で南下してきた自作農であり、チッタゴンとラカイン地方で古くから実践してきた自前の農法を継続したと考えられる。

　管区ビルマのインド人移民とラカイン北部ムスリムを同類視するのは、行政区分に忠実な植民地官僚、両者の意図的混同によって政治的利益を得ようとする同時代と後世のナショナリスト、そして両者を単に混同する外部と後世の観察者であった。1930年代に下ビルマにおいてインド人とビルマ人間の緊張と衝突が繰り返されると、インド人というカテゴリー全体への社会的イメージは急速に悪化する。ラングーン人口の半数がインド人移民によって占められるに至り、1930年には職を奪われたビルマ人港湾労働者との間の暴動に発展した。インド人への反感が募り1938年には、仏教を揶揄するムスリム作家の書籍が発火点となって大規模なインド人排斥事件が発生した［斎藤 2010: 9-10］。事件の背景調査を命じられた政庁財務顧問官のバクスターは『インド移民に関する報告書』をまとめる。ここでは管区ビルマのインド人とラカインのムスリムとを同枠で扱い、ムスリムを快く思わない植民地議会のラカイン人議員11人の証言を引用し、チッタゴンからの移民制限を語らせる［Baxter 1941: 51］。19世紀の行政文書同様、ここでも英人行政官の認識を相対化する必要がある。

　タミル系を主とするインド系ムスリムとラカイン北部のムスリムの間には関わりがあったようであるが、大部分は未解明である。アキャブには19世紀からタミル系ムスリムのマラカン（Maracan）一家が地盤を築いていて、コメビジネスを手広く手掛けており、これによってマウンドーやブーティーダウン、ヤテーダウンのムスリムらとの間の関係があったと推測される。のちにロヒンギャ・ナショナリズムの旗手となるスルタン・アフメッド（Sultan Ahmed）は1901年マウンドー生まれで、チッタゴンやカルカッタでの教育とともに、ラングーン大学で学士号を取得していたので植民地首府のムスリムとも交流があったろう。また1936年設立とされるマウンドーのジャミアトゥール・ウラマ

一（Jamiatul Ulama イスラーム・ウラマー協会）は、おそらく 1922 年にビルマ本土
で設立された同名組織［Yegar 1972: 89］の支部であろう。20 世紀に入ると管区
ビルマのムスリムは、王朝期から定住するビルマ語化したバマー・ムスリム[21]
と、ウルドゥー語を宗教・教育言語として重視するインド系ムスリムの間で溝
が深まっていた［Yegar 1972: 107-113］。

　第 2 の点はすなわち、英行政から「チッタゴン人」とか「ラカイン仏教徒」
と名付けられ統計化された、物言わぬ当事者自身が、この分類をもとにエスニ
シティを自覚し明確なコミュニティをつくっていたかという、上記王朝期でも
検討した同じ問いかけである。結論から言えば、1930 年代に至っても大きな変
化はない。人口に膾炙するエスニック史観のゆえにそのイメージがあるが、
1930 年代のミャンマー中央政治でもエスニック機制はいまだ弱く、地方の農村
部であればなおさら、少数民族のコミュニティでも同様である。

　まず、ミャンマー近現代史研究はいまだエスニック史観の相対化ができてい
ない。同時代の欧米人の記録と後世のビルマ・ナショナリズム史観の歴史書を
読むと、1930 年代までのミャンマー社会ではすでに民族原理に基づいた政治が
基本であったかのごとく錯覚する。だがそれは語り手のもつ民族観が投影され
た外部からの社会観であり、後世の歴史観である。王朝期の西欧人旅行記、キ
リスト教宣教師の記録、英植民地行政の記録と出版物、研究者の著作物などは、
初期から人種やネーション単位でビルマ社会を理解する傾向が強い。政治史研
究の分野ではケイディ（John F. Cady）の『ビルマ現代史』（1958 年）における民
族別叙述の影響力は絶大で、二次研究はこれでビルマ植民期の民族政治を疑
いなく再構成してしまう。また、1930 年代に勃興した「ビルマ・ナショナリズ
ム第三世代」のタキン党は、日本軍への協力と武装蜂起、対英独立交渉を経て
戦後ビルマの絶対的主流派になるが、それはビルマ語で書かれたビルマ近現代
政治史の解釈権の独占も意味した。ビルマ族・仏教徒の運動が「第一世代の
YMBA（1906 年設立）」と「第二世代の GCBA（1920 年）」に系譜化され、タキ

21）　1931 年センサスではインド＝ビルマ人種（Indo-Burman Races）として分類される。ザーバデ
　　ィ（Zerbadi）が 12.3 万人、アラカン・マホメダン 5.2 万人、アラカン・カマン 2686 人、ミェ
　　ドゥー 5160 人がその分類である。ビルマ本土でバマー・ムスリムとされるのは、1931 年セン
　　サス上ではザーバディとミェドゥーのムスリムということになる。

ンの運動によって「全民族糾合」が成功するという歴史観がスタンダードになった。そこでは 1940 年代後半に実質化した民族政治の時間と環境が、同質のものとして 1930 年代まで存在したかのごとく叙述されることになった［Ikeda 2025］。ロヒンギャやラカインをミャンマー近現代政治史上に位置づける諸研究もまた、以上 2 種の諸史料・諸文献の資料批判をすることはない。

　エスニック史観の色眼鏡を外すと 1930 年代のビルマ中央政治の新しい像が見えてくる。のちにビルマ・ナショナリズムと呼び慣らわされる運動の 1930 年代までの糾合点は反英・反植民地主義であって、コスモポリタンな社会状況を反映して、じつはエスニックな違い、宗教的な違いをあまり意識しない運動であった。ラカインとの接点で見ると、ビルマ・ナショナリズム史上名高い、初めての学生ストライキ（1920 年）のリーダー 11 人のうち 2 人はラカイン人でその 1 人のバシン（Ba Shin）はムスリムであったし、ラングーン大学学生連盟（1930 年創設）の暫定、初代、第 2 代の議長もそろってラカイン人で、初代のトゥンセイン（Tun Sein）もムスリムであった。また、ラカインを冠した政治運動は 1920 年代にすでに始まっているものの、ここでも宗教の区別なく参加がある。1935 年に結成されたアラカン党（Arakan Party）は植民地議会の議員たちが中心で、トゥンアウンジョウ（Tun Aung Gyaw）やアウンザンウェー（Aung Zan Wai）、ポートゥン（Sir Paw Tun）ら著名な仏教徒のほか、タミル系ムスリム実業家のグニ・マラカン（Guni Maracan）とスルタン・アフメッドも参加していた。この団体の内実は不明で、今後の研究課題である。1950 年代以降、民族政治の活発なアクターとなるシャンやモンと同様、1930 年代までのラカインとは、民族集団というよりは植民地ビルマの一地方としての意味合いが強かった［Ikeda 2025］。

　管区ビルマ（Burma Proper）の平原農村部や辺境地域（Frontier Areas）の山村部も、前近代から変わらず、あまりエスニックな区別にこだわる世界ではない。農民の意識をうかがい知ることのできる史料や研究はほとんどないが、19 世紀末から数度の波をつくった農民反乱では、例外的に宣言文や流行歌などから彼らの世界観が読み取れる。1930 年代の最後の波に至ると、平原都市部のビルマ・ナショナリズムと結びついてミャンマーという形象、ルーミョウ（民族）というカテゴリーへの言及が見られるようになるが、その半世紀にわたる農民

反乱の大部分では、反乱の主体にエスニックな意識がないことが指摘される [伊東 1994; 池田 2012]。リーチの『高地ビルマの政治体系』は、1940 年代初頭までのビルマ北部山地のカチン山村社会に関する、人類学者の歴史証言として読むことも可能である。山地のカチンは河谷盆地のシャンとの関係で社会をつくり、民族意識や使用言語がいとも簡単に変動する [Leach 1954]。

　カレンは多数派の仏教徒に着目すれば同じ傾向があり、しかも 1942 年の同時期、ラカイン北部ムスリムと酷似した状況下で民族衝突事件を経験している。カレンについての人類学的研究は、植民地期から人口 16％弱のキリスト教徒社会を中心に民族誌が編まれていて、19 世紀からのバプティスト宣教ゆえにここではエスニック意識が例外的に濃厚である [Marshall 1922; 池田 2012]。カレン人口の 8 割を占める仏教徒については、ビルマ農民やカチン、ラカイン北部ムスリムと同様、植民地期にエスニックな自己主張の記録がほとんど見当たらない。しかし、キリスト教カレンについての分厚い知識と印象に引きずられ、先行研究はエスニックな解釈を施してきた。19 世紀半ばから南東部パアン地方のカレン僧院でポー語貝葉が盛んに写本制作されたことが仏教カレン・ナショナリズムの文脈から論じられる [Hpoun Myint 1975]。しかしこれは、普遍的仏教世界へのポー話者の結節の努力と読み解くべきであろう [池田 2012]。また 1942 年デルタ地方で発生したミャウンミャ事件は、1930 年代までの当地のビルマ＝カレン民族間の憎悪の暴発と捉えられてきた [Guyot 1978]。しかし 1930 年代、当地の仏教徒カレンはエスニックな紐帯をキリスト教徒カレンとの間でほとんど育んでこなかった [池田 2005]。この点はライダーが見落としている点であり、ラカイン北部の 1942 年事件の理解に重要な示唆を与えてくれるはずである。

　1930 年代、ラカイン北部でも当事者による民族共同体意識といえるものはまだなく、地域全体を包含するようなムスリムのコミュニティ意識の存在もあやしい。チッタゴン系ムスリムは定着が進むにつれて、村落単位でコミュニティがつくられ、そこで整備される農業経済関係に基づいて隣村やアキャブなどの都市との関係がつくられていっただろう。1 世代のうちに村や町、学校でビルマ（ラカイン）語が習得され、ビルマのどの地方でも見られるマルチリンガルな言語状況は進行しただろう。生活が安定するとモスクでの宗教活動や学校

でのイスラーム教育も深まっていく。優秀な子弟はチッタゴンやカルカッタとともにラングーンでも高等教育を享受する。だが、1930年代までにこういった村落ベースのコミュニティ活動のあみの目がチッタゴン系ムスリムをひとつに包含するような社会に昇華したり、そのために民族・宗教運動が組織されたりした形跡はない。ただそこに、のちに1942年の衝突事件に結びつけられて語られるような小さな摩擦、人口増加による農地の減少など経済的な原因での小さなコミュニティ単位での争いはあったろうし、それが現場では「仏教徒とムスリム」という宗教的な単位で語られていた可能性はある。それに、スルタン・アフメッドら少数のエリートらは都市にいてエスニック化しつつある時代の空気を感じ取っていたかもしれない。

ラカイン北部のムスリムたちが物言わなかったのは、呼びかけられれればムスリムと名乗る以外とくに自己規定の言葉を持ち合わせることのない、ビルマ辺境あるいは東南アジアや南アジアのどこでも見かけられた、中心があるわけでもなく境界意識も希薄な農民のあつまりで、この集団性に基づいて発言も印刷物も残さなかったからである。この点においてエーヤーワディー・デルタ地方の仏教徒カレンも同じであった。しかし彼らはともに1942年、突然、民族衝突事件に直面して、自らの共同体への帰属を強く意識し始めることになった。

おわりに

現存するロヒンギャの最初の名乗りの記録は、1948年11月アブドゥル・ガファール（Abdul Gaffar）がビルマ語で書いたもので、ラカイン北部ムスリムが独立ビルマにおける正当な一民族であることが主張されている［Gaffar 1948］。ミャンマーはこの年1月に独立を果たし、新しい国民国家が民族単位で設計されることが明らかになり、本格的な民族政治が始まったばかりであった。1930年代まで民族どころか単一のコミュニティでもなかったラカイン北部ムスリムが、この機に至ってロヒンギャとの名で政治参画を開始した背景には1940年代の一連の過酷な民族的経験があった。本章のしめくくりにあたって、彼らのミャンマー社会とのコネクティビティ形成の後期過程を概観し、日本占領期（1942-45年）と独立交渉期（1945-47年）、そしてウー・ヌ期（1948-62年）につい

ての研究課題を簡単に示したい。

　日本占領が始まろうとしていた 1942 年 2 月、ラカイン北部の仏教徒とムスリムの間で衝突が起き、瞬く間に地域全体に拡大した。衝突はミェボンのチャウンジー村から始まった［Kyaw Phyu 2016: 56-59］とラカイン側資料は証言するが、事件のもっとも詳細な検討を行ったライダー［Leider 2017; 2020b］はこの資料を検討していない。ラカイン側、ムスリム側、英側の史資料の全体状況もまだ見通せない。4 月にビルマ独立軍（BIA）の先遣隊が到着し、ほどなくしてマウンドーでは大規模な衝突が起こるが、ビルマ・ナショナリストの関わりも明確ではない。しかし、ラカイン北部のムスリムに民族的な核心的経験を与えたのは、この事件であったとするライダーの意義づけ［Leider 2017; 2020b; 2023］は正しい。事件の性格づけについては、先述の通り、同時期にエーヤーワディ・デルタで発生したミャウンミャ事件［池田 2005］との比較が有効なはずだ。また、ラカイン北部は英軍と日本軍の対峙する前線であったため、日本軍は仏教徒、英軍はムスリムを雇って諜報活動と襲撃の応酬が行われたとされるが、この全容もわかっていない。

　日本占領期の経験はラカイン北部ムスリムの政治意識を一挙に高め、独立ミャンマー設立の政治に関わることになる。ミャンマー独立を約することになる 1947 年 1 月末のアウンサン＝アトリー協定の締約直前、1 月 24 日付でジャミアトゥール・ウラマー名義で植民地政庁に要望書が提出され、政庁内で検討され却下された記録が残っている。これにはアフメッドやガファールなど、マウンドー、ブーティーダウン、ヤテーダウン郡出身の 11 名のムスリム政治家が名を連ねている［Government of Burma 1947］。

　1947 年に始まった民族政治は独立後、ウー・ヌ政権のもとで本格化したが、ラカイン北部のムスリムたちの運動もこの文脈で理解する必要がある。すでに激化していたカレン情勢のほか、モンとともにラカインによる自治州の設立をめぐる政治が活発化する。旧王都のあった北部の仏教徒は、ビルマ政権与党の反ファシスト人民自由連盟（AFPFL）と袂を分かったアラカン民族統一機構（AUNO）と武装闘争に入ったセインダ僧正の派閥があったが、中部と南部ではあるいは AFPFL との連携を継続し、あるいは共産党や連邦警察軍（UMP）の武装闘争へと分裂していく。ムスリムも AFPFL との連携を保持して政治交渉を

続けるアフメッドら穏健派と、1947 年に独立したパキスタンの東部地域となった。ナーフ川以北に合流しようとするムジャヒッド党へと分極した。ライダーを含めて従来の研究は後者の流れにしか注目しない。しかし、1950 年代のヤンゴンではムスリムが自由に政治運動を行っている政治・社会空間があった。次々と蜂起する諸民族武装組織と与党 AFPFL の分裂によって、ウー・ヌは難しい政治運営を迫られた。ウー・ヌの政治的駆け引き、国軍の思惑、ムジャヒッド党の弱体化など諸要因が重なって 1961 年、ラカイン北部の 3 郡にマユ辺境県が設立された。しかし、1964 年に廃止され、ネーウィン支配の深まりとともにラカイン北部のムスリムのみならず全般的なムスリム排除の傾向が深まっていった。ロヒンギャ問題の実質的な深刻化は、この時期以降に求められるべきである［池田 2022］。

参考文献

池田一人 2005「日本占領期ビルマにおけるミャウンミャ事件とカレン――シュウェトゥンチャをめぐる民族的経験について」『東南アジア――歴史と文化』第 34 号：40-79

―――― 2012「ビルマのキリスト教徒カレンをめぐる民族知識の形成史――カレン知の生成と『プアカニョウの歴史』の位置づけについて」『東洋文化研究所紀要』第 162 冊：77-189（154-266）

―――― 2022「書評：中西嘉宏著『ロヒンギャ危機――「民族浄化」の真相』」『東南アジア――歴史と文化』No. 51：128-133

伊東利勝 1994「ビルマ農民の意識変化」池端雪浦編『変わる東南アジア史像』山川出版社

―――― 2015「前近代ビルマ語世界における「百一の人種」について」『文学論叢』（愛知大学文学会）第 151 輯：1-33

斎藤紋子 2010『ミャンマーの土着ムスリム――仏教徒社会に生きるマイノリティの歴史と現在』風響社

高橋昭雄 1985「植民地統治下の下ビルマにおける「工業的農業」の展開――ファーニバル説の再検討」『アジア経済』26 巻 11 号：29-48

ベルニエ、フランソワ 1993『17・18 世紀大旅行記叢書 5 ベルニエ ムガル帝国誌』関美奈子ほか訳、岩波書店

Aye Chan. 2005 The Development of a Muslim Enclave in Arakan（Rakhine）State of Burma（Myanmar）, *SOAS Bulletin of Burma Research* 3(2)：396-420.

Baxter, James. 1941 *Report on Indian Immigration*, Rangoon: Superintendent, Government Print and Stationery, Burma.

Buchanan, Francis. 1799 "A Comparative Vocabulary of Some of the Languages Spoken in the Burma Empire," *Asiatick Research* 5: 219–240.

Cady, John Frank. 1958 *A History of Modern Burma*, Ithaca, N.Y.: Cornell University Press.

Canda Malar Linkara, Ashin. 2013（1932）*yàhkayin yazàwin thi' kyân (pàhtàmàou', dùtìyàou' páungyou')*, Yangon: yapyìsaou'tai'（『ヤカイン新王統記（1・2 巻合冊本）』ヤンゴン：ヤーピィー書店）ビルマ語。

D'Hubert, Thibault. 2018 *In the Shade of the Golden Palace: Alaol and Middle Bengali Poetics in Arakan (ca. 1430–1784)*, Oxford: Oxford University Press.

Gaffar, Abdul. 1948 *palimanama'lâun hnìn ama'haun, mi'sàta em ei gahpâ ga myanma nainngando asôuyà atwîn wungyou'htan hse'thàhkè tho thàwanhlwâ (yangon myôu 1948hni' noubinbalà 20ye' ei gahpâ palimanama')*, N.p.（『議会議員候補ならびに元議員のミスター・エム・エー・ガファールがミャンマー国政府の首相に宛てて提出した書簡（ヤンゴン市 1948 年 11 月 20 日 A. ガファール 議会議員)』出版地・出版社不明）ビルマ語。

Galen, Stephan Egbert Arie van. 2008 *Arakan and Bengal: The Rise and Decline of the Mrauk U Kingdom (Burma) from the Fifteenth to the Seventeenth Century AD*, Doctoral Dissertation, Research School CNWS, Faculty of Humanities, Leiden University.

Government of Burma（"1921 Census"). 1923 *Census of India, 1921 Volume X Burma*. Rangoon: Office of the Superintendent, Government Printing, Burma.

———（"1931 Census"). 1933 *Census of India, 1931 Volume XI Burma*. Rangoon: Office of the Superintendent, Government Printing and Stationery, Burma.

———. 1947 "Representation by the Muslims of North Arakan Claiming for an Autonomous State in the Buthidaung and Maungdaw Areas," File No. 93HB4, 1947. Appointment Branch, Home department, Govt of Burma.（National Archives Department, Yangon.)

Guyot, Dorothy H. 1978 "Communal Conflict in the Burma Delta," In *Southeast Asian Traditions: Approaches through Social History*, ed. Ruth T. McVey, New Haven and London: Yale University Press.

Hamilton（Buchanan), Francis. 1825 An account of the frontier between the southern part of Bengal and the kingdom of Ava, *The Edinburgh Journal of Science* 3（6): 201–212.

Hamilton（Buchanan), Francis, and Willem van Schendel. 1992 *Francis Buchanan in Southeast Bengal, 1798: His Journey to Chittagong, the Chittagong Hill Tracts, Noakhali, and Comilla*, Dhaka: The University Press Limited.

Hpoun Myint. 1975 *bou'dabatha pôukayin peiza thamâin*［History of Buddhist Pwo Karen Peza Documents], Yangon: thàpyeûsapetai'（『仏教徒ポーカレン貝葉文書の歴史』ヤンゴン：タービェーウー文学館）ビルマ語。

Hutchinson, Sneyd R. H. 1906 *An Account of the Chittagong Hill Tracts*, Calcutta: The Bengal Secretariat Book Depot.

Ikeda, Kazuto. 2025（forthcoming）"The Emergence of Ethnic Politics in 1940s Myanmar: Karens and Thakin Historiography," In *Journal of Burma Studies*.

Kyaw Minn Htin. 2017 *Where Mandalas Overlap: Histories, Identities and Fates of the People from Arakan and South-Eastern Bangladesh*, A Thesis Submitted for the Degree of Doctor of Philosophy, Department of Southeast Asian Studies, National University of Singapore.

Kyaw Phyu, Myebon. 2016 *yàhkayin nehkyè tohlanyêi gâunhsaun û seinda*, N.p. (『ヤカイン反植民地主義革命指導者ウー・セインダ』出版地・出版社不明）ビルマ語。

Leach, Edmund R. 1954 *Political Systems of Highland Burma: Study of Kachin Social Structure*, London: G. Bell and Sons.

Leider, Jacques P. 2014 "Rohingya: The Name, the Movement, the Quest of Identity," In *Nation Building in Myanmar*, Yangon: Myanmar Egress and the Myanmar Peace Center.

―――. 2017 "Conflict and Mass Violence in Arakan（Rakhine State）: The 1942 and Political Identity Formation," In *Citizenship in Myanmar: Ways of Being in and from Burma*, eds. Ashley South and Marie Lall, Singapore: ISEAS: 193-221.

―――. 2018 "From Aracan Mahomedans to Muslim Rohingyas: Towards an archive of naming practices," In *Past Identity and Authenticity of Ethnology Art and Archaeology*, ed. Surakarn Thoesomboon and Aurapin Khamson, Bangkok: Princess Maha Chakri Sirindhorn Anthropology Centre: 213-270.

―――. 2020a "The Chittagonians in Colonial Arakan: Seasonal and Settlement Migrations," In *Colonial Wrongs and Access International Law*, eds. Morten Bergamo, et al., Brussels: Torkel Opsahl Academic EPublisher: 177-227.

―――. 2020b "Territorial Dispossession and Persecution in North Arakan（Rakhine）, 1942-43," Policy Brief Series No. 101, Brussels: Torkel Opsahl Academic EPublisher.

―――. 2023 "Violence and Belonging: Conflict, War, and Insecurity in Arakan, 1942-1952," In *Regional Identities in Southeast Asia: Contemporary Challenges, Historical Fractures*, eds. Cornelio, Jayeel Serrano, and Volker Grabowsky, Chiang Mai: Silkworm Books: 347-372.

Leider, Jacques P. and Thibaut d'Hubert. 2011 "Traders and Poets at the Mrauk U Court: Commerce and Cultural Links in Seventeenth-Century Arakan," In *Pelagic Passageways: The Northern Bay of Bengal Before Colonialism*, ed. Rila Mukherjee, New Delhi: Primus Books: 77-111.

Lieberman, Victor B. 2003 *Strange Parallels: Southeast Asia in Global Context, c 800-1830, Vol. 1*, New York: Cambridge University Press.

Marshall, Harry Ignatius. 1922 *The Karen People of Burma a Study in Anthropology and Ethnology*, Columbus: Ohio State University.

Maung Hsanda（Lewe）. 2005 *kàman myôunwezù thàmâin*, Yangon: nainngàn gounyi sapetai' (『カマン民族の歴史』ヤンゴン：ナインガンゴンイー書店）ビルマ語。

Maung Yin Hsu. 2018 *myanma mwu'sàlin thàmâin*, Yangon: nyêinhkyânsei'sape. (『ミャンマー・ムスリム史』ヤンゴン：ニェインチャンセイッ書店）ビルマ語。

Nga Aung. 1802 *1164hni' dànyàwàdi si'tân*. (『緬暦1164年ダニャワディ地方調書』）ビルマ語。

Paton, Charles. 1828 Historical and Statistical Sketch of Arakan, *Asiatick Researches* 16: 353-

381.

Phayre, Arthur Purves. 1841 "Account of Arakan," *Journal of the Asiatic Society of Bengal* 10: 629–712.

———. 1844 "On the History of Arakan," *Journal of the Asiatic Society of Bengal*, Part 1, January 1844: 23–52.

———. 1883 *History of Burma, Including Burma Proper, Pegu, Taungu, Tenasserim, and Arakan*, London: Trubner & Co.

Yegar, Moshe. 1972 *The Muslims of Burma*, Wiesbaden: O. Harrassowitz.

Zaw Lynn Aung. 2020 *myau'û—myau'ûhki'le ou'hkyou'yêi, tàyâsiyinyêi hnìn thathànayêi (1531–1638)*, Yangon: yàhkayinthâgyîsapei. (『ミャウウー——ミャウウー時代の統治・司法・宗教（1531-1638）』ヤンゴン：ヤカインターヂー書店）ビルマ語。

———. 2023 "Presence of Muslims and Conflicts between Two Communities in the Late Mrauk U Period（1638-1784），" 国際シンポジウム *Islamization in Southeast Asia as reflected in literature, archival documents and oral histories*.（2023 年 11 月 4 日、於・大阪大学箕面キャンパス）。

第6章　インド・ムスリムと民主主義

中溝和弥

はじめに——少数派という宿痾

インド・ムスリムを常に悩ませてきたのは、少数派という宿痾である。英領時代は多数派であるヒンドゥー教徒への対抗から、イギリスと協調するアリーガル運動が生まれ、これが 1909 年インド参事会法における分離選挙制度の導入につながった。ムスリムの代表はムスリムのみが選出するとする同制度は、ヒンドゥー、ムスリムには各々個別の利益が存在するというイデオロギーを前提としていた。これが、後にムスリム連盟による二民族論につながることとなる。その一方で、イギリスとの協調路線に反撥し、ヒンドゥー教徒が多数を占めるインド国民会議派（以下、会議派）と連携して独立運動を進める動きもムスリム連盟内部で始まる。しかしヒンドゥーとムスリムの連帯も、1921 年から開始されたヒラーファト・非協力運動の挫折によって打撃を受け、さらに独立インドにおける少数派の地位をめぐる会議派とムスリム連盟の対立は、最終的に 1947 年のインド・パキスタン分離独立を生み出した。独立後、インド・ムスリムは更なる少数派となり、民主主義の枠組みのなかで自らの生存を確保する必要性に迫られた。

少数派の権利をいかに守るか、という問題は、民主主義が抱える本質的なジレンマの一つである。自由と平等という理念が結合したリベラル・デモクラシーは、歴史的には時として鋭く対立してきた二つの理念の調和を図る理念と制度であり、その運用には細心の注意が求められる。とりわけ冷戦後の民主化の過程で、民主主義の制度を維持しながら非自由主義的な政策を採用する政府が

出現したことから、自由主義と民主主義を切り分ける非自由主義的民主主義（illiberal democracy）という概念が提示された。提唱者の F. ザカリアは、「民主主義は繁栄しているが、立憲自由主義はそうではない」[Zakaria 1997: 23] と端的に表現し、現在においても非自由主義的民主主義は広く使われている。自由主義と民主主義の緊張関係が顕著に現れるのが少数派問題であり、多数派の意思を尊重するのか、それとも少数派の権利を守るのか、というジレンマはグローバルな政治課題となっている。

　ともすれば「多数の専制」に陥りかねない民主主義の陥穽を埋める試みは不断に行われてきた。多民族社会における民主主義のあり方として多極共存型民主主義を提唱した A. レイプハルトは、民主主義の下位類型として多数決型とコンセンサス型を措定し、両者の相違を論じた [レイプハルト 2014]。多数決型が民主主義を「多数派による統治」と定義し、勝者総取りの多数決を重視するのに対し、コンセンサス型は「多数派」の規模を最大化しようとする。すなわち、政策によって影響を受ける者がなるべく多く政策決定過程に参加できる制度を構築し、これに基づいて極力多くの人の合意を形成することが民主主義であると考える。レイプハルトは、コンセンサス型の方が少数派の権利を守りやすく、かつ、政策執行においても効果を上げると分析した。

　独立インドは、少数派問題が大きな政治課題となった経緯から、制憲議会では比例代表制を含むさまざまな選挙制度が検討されたものの [Ansari 2006: 6-14]、結局は宗主国イギリスの制度を採用した。選挙制度については初期の選挙を除いて完全小選挙区制を採択し、統治機構は、大統領は存在するものの、事実上の議院内閣制として機能している。その結果、代表は相対多数を獲得した多数派コミュニティのなかから選出される傾向が強まり、後述のようにムスリムは人口に比して過少代表の状態が独立当初から現在に至るまで続いている。とりわけ、2014 年総選挙でヒンドゥー至上主義者である N. モーディーが率いる連立政権が成立して以降は[1]、与党連合である国民民主連合（National Democratic

---

1)　ヒンドゥー至上主義とは、インドを「ヒンドゥー民族（Hindu Rashtra）」から構成されるヒンドゥー国家にすることを目指す思想と運動である。なかでも最大の勢力を誇るのは 1925 年に創設された民族義勇団（Rashtriya Swayamsevak Sangh: RSS）であり、インド人民党はその政治部門となる。ヒンドゥー至上主義に関する包括的な研究として Jaffrelot [1996] を参照のこと。

Alliance、以下 NDA 連合）の中核であるインド人民党（Bharatiya Janata Party、以下 BJP）にムスリム国会議員が一人もいないという事態が続いている。

　与党連合の中核にムスリム議員が不在であるからといって、ムスリムの権利が蹂躙される必然性はない。とはいえ、モーディー政権下でムスリムに対する迫害に歯止めがかからない状況に鑑みると、代表の問題はやはり無視できない。ムスリムとしてみれば、ムスリムを議会に送れないとしても、選挙において要票^{かなめ}となることによって、影響力を行使することは可能である。とりわけ相対多数でも勝利できる小選挙区制においては、要票^{かなめ}の役割は一段と強まる。本章においては、インド民主主義体制下において、少数派であるムスリムが自らの生存を確保するために、どのように選挙制度を用い、戦略的に投票を行ってきたか、その実践を明らかにしたい。最初に独立後の主要な選挙における投票行動を分析した上で、直近の 2024 年総選挙における投票行動を、筆者が行ったビハール州調査に基づいて明らかにしたい。

1　少数派の起源

　そもそもムスリムが少数派として政治的意味を持つ前提条件として、少なくとも 2 つの段階が必要である。第 1 に、宗教集団の境界が明確化されること、第 2 に、明確化された宗教集団の構成員が数えられ記録されること、である。英領インドにおいてはこの 2 つの過程は相互に影響を与えながら同時に進行した。19 世紀後半に開始された国勢調査が起点となったためである［小牧 2003］。

　イギリスは、インド社会を構成する柱は宗教とカーストであるという認識から、国勢調査もこれらに重点を置いて展開する。いずれの社会集団も自他を明確に分かつ境界を持っているという前提から事業が始められたが、ほどなく壁に直面した。インドの宗教は習合が進んでおり、ヒンドゥーとムスリムの境界が曖昧であった上に、各宗教の内実を捉えることが難しかったためである［中里 2008: 13-38］。とりわけ多神教であるヒンドゥー教は、数多くの聖典を持ち、体系立った宗教として把握することが困難であった。そのため、前述の分離選挙制度の導入に伴い、イギリスが自らヒンドゥー教を定義する必要に迫られることになる［小牧 2003: 27］。イスラームについては、スンナ派とシーア派とい

う二大宗派を識別することからして困難であった。加えて、インド・ムスリムは大多数がヒンドゥーからの改宗者で占められていたため、ムスリム社会には存在しないはずのカーストが存在していた [Saberwal 2010]。例えば、「ムスリムのバラモン」の存在が報告されている [中里 2008: 79]。

こうした状況を踏まえて、各宗教の分派調査を行うことはキリスト教を除いて放棄されたが、宗教集団の統計を取ること自体は続けられた。いわば外からの押しつけによって宗教間の境界が強引に設定されることになったわけだが、インド人の側でも宗教の純化を図ろうという動きが次第に起こってくる。ムスリムの側では、イスラームの純化を図ったデーオバンド運動であり、ヒンドゥーの側では現在のヒンドゥー至上主義につながるアーリヤ・サマージの運動である [小牧 2003: 22-28; 中里 2008: 50-76; Saberwal 2010: 52-62]。これら諸団体の活動によりインド人自身の認識においても宗教間の境界が次第に明確になり、これに伴って各宗教集団の構成員数が数え上げられ、センサスに記録された。英領インドの宗教集団構成比は、1931 年センサスによればヒンドゥーが 70.67％、ムスリムが 23.49％という構成になっていた [中里 2008: 2]。

さて、これだけのことであれば、インドとパキスタンという 2 つの国民国家は生まれない。宗教間の境界が政治化され、それぞれの宗教集団が国民を構成するというイデオロギーが力を持つ必要があるためである。その大きな契機となったのが、前述の 1909 年インド参事会法であった。同法は、初めて立法参事会に公式に選挙制度を導入したが [中溝 2022: 233-234]、その際、少数派であるムスリムの利益を守るためと称して分離選挙制度を導入した。ヒンドゥーとムスリムが個別の利益を持っているという思想は、後にムスリム連盟が主張したヒンドゥーとムスリムは別個の民族を構成するという二民族論（Two nation Theory）に発展し、さらには、インド・パキスタン分離独立へと連なっていった。

ただし、分離選挙制度の導入、そしてムスリム連盟による二民族論の登場が直ちにパキスタン建国に結びついたわけではない。A. ジャラール [1999] が明らかにしているように、ムスリム連盟を率いた M. ジンナーの狙いは、少数派であるムスリムの権利を守ることにあり、パキスタン要求はこれを実現するための交渉のカードに過ぎなかった。しかし、第二次世界大戦で疲弊し、植民地支配の統治コストに耐えられなくなったイギリス、独立インドにおけるムスリ

ム連盟の干渉を嫌った会議派の思惑により、結果的に分離独立に至った。パキスタンは、ジンナー自身が毛嫌いした「ひどく損なわれ、切り詰められ、虫の食った」パキスタン［ジャラール 1999: v］という形での独立を余儀なくされた。

　分離独立は、当時空前の規模とされた 1500 万人の難民、宗教間の殺戮に伴う約 100 万と推定される犠牲者、さらに約 10 万件と推定される婦女暴行という悲劇を生み出した。ムスリムはパキスタンへ、ヒンドゥー、スィク教徒はインドへと大移動が起こるなかで、インドに居住していたムスリムが皆パキスタンに移住したわけではなかった。世俗主義国家の約束を信じてインドにとどまったムスリム、諸事情により移住を行えなかったムスリムなどを合わせてインド人口の約 10％を占めるムスリムが独立インドでの生活を始めることとなった。

2　独立インドにおける世俗主義

(1)　ネルー政権の世俗主義

　独立インドの世俗主義の根幹は、宗教の違いによって殺されることが二度とない国を作るという誓いである。分離独立の悲劇を二度と繰り返さないという決意は、初代首相 J. ネルーが行った 1950 年の言明からも明らかである。

> この問題〔ヒンドゥー至上主義団体であるヒンドゥー大連合〕に関する限り私の心は決まっている。私が首相である限り、宗派主義が政策を形作ることを許さないし、野蛮で非文明的な行為を許すつもりもない［Brown 2004: 194 より引用］。

　実際にネルー政権期においては、宗教暴動の件数、犠牲者ともにかなりの程度抑えられ、約束は守られた［中溝 2012: 14、図 1-1］。生活に大きな影響を与える家族法規定に関しては、憲法 44 条で統一民法典を将来的に制定することが努力目標として掲げられたものの、英領時代の法制を継承して宗教ごとの家族法が制定された。さらに、マドラサなど宗教学校への公費補助も行われた。このようにムスリムの生命・財産・生活が守られる仕組みが導入された。

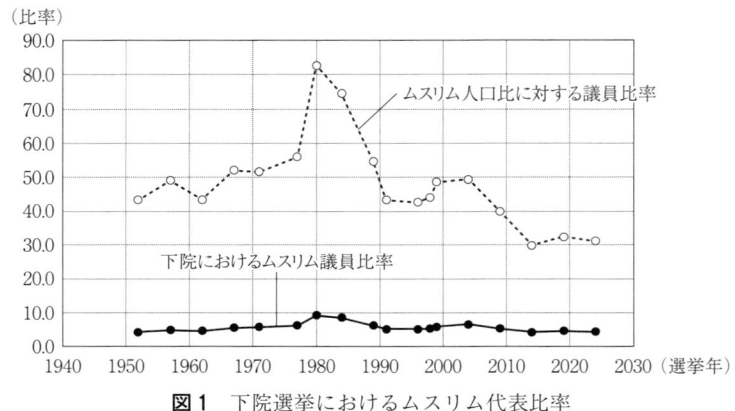

図1 下院選挙におけるムスリム代表比率

出典）　2004年総選挙までは Ansari［2006: 26］、2009年から2019年総選挙までは、Jaffrelot［2021: 414, Table 11.1］、2024年総選挙については、Beg［2024］から筆者作成。

(2)　ムスリムの政治代表

　とはいえ、ムスリムは議会では十分に代表されなかった。「ムスリムの利益を代弁する」と主張したムスリム連盟が、結局はパキスタンを建国する主体となったことから、独立インドにおいて「ムスリムの利益を代弁する」政党の存在は、国民統合を阻害する要因として長らくタブー視されてきたためである。それゆえ、ムスリムとしては第1に世俗主義を掲げる政党、第2に政権を握っている政党（「寄らば大樹の影」）、という2つの条件を満たす政党、すなわちインド国民会議派を支持することが現実的な選択肢となった［Brass 1994: 237］。ただし、その会議派が圧倒的な優位を誇った「会議派システム期」においても、人口比からはムスリムは過少に代表されていたことがわかる[2]。

　図1は、第1回総選挙（1951-52年）から2024年総選挙までのムスリムの議員比率とムスリム人口比に対する議員比率を示した図である。ムスリム人口比

---

[2]　政党システムの分類については、Yadav［1999］に倣って、会議派システム期（1947-67年）、「会議派 - 野党システム」期（1967-89年）、競合的多党制期（1989-2014年）を採用する。2014年総選挙以降は、筆者は BJP システム期としてきたが［Nakamizo 2021］、①NDA の存続、②州議会選挙における敗北［Jaffrelot and Verniers 2020］、③2024年総選挙で BJP が過半数を割り込んだこと、から BJP 主導優位システム（BJP-led dominant system）［Chhibber and Verma 2019］と形容する方が適当と判断した。

との比較では、ネルー政権期には実は一度も50%を超えたことはない。比率が50%を上回るのは会議派の一党優位支配が州レヴェルで壊れた「会議派－野党システム」期（1967-89年）であり、なかでも1980年総選挙ではムスリム人口比（11.2%）に迫る9.3%を記録した。1977年総選挙でムスリム票を失い敗北した会議派が、1977年総選挙を上回り過去最多となる41名のムスリム候補を擁立したことが一つの要因となった［Ansari 2006: 31, 99, Table 5(I)］。しかし1989年総選挙以降は50%を超えることはなく、とりわけ、モーディー政権が成立した2014年総選挙以降は、30%台に落ち込んでいる。さて、このような状況において、ムスリム票は実際にどのように動いたであろうか。

3　ムスリムの投票行動

(1)　下院選挙における投票行動

　インドにおける選挙調査を継続的に行ってきたのは、発展途上社会研究センター（Centre for the Study of Developing Society、以後CSDS）である。ただし、CSDSによる調査が継続的に行われるようになったのは1996年総選挙以降であり、それ以前の調査は断続的であった。インドの宗教暴動研究で知られるP.ブラスによれば［Brass 1994: 237-239］、1962年総選挙まではムスリムは主として会議派を支持したとされる。1967年総選挙ではウルドゥー語公用語化問題などによる不満から会議派から離れたとされるが、1969年会議派大分裂後の1971年総選挙では世俗主義を守ることを掲げたインディラ・ガーンディー首相を支持した。ところが、後述のように非常事態後の1977年総選挙では再び会議派から離反しジャナター党を支持したものの、同政権下における宗教暴動の激化により1980年総選挙では会議派支持に戻った。前述のように、この選挙では会議派は過去最高比率となるムスリム議員を当選させている。1984年総選挙も同様に会議派を支持したものの、1989年総選挙ではアヨーディヤ運動が宗教暴動を多発させたことにより会議派から再び離反し、1991年総選挙でも支持は戻らなかったとする。

　ブラスの見立ては、インド政治研究において概ね共通の了解となっているといえよう。ここからわかるのは、1967年、1977年、1989年選挙が示すように、

ムスリムが離反したとされる選挙で会議派は敗北しており、ムスリム票が政党システムの転換を導く要票としての役割を果たしていることである。次に、インドの政治史上重要な転機となった4回の選挙を取り上げたい。

(2) 転機となった4回の選挙

　最初は独立後初めて会議派が中央レヴェルで敗北した1977年総選挙である。同選挙は、1975年6月から施行された非常事態体制が解除されてほどなく実施された選挙であった。非常事態体制下においては、ムスリム貧困層が多く居住していたデリーのスラム撤去に伴う強制移住などムスリムの反撥を招く政策が強行され、それゆえにムスリム票が会議派から離れ、結果として会議派の敗北を導いたとされる［Ansari 2006: 30］。会議派は過去最多となる37名のムスリム候補者を擁立したが14名しか当選せず、対するジャナター党は22名を擁立し16名が当選した［Ansari 2006: 99, Table 5(I), 102, Table 5(VIII)］。1977年総選挙における会議派の敗北は、非会議派政党の成長を示した点で、会議派と非会議派政党連合が政権を競い合う「会議派－野党システム」の象徴的な選挙となった。

　第2が、会議派が過半数を決定的に失った1989年総選挙である。これ以降現在に至るまで会議派は単独で過半数を獲得したことはなく、会議派の一党優位支配が中央レヴェルでも崩壊した選挙であった。2014年総選挙まではいずれの政党も過半数を取れない競合的多党制の時代を迎える。

　1989年総選挙は、BJPもその一員である民族義勇団グループ（サング・パリワール）がアヨーディヤ運動を加速させ、これに起因した大宗教暴動が起こる最中に実施された特異な選挙であった[3]。数多く起こった暴動のなかでも最大規模だったのがインド北部のビハール州バーガルプルで起こった暴動であり、政府集計で1000名以上が犠牲となり、多くはムスリムであった。実際の犠牲者はさらに多いと推定されている。筆者の調査によれば、会議派の地元政治家が暴動の引き金を引き、会議派州政権も暴動を抑止できず、さらに会議派中央

---

3)　アヨーディヤ運動とは、ヒンドゥー教の神ラーム神生誕の地とされるアヨーディヤに、その生誕を祝うラーム寺院を再建しようとする運動である。ヒンドゥー至上主義者は、ラーム寺院がムガル朝初代皇帝バーブルの時代に破壊され、彼の名前を冠したモスク（バブリー・マスジッド）がその跡地に建てられたと主張し、モスクを破壊しラーム寺院を再建することを訴えた。中溝［2012: 145］参照のこと。

政府首相ラジーヴ・ガーンディーが致命的な過ちを犯したことにより暴動は拡大した［中溝 2012: 159-203］。この失敗に加えて、ラジーヴ首相がアヨーディヤにおけるラーム寺院の定礎式を許可したことにより、北インドを中心としてムスリムが会議派から離反し、会議派の大敗に至った［中溝 2012: 第 6 章］。

第 3 が、1996 年総選挙である。1989 年総選挙で会議派が敗北し、独立後 2 回目となる非会議派連立政権である国民戦線政権が成立したが、同政権下でアヨーディヤ運動は加速した。BJP が率いた山車行進は 610 名の死者を生み、国民戦線政権の内紛を激化させ、政権は 1 年と持たずに崩壊した［中溝 2012: 249-257］。その後行われた 1991 年総選挙で会議派は過半数を獲得できなかったものの第 1 党となって政権を担うが、1992 年 12 月にアヨーディヤのバーブリー・マスジドがサング・パリワールによって破壊される。直後から全国でムスリムが襲撃され犠牲者は約 2000 名に上った［Dhattiwala 2019: 13］。ラオ会議派中央政府は、モスクの破壊のみならず暴動も止められなかったことから、責任を厳しく問われることとなった。CSDS の調査によれば、ムスリムの会議派に対する支持率は 1991 年総選挙時には 46％あったのに対し、1996 年総選挙では 28％に下落した［近藤 2015: 303］。1996 年総選挙で会議派は敗北したが、ムスリム票の離反は大きな要因の一つであったと考えられる。

最後が、2004 年総選挙である。この選挙は、1992-93 年のアヨーディヤ暴動後に起こった最大規模の宗教暴動である 2002 年グジャラート大虐殺後に行われた。1999 年総選挙で NDA 連合を組織して勝利した BJP が安定的に政権を運営し、再選が確実視されていたにもかかわらず敗北した選挙であった。対峙する会議派は、初めて本格的な政党連合である統一進歩連盟（United Progressive Allainace: UPA）を結成し、同連合が過半数を獲得して政権を掌握した。

2002 年グジャラート大虐殺は、政府集計で 1180 名、NGO 等の調査で 2000 名を超える犠牲者を生んだ大規模な暴動であり、犠牲者の多くはムスリムであった。現在（2024 年 10 月）中央政府首相を務める N. モーディーが同州首相として深く関与した疑惑がなお残ることから［中溝 2015］、モーディーを解任しなかった BJP 中央政府の責任が厳しく問われた選挙であった。CSDS 調査によるとムスリムの会議派連合支持率が 53％であったのに対し、NDA 連合支持率は 11％であった。前回の 1999 年総選挙から NDA 連合は 3.7 ポイント落とした

のに対し、会議派連合は 1.9 ポイントの下落にとどまっている。会議派と同様に世俗主義を掲げる社会主義政党は 16％ を獲得し、4.9 ポイント支持を伸ばした ［Yadav 2004: 5390, Table 8.1, Table 8.2］。これらを踏まえ Y. ヤーダヴは、ムスリム票が NDA 連合に与えた打撃は 4 ポイントの下落という数字以上であったことは確かであるとしながらも、各州の状況を踏まえた分析を行う必要があるとし、それゆえ、2002 年大虐殺が NDA 連合敗北の主要な要因、もしくは主要な要因の一つと主張するのは誇張となろう、と指摘する ［Yadav 2004: 5392］。

　ただし、筆者が行ったビハール州での現地調査ではムスリムの怒りは確かに存在し、会議派連合のなかで会議派に次ぐ議席を獲得した民族ジャナター・ダルの指導者 L. ヤーダヴは、演説において 2002 年グジャラート大虐殺を鋭く批判していた。大虐殺が重要な争点であったことは確かである。何よりも敗北した A. B. ヴァージペーイー首相が、2002 年大虐殺が敗北の一因であることを認めた。同氏は「選挙における敗因を述べることは大変難しいが、暴力〔2002 年グジャラート大虐殺〕の影響があったことはいえる」と発言した[4]。この認識は後述のように BJP による暴力行使の態様を変化させていくことになる。

　以上、ムスリム票が大きな影響を及ぼしてきたと考えられる 4 回の総選挙を概観してきた。これらの事例から判明するのは、ムスリムが時々の政治状況に応じて、自らの生命と生活を守るために戦略的に投票を行う姿である。ムスリムの有力政治指導者であるシャハブッディンは、1991 年総選挙に際してムスリム有権者に対し、各選挙区の事情に応じて BJP を敗北させうる世俗主義政党に投票することを呼びかけた ［Brass 1994: 238］。このような戦略的投票は現在に至るまで続いていると考えられる[5]。

　それでは、2014 年総選挙で成立したモーディー政権下で進むムスリムに対する抑圧に、ムスリムはどのように投票権を行使したであろうか。この点を解明するために、モーディー政権下で進む抑圧をまず体系的に整理したい。

4）　"Gujarat riots a cause of defeat: Vajpayee," rediff.com, June 12, 2004 参照のこと。https://www.rediff.com/news/2004/jun/12abv.htm （2024 年 10 月 13 日最終確認）
5）　近藤 ［2015: 303］ は、「宗派対立が激化している時期においてはムスリム少数派住民は、必ずしも本来の支持政党ではないがムスリムの安全を最大限に保障してくれるような政党に戦略的に投票するともいわれている」と指摘する。

1. 経済成長の実現／グローバル・サウス代表として大国化・投資誘致	3. ヒンドゥー民族／国家を実現するための制度化	2. ヒンドゥー至上主義の新戦略
・新自由主義的経済政策（グジャラート・モデル） ・成長の果実の分配：雇用問題解決の約束 ・グローバル・サウス諸国結集の試み：大国化／投資誘致	・国家機構への RSS 系人材の配置 ・国民登録手続き ・2019 年市民権法改正 ・J＆K から自治権剥奪（憲法 370 条の廃止） ・ラーム寺院建設 ・今後の政策目標：統一民法典の制定	・自警団組織を使った宗教的少数派の抑圧（例）牝牛保護団 ・宗教暴動の規模を中小化（例）2020 年デリー暴動

最優先課題：ヒンドゥー民族／国家の実現

図2 モーディー政治の特徴：服従の政治（Politics of Obedience）

4　モーディー政権によるムスリムの抑圧——「服従の政治」

　筆者はモーディー政治を「服従の政治」と概念化し、その特徴を明らかにしてきた［中溝 2023; 2024; Nakamizo 2024］。「服従の政治」とは、煎じ詰めればモーディーの命令に従えば褒美を与え、逆らえば罰する政治であり、図2 が示すように3 本の柱から構成されている。

　第1 の経済成長の実現は、「褒美」にあたる柱で、モーディーを 2014 年総選挙で首相の座に押し上げた政策である。ムスリムとの関連では第2、第3 の柱が重要となる。第2 の柱は、ヒンドゥー至上主義者の暴力行使に関する新戦略である。2002 年グジャラート大虐殺までは、サング・パリワールは大宗教暴動を起こすことによってヒンドゥーの宗教感情を煽り、「ヒンドゥー票」を形成する戦略を取っていた。しかし前述の通り、2002 年グジャラート大虐殺後の 2004 年総選挙で政権を失い、モーディー自身にも国内外から強い批判が浴びせられたことから、大宗教暴動はコストが高いという認識が生まれてくる［Nakamizo 2023］。そこで暴力の規模を小規模化し、しかし広範囲に行使することでムスリムの服従を確保しようという新戦略が生まれてきた。代表例がモーディー政権成立以降活発に活動を始めた牝牛保護団など自警団の活動であり、彼らが行使する暴力はモーディー政権下で事実上野放しにされた。自警団によ

る暴力は 1 件ごとの犠牲者数は少ないため 2002 年大虐殺ほどの注目を集めることはなく、かつ自警団の活動であることから政府は直接の責任を免れる。その一方で、ムスリムにはいつ、どこで襲われるかわからないという恐怖感を与えることができ、ムスリムの服従を確保できる。いわばコストパフォーマンスがよいというわけである。現在のところモーディー政権下で起こった宗教暴動としては 2020 年デリー暴動が最大規模となるが、これも死者数は拡大せず 53 名で抑えられた。

第 3 の柱は、ヒンドゥー至上主義の制度化である。第 2 の柱がモーディー政権 1 期目から展開されたのに対し、第 3 の柱は 2 期目が始まってすぐに着手された。まず 2019 年 8 月には、ジャムー・カシミール州に対して特別の自治権を認めた憲法 370 条を唐突に廃止し、同州での反対を抑え込むために野党指導者を拘禁し反対運動を拷問も用いて抑え込んだ［BBC 2023］。2019 年 12 月には市民権法改正法を成立させ、ムスリムが多数を占める近隣 3 カ国（アフガニスタン、パキスタン、バングラデシュ）からの難民に対し、ムスリムを除いて市民権を付与することとした。インドの国籍法において、宗教的帰属を要件とした初めての法律である。それゆえ、「ヒンドゥー国家」実現の布石であると懸念され、法律制定直後からムスリムを中心とした反対運動が起こった。運動は全国に拡大し、モーディー政権成立以来の大規模な反政府運動に発展する。先述した 2020 年デリー暴動は、反対運動を潰すためにサング・パリワールが引き起こした暴動である［中溝 2020］。犠牲者の多くはムスリムであった。

さらには 2019 年 11 月の最高裁判決を受けて、サング・パリワール長年の悲願であったラーム寺院をアヨーディヤに建設する事業に着手する。現在も建設は進んでいるが、2024 年総選挙の直前となる同年 1 月にモーディー首相自らが落成式を主催した。

このようにムスリムが強く反対してきた政策が着々と実行に移されるなかで、ムスリムはどのように考え、選挙を戦略的に使ってきただろうか。次節では筆者が実施したビハール州調査を通じてこの点を明らかにしたい。

5　ビハール州におけるムスリムの投票行動

　ビハール州はインド北部に位置する大州である。2000 年に南部がジャールカンド州として分離するまでは西隣のウッタル・プラデーシュ州に次ぐインド第 2 位の人口を抱え、分離後も第 3 位を維持している。下院議席数も多いことから、ビハール州の投票行動はインド政治全体に影響を及ぼしてきた。会議派システムから「会議派－野党」システムに移行した 1967 年選挙では会議派が敗れた 8 州のうちの一つであり、1975 年の非常事態体制に至る過程では、反政府運動である JP 運動の中心地であった。1989 年総選挙では前述のように会議派の一党優位支配の崩壊を決定づけた。1990 年代から顕在化する後進カーストによる奪権の中心地であり、さらに、2014 年から始まる BJP 主導優位システムにおいては、BJP 勝利の原動力となった。このように、インド全体の政治変化を主導してきたといえる。

　このビハール州において、ムスリムはどのように考え、投票してきたか。以下においては「服従の政治」の主要論点に沿って分析を行いたい。分析の対象は、モーディー政権 10 年間の総決算と位置づけられた今年の 2024 年総選挙とする。これによりムスリムが「服従の政治」の 10 年間をどのように評価したか分析したい[6]。

---

6)　2024 年インド総選挙ビハール州調査は、筆者とシンガポール国立大学の T. ネヤジ博士（Dr. Taberez Ahmed Neyazi）が、日本学術振興会科学研究費基盤研究（B）「権威主義の歴史的起源——南アジア旧英領植民地諸国の比較研究」（代表：中溝和弥・京都大学教授、課題番号 23H 03619／23K28309）の研究費を用いて実施した。調査は選挙前調査と選挙後調査のパネル調査として行われ、ビハール州 40 選挙区のなかから各選挙フェーズ（今回は 7 フェーズ）における地理的分布を考慮して 26 選挙区を抽出し、「大きさに比例した確率（Probability-Proportional to Size：PPS）法」を用いて 78 州議会選挙区（各下院選挙区から 3 州議会選挙区を選定）の 234 投票所（各州議会選挙区から 3 投票所を選定）を選び、有権者と対面調査を行った。調査は世界的に定評のある IPSOS 社に委託した。選挙前調査は 2024 年 3 月 12 日から 3 月 31 日にかけて行い、3602 名から回答を得た（回答率 63.8%）。選挙後調査は 2024 年 4 月 20 日から開票前日の 6 月 3 日にかけて行い、選挙前調査の回答者のうち 2300 名から回答を得た（回答率 63.9%）。データの偏りを修正するため、最新の国勢調査である 2011 調査に従って、性別、宗教、年齢、地域（都市／農村）に関してウェイトをかけた。

(1)　ムスリムの投票行動全般

　まず全般的な投票行動を押さえておきたい。全国レヴェルでは、CSDS 調査によれば会議派連合（Indian National Developmental Inclusive Alliance、以下 INDIA 連合）はムスリムの 65％の支持を獲得し、前回 2019 年総選挙と比較して会議派が 5 ポイント、連立政党が 15 ポイント伸ばした。これに対し、NDA 連合は合計で 10％にとどまり、BJP は 1 ポイント減らし、連立政党は 1 ポイント増やした [Ahmed 2024]。ビハール州については、INDIA 連合が 87％で前回より 7 ポイント増やしたのに対し、NDA 連合は 12％で前回より 6 ポイント増やした [Alam and Ranjan 2024]。筆者のビハール州調査では、ヒンドゥー教徒の約 59％が NDA 連合に投票したのに対し、ムスリムの約 62％が INDIA 連合に投票した（表 1）。ムスリムでも 22％強は NDA 連合に投票しているものの、BJP に投票した者は 4.1％しかおらず、モーディー政権に対する反撥を看取することができる。

(2)　自警団による暴力

　次に、第 2 の柱であるヒンドゥー至上主義の新戦略の象徴として自警団による暴力を取り上げたい。ビハール州でも牝牛保護団によるムスリムの殺害は起こっており[7]、筆者の現地調査でも犠牲者が出るには至らなかったものの、イスラームの犠牲祭に関連して緊張が起こった事例を確認することができた [Nakamizo 2020: 83-84]。今回の選挙調査においては「政府は牝牛保護団のような自警団組織に対策を講じるべきである」という命題について、「強く不同意」から「強く同意」までの 5 段階の評価を尋ねた（表 2）。

　まずヒンドゥーとムスリムを比較した場合、ヒンドゥーの方が不同意カテゴリー（「強く不同意」と「不同意」の合計、以下同様）の比率が低く、同意カテゴリー（「同意」と「強く同意」の合計、以下同様）の比率がムスリムよりも高いことがわかる。とりわけ同意カテゴリーは、56.3％と過半数を上回っている。これは牝牛保護団の活動が、屠畜産業に大きな損害を与え、ヒンドゥー農家の収入低下を招いていることの反映だと考えられる。筆者もビハール州の農村で、こ

---

7)　CJP Team, "The lawlessness of cow-vigilantes in North India", Citizens for Justice and Peace, March 9, 2023.（2024 年 9 月 21 日閲覧）　https://cjp.org.in/the-lawlessness-of-cow-vigilantes-in-north-india/

表1 ヒンドゥー教徒とムスリムの投票行動

	BJP	JD(U)	NDA合計	INC	RJD	INDIA合計	その他合計	NOTA	不明／回答不可
ヒンドゥー	28.4%	22.4%	59.2%	7.0%	20.8%	32.4%	3.5%	0.3%	4.7%
ムスリム	4.1%	9.9%	22.2%	32.1%	23.2%	61.9%	6.6%	0.0%	9.4%
合計	23.9%	21.0%	53.2%	11.2%	21.0%	37.2%	3.9%	0.3%	5.5%

出典） 2024 年インド総選挙ビハール州調査。
略号） BJP: Bharatiya Janata Party, JD(U): Janata Dal (United), NDA: National Democratic Alliance, INC: Indian National Congress, RJD: Rashtriya Janata Dal, INDIA: Indian National Developmental Inclusive Alliance, NOTA: None of the Above

表2 牝牛保護団に関する宗教集団別認識とムスリムの投票行動

	強く不同意		不同意		どちらでもない		同意		強く同意		不明／回答不可	
ヒンドゥー	12.1%		7.5%		10.1%		19.9%		36.4%		13.9%	
ムスリム	13.8%		14.3%		17.9%		14.8%		20.5%		18.7%	
支持政党比率（ムスリム）	NDA	INDIA	NDA	INDIA	NDA	INDIA	NDA	INDIA	NDA	INDIA	NDA	INDIA
	3.7%	79.6%	13.7%	77.5%	40.2%	43.1%	24.1%	55.1%	24.7%	61.7%	20.9%	58.4%

出典） 2024 年インド総選挙ビハール州調査。
注） 「政府は牝牛保護のような自警団組織に対策を講じるべきである」という命題に対して「強く不同意」から「強く同意」までの5段階で問うた。「ヒンドゥー」と「ムスリム」は各宗教集団の回答者全体に占める比率であり、「支持政党比率（ムスリム）」とは所与のカテゴリーのなかで与党連合 NDA ないし野党連合 INDIA に投票した比率を示している。例えば、「ムスリム」で「強く不同意」と回答した者はムスリム回答者の13.8%を占め、そのうち3.7%は NDA に投票し、79.6%は INDIA に投票した。
略号） NDA: National Democratic Alliance, INDIA: Indian National Developmental Inclusive Alliance

　れまで牛1頭2万ルピーの値が付いていたのが 5000 ルピーまで下がったと憤慨するヒンドゥー農民に出会った。隣のウッタル・プラデーシュ州では、売れなくなった牛が野良牛となって畑を荒らすことに対する農民の抗議活動が継続して行われている[8]。

　直接に暴力の対象となっているムスリムも、同意カテゴリーが35.3%と不同意カテゴリーの28.1%を上回る。自警団に対する反撥は確かに存在するものの、しかしその差は、ヒンドゥーほどには開いていない。さらに支持政党率に着目すると、いずれのカテゴリーも INDIA 連合の方を強く支持しているものの、

---

8) Vatsala Gaur, "Animal spirits! Stray cattle now a tool to register protests in UP," *The Economic Times*, August 19, 2023.（2024 年 10 月 13 日最終アクセス） https://economictimes.indiatimes.com/news/politics-and-nation/animal-spirits-stray-cattle-now-a-tool-to-register-protests-in-up/articleshow/102842786.cms?from=mdr

不同意カテゴリーの方が支持率が高い。不同意であれば NDA 連合をより強く支持することが想定されるが逆の結果となっているため、この点については今後更なる調査が必要である。

(3)　ジャムー・カシミール州の自治権剥奪

次にモーディー政権 2 期目発足後 2 カ月で実施されたジャムー・カシミール州からの自治権剥奪である。同州に特別の自治権を認めた憲法 370 条の撤廃は、アヨーディヤにおけるラーム寺院の建設、統一民法典制定と並んで BJP が長年にわたり掲げてきた三大課題の一つである。第 1 期には実施に踏み切れなかったが、BJP 単独で 300 議席の大台を超えて政権基盤の安定性が増したことから、2019 年 8 月 5 日に唐突に撤廃を宣言した。同州は、連邦直轄地とされ、現在に至るまで約束された州の地位は回復されていない。前述のように反対運動は強権的に弾圧されている。

本件については、「憲法 370 条廃止はよい政策である」という命題について意見を尋ねた。表 3 が示すように、ヒンドゥー教徒は 45％弱が「強く同意」し、同意カテゴリー全体では 63.1％となっている。これに対し、ムスリムの比率は落ち込み、同意カテゴリーは 31.9％とヒンドゥーのほぼ半分である。逆に不同意カテゴリーはムスリムが 27.1％であるのに対し、ヒンドゥーは 12.2％とムスリムの半数以下に落ち込む。ヒンドゥーとムスリムの対照的な結果は予想通りではあるが、ムスリム回答者のなかでは同意カテゴリーの方が不同意カテゴリーを 4.8 ポイント上回っている。さらに「どちらでもない」は 21.2％とヒンドゥーの倍以上となっている。身の危険を案じて不同意を表明することへの躊躇が働いた可能性がある。政党支持率については、不同意カテゴリーの方が INDIA 連合を強く支持するという想定に沿った結果が出た。

(4)　市民権法改正法

2019 年市民権法改正法は、前述のように宗教的帰属を国籍要件とした独立後初めての法律であることから、将来的に対象が難民から一般市民へと拡大適用される可能性を持つ重要な法律である。とりわけ BJP の宿願である「ヒンドゥー国家」の実現へ向けた制度的布石の第一歩と見なすことができ、それゆえに

表3 J&K 州の自治権剝奪に関する宗教集団別認識とムスリムの投票行動

	強く不同意	不同意	どちらでもない	同意	強く同意	不明／回答不可
ヒンドゥー	6.8%	5.4%	9.2%	18.3%	44.8%	15.4%
ムスリム	15.3%	11.8%	21.2%	10.2%	21.7%	19.7%
政党支持（ムスリム）	NDA INDIA 23.3% 66.7%	NDA INDIA 0.0% 89.1%	NDA INDIA 34.9% 54.2%	NDA INDIA 22.5% 60.0%	NDA INDIA 22.2% 59.4%	NDA INDIA 19.5% 53.3%

出典）　2024 年インド総選挙ビハール州調査。

注）　「憲法 370 条廃止はよい政策である」という命題に対して「強く不同意」から「強く同意」までの 5 段階で問うた。「ヒンドゥー」と「ムスリム」は各宗教集団の回答者全体に占める比率であり、「支持政党比率（ムスリム）」とは所与のカテゴリーのなかで与党連合 NDA ないし野党連合 INDIA に投票した比率を示している。例えば、「ムスリム」で「強く不同意」と回答した者はムスリム回答者の 15.3％を占め、そのうち 23.3％は NDA に投票し、66.7％は INDIA に投票した。

略号）　NDA: National Democratic Alliance, INDIA: Indian National Developmental Inclusive Alliance

表4　市民権法改正法と宗教集団ごとの評価／ムスリムの投票行動

	十分に支持	いくらか支持	どちらでもない	いくらか反対	全く反対	不回答
ヒンドゥー	11.6%	5.6%	1.1%	0.8%	1.9%	79.0%
ムスリム	6.9%	8.2%	3.1%	2.3%	9.2%	70.3%
政党支持率（ムスリム）	NDA INDIA 22.7% 77.2%	NDA INDIA 22.0% 65.7%	NDA INDIA 10.5% 68.4%	NDA INDIA 0.0% 66.6%	NDA INDIA 8.4% 86.1%	NDA INDIA 24.3% 57.1%

出典）　2024 年インド総選挙ビハール州調査。

注）　「2019 年市民権法改正法を支持するか」という質問に対して、「十分に支持（Fully support）」から「全く反対（Fully oppose）」までの 5 段階で回答してもらった。「ヒンドゥー」と「ムスリム」は各宗教集団の回答者全体に占める比率であり、「支持政党率（ムスリム）」とは所与のカテゴリーのなかで与党連合 NDA ないし野党連合 INDIA に投票した比率を示している。例えば、「ムスリム」で「十分に支持」と回答した者はムスリム回答者の 6.9％を占め、そのうち 22.7％は NDA に投票し、77.2％は INDIA に投票した。

略号）　NDA: National Democratic Alliance, INDIA: Indian National Developmental Inclusive Alliance

モーディー政権発足以来の大規模な反対運動が高揚した。2024 年総選挙調査では、市民権法改正法に対する賛否、さらに反対運動に関する賛否を尋ねた。

　まず注目すべきは、不回答率の多さである。「2019 年市民権法改正法を支持するか」という質問に対し、ヒンドゥーで 79％、ムスリムで 70.3％が回答しなかった（表4）。「2019 年市民権法改正法反対運動を支持するか」という問いに対しては、ほぼ同じくヒンドゥーの 79.5％、ムスリムの 70.8％が回答しなかった（表5）。これについては、そもそも、ヒンドゥーの 78.2％、ムスリムの 66％が同法について聞いたことがないと回答していることを考慮する必要がある。ただし、同法をめぐっては、前述した 2020 年デリー暴動、さらに BJP 中

表5 2019年市民権法改正法反対運動と宗教集団毎の評価／ムスリムの投票行動

	十分に支持	いくらか支持	どちらでもない	いくらか反対	全く反対	不回答
ヒンドゥー	8.3%	5.9%	1.9%	1.0%	3.3%	79.5%
ムスリム	5.4%	9.7%	4.3%	0.5%	9.2%	70.8%

	十分に支持		いくらか支持		どちらでもない		いくらか反対		全く反対		不回答	
政党支持率	NDA	INDIA	NDA	INDIA	NDA	INDIA	NDA	INDIA	NDA	INDIA	NDA	INDIA
（ムスリム）	22.7%	77.2%	23.8%	68.5%	10.5%	68.4%	0.0%	100.0%	8.1%	75.7%	24.3%	57.2%

出典） 2024年インド総選挙ビハール州調査。
注） 「2019年市民権法改正法に対する反対運動を支持するか」という質問に対して、「十分に支持（Fully support）」から「全く反対（Fully oppose）」までの5段階で回答してもらった。「ヒンドゥー」と「ムスリム」は各宗教集団の回答者全体に占める比率であり、「支持政党率（ムスリム）」とは所与のカテゴリーのなかで与党連合 NDA ないし野党連合 INDIA に投票した比率を示している。例えば、「ムスリム」で「十分に支持」と回答した者はムスリム回答者の5.4%を占め、そのうち22.7%は NDA に投票し、77.2%は INDIA に投票した。
略号） NDA: National Democratic Alliance、INDIA: Indian National Developmental Inclusive Alliance

央／州政権による運動参加者の執拗な追跡が行われている現状を勘案すると、身の危険を案じ回答を控えたと解釈する余地が十分にある。

そのような限られた状況のなかでの回答ではあるが、まず2019年法（表4）については、支持カテゴリー（「十分に支持」と「いくらか支持」の総和、以下同様）ではヒンドゥーが17.2%とムスリムの15.1%を上回っている。反対カテゴリー（「いくらか反対」と「全く反対」の総和、以下同様）では、ムスリムが11.5%とヒンドゥーの2.7%を大きく上回っている。これ自体は予想された結果であるが、ムスリムに限ると支持カテゴリーの方が反対カテゴリーを上回っている。予想に反する結果ではあるが、前述のように公に反対を表明しにくい状況の下では解釈は難しい。政党支持率では、反対カテゴリーの方が支持カテゴリーよりも強く INDIA 連合を支持しており、予想通りの結果となった。

市民権法改正法反対運動（表5）については、ヒンドゥーについては相反する結果が出ている。支持カテゴリーが14.2%と反対カテゴリーの4.3%を大きく上回っている。これについては更なる調査が必要である。ムスリムについては、支持カテゴリーが15.1%で反対カテゴリーの9.7%を上回っており、これ自体は予想通りの結果と言えるが、市民権法改正法への賛成の方が多かったことを考えると、相反する結果とも言える。ただし、先述のように公に反対を表明しにくい状況の結果とも解釈でき、更なる調査が必要である。ムスリムの政党支持率については、予想通りの結果が出ている。

以上をまとめると、市民権法改正法に関しては不回答者の比率が高いため、限定的な分析しか行えなかった。そのような制約を考慮しても 2019 年法に対する賛否についてヒンドゥーとムスリムの違いは明確に現れている。反対運動についてはヒンドゥーについては更なる調査が必要であるものの、ムスリムについては概ね想定通りの結果が出ていると指摘できよう。

（5）　アヨーディヤにおけるラーム寺院建設

　BJP の宿願であるラーム寺院建設はどのように評価されているだろうか。まず「アヨーディヤにラーム寺院を建立したことは、モーディー首相の偉大な業績である」という命題についての評価を尋ね（表6）、その後、「2024 年総選挙の投票に際し、この争点がどれほど重要か」と問うた（表7）。

　モーディー首相の評価については、ヒンドゥーの 80.1％が同意しており（「強く同意」と「同意」の総和）、ムスリムの 36.3％に大きく差をつけている。逆に不同意カテゴリーについては、ムスリムが 26.6％とヒンドゥーの 14.2％より大きくなっている。これらについては予想通りの結果となった。しかし、ムスリム内部では、同意カテゴリーの方が不同意カテゴリーを上回っており、想定外の結果といえる。とはいえ「強く同意」したムスリムの 84.7％が INDIA 連合に投票しており、モーディー首相への肯定的な評価と投票行動が直接結びついているわけではない。

　この点に関し、ラーム寺院の争点としての重要性を示したものが表 7 である。ヒンドゥーの 80.6％が重要（「大変重要」と「やや重要」の総和）と回答しているのに対し、ムスリムは 45.9％とヒンドゥーの約半数に落ち込む。これに対し、重要でない（「あまり重要でない」と「全く重要でない」の総和）と回答したムスリムは 22.7％だったのに対しヒンドゥーは 9.6％に過ぎない。ヒンドゥーとムスリムの対比については予想通りと言えるものの、ムスリムのなかで「重要」と回答した者が「重要でない」と回答した者を倍近く上回っている。なかでも「やや重要」は最も多い 27.3％となっている。ただし、重要だからといって NDA 連合に投票するとは限らないことは表 7 が示す通りであり、「やや重要」と回答したムスリムのうち 63％が INDIA 連合に投票している。これは「どちらでもない」の 68.1％、「全く重要でない」65.1％に次ぐ比率である。さらに

表6 ラーム寺院建設に関するモーディー首相への評価

	強く不同意	不同意	どちらでもない	同意	強く同意	不明／回答不可
ヒンドゥー	10.6%	3.6%	4.1%	42.9%	37.2%	1.5%
ムスリム	12.8%	13.8%	16.4%	26.1%	10.2%	20.7%
政党支持率（ムスリム）	NDA INDIA 25.5% 54.9%	NDA INDIA 16.7% 72.2%	NDA INDIA 23.5% 67.2%	NDA INDIA 33.1% 44.6%	NDA INDIA 10.3% 84.7%	NDA INDIA 14.6% 59.8%

出典） 2024年インド総選挙ビハール州調査。

注） 「アヨーディヤにおけるラーム寺院の建設はモーディー首相の偉大な業績である」という命題に対して「強く不同意」から「強く同意」までの5段階で問うた。「ヒンドゥー」と「ムスリム」は各宗教集団の回答者全体に占める比率であり、「支持政党率（ムスリム）」とは所与のカテゴリーのなかで与党連合NDAないし野党連合INDIAに投票した比率を示している。例えば、「ムスリム」で「強く不同意」と回答した者はムスリム回答者の12.8%を占め、そのうち25.5%はNDAに投票し、54.9%はINDIAに投票した。

略号） NDA: National Democratic Alliance, INDIA: Indian National Developmental Inclusive Alliance

表7 投票におけるラーム寺院建設の重要性

	大変重要	やや重要	どちらでもない	あまり重要でない	全く重要でない	回答不可
ヒンドゥー	62.9%	17.7%	5.7%	3.3%	6.3%	4.1%
ムスリム	18.6%	27.3%	12.5%	6.6%	16.1%	18.9%
支持政党率（ムスリム）	NDA INDIA 28.7% 52.0%	NDA INDIA 19.4% 63.0%	NDA INDIA 21.2% 68.1%	NDA INDIA 38.5% 57.7%	NDA INDIA 19.1% 65.1%	NDA INDIA 14.9% 66.3%

出典） 2024年インド総選挙ビハール州調査。

注） 「アヨーディヤにおけるラーム寺院の建設は、今回の投票においてどれほど重要か」と問い、「大変重要」から「全く重要でない」までの5段階で回答してもらった。「ヒンドゥー」と「ムスリム」は各宗教集団の回答者全体に占める比率であり、「支持政党比率（ムスリム）」とは所与のカテゴリーのなかで与党連合NDAないし野党連合INDIAに投票した比率を示している。例えば、「ムスリム」で「大変重要」と回答した者はムスリム回答者の18.6%を占め、そのうち28.7%はNDAに投票し、52%はINDIAに投票した。

略号） NDA: National Democratic Alliance, INDIA: Indian National Developmental Inclusive Alliance

「どちらでもない」、「回答不可」がヒンドゥーに比べて桁違いの多さとなっている点も、この争点が持つ政治的機微を示していると考えられる。

おわりに——戦略としての投票行動

　本章においては、インド・ムスリムが民主主義の枠組みのなかで少数派という宿痾をどのように克服しようとしてきたか、その戦略を捉えようと試みてきた。ともすれば「多数の専制」に陥りやすい完全小選挙区制のなかで、代表については過少代表の状態が続き、近年ますますその傾向が強まっている。こう

した状況においても、要票（かなめ）になりうるという利点を生かし、時々の政治状況に応じて支持政党を変えてきた。独立以降の下院選挙結果が示すように、ムスリムの生存を脅かす状況が生じた場合、現職への批判票がインド政治の変化を引き起こす影響を持つこともしばしばであった。

2014 年総選挙によって成立したモーディー NDA 連立政権は、これまでインドが国是として掲げてきた世俗主義を根底から切り崩し、「ヒンドゥー国家」実現へ向け着々と制度化を進めている。とりわけ、2019 年総選挙で再選されて以降、2019 年市民権法改正法に象徴されるように「インド国民」を作り替えようと試みている。政権の中枢である BJP にムスリム国会議員が一人もいない状況のなかで、ムスリムにとっては要票（かなめ）として自らの生存を最大限確保することが求められる状況がある。

筆者が実施した 2024 年総選挙ビハール州調査では、ムスリムの生存に関わる主要争点につき、牝牛保護団に関する対策ではモーディー政権に対する批判がより強く表明されたものの、ジャムー・カシミール州の自治権剥奪、2019 年市民権法改正法、ラーム寺院建設に関するモーディー首相への評価については批判よりも賛同の方がわずかではあるが上回った。解釈は難しいが、市民権法改正法を除き、いずれも「どちらでもない」「不明／回答不可」の比率がヒンドゥーの回答者を上回ったことを考えれば、政治的な機微に触れる問題への回答を差し控えた可能性は十分にある。市民権法改正法については、不回答者が 70.3％ に上るので、そもそも回答の有効性に限界がある。ただし、いずれの争点に関しても、モーディー政権の政策を支持すると回答した者であっても、その多くは野党連合の INDIA 連合に投票している。

2024 年総選挙は、前回の 2019 年総選挙と比較してより多くのムスリム票が INDIA 連合に結集し、BJP／NDA 連合退潮の一因となった。少数派にとって民主主義は「多数の専制」に陥りかねない危険性を持つが、使いようによっては自らの権利を守る手段にもなりうる。インド・ムスリムは 75 年に及ぶインド民主主義の実践のなかでこれを示してきた。彼らの努力は、民主主義の可能性を広げるという意味で、インドに限らず、世界的にも大きな意義を持つであろう。

参考文献

小牧幸代 2003「英領インド期のセンサスと宗教」小谷汪之編『現代南アジア5 社会・文化・ジェンダー』東京大学出版会

近藤則夫 2015『現代インド政治——多様性の中の民主主義』名古屋大学出版会

ジャラール、アーイシャ 1999(1985)『パキスタン独立』井上あえか訳、勁草書房

中里成章 2008『インドのヒンドゥーとムスリム』山川出版社

中溝和弥 2012『インド 暴力と民主主義——一党優位支配の崩壊とアイデンティティの政治』東京大学出版会

——— 2015「グローバル化と国内政治——グジャラート大虐殺と「テロとの戦い」」長崎暢子・堀本武功・近藤則夫編『現代インド3 深化するデモクラシー』東京大学出版会

——— 2020「コロナ禍と惨事便乗型権威主義——インドの試練」『国際問題』697: 15-26

——— 2022「インド・パキスタン——民主主義と権威主義の分岐点」粕谷祐子編『アジアの脱植民地化と体制変動——民主制と独裁の歴史的起源』白水社

——— 2023「宗教国家への道——モーディーの静かな権威主義革命」『東亜』676: 2-11

——— 2024「インド モディの権威主義革命——新しい暴力と「服従の政治」」『外交』83: 60-65

レイプハルト、アレンド 2014(2012)『民主主義対民主主義——多数決型とコンセンサス型の36カ国比較研究』[原著第2版]、粕谷祐子・菊池啓一訳、勁草書房

Ahmed, Hilal. 2024 "CSDS-Lokniti post-poll survey: The three main takeaways," *The Hindu*, June 7, 2024.(2024年10月13日閲覧) https://www.thehindu.com/elections/lok-sabha/csds-lokniti-post-poll-survey-the-three-main-takeaways/article68260477.ece

Alam, Sanjeer and Rakesh Ranjan. 2024 "CSDS-Lokniti post-poll survey: NDA holds its ground in Bihar but vote share dips," *The Hindu*, June 8, 2024.(2024年10月13日閲覧) https://www.thehindu.com/elections/lok-sabha/csds-lokniti-post-poll-survey-nda-holds-its-ground-in-bihar-but-vote-share-dips/article68263266.ece

Ansari, Iqbal A. 2006 *Political Representation of Muslims in India 1952-2004*, New Delhi: Manak Publications.

BBC. 2023 *India: The Modi Question*, vol. 2（邦題『インド モディの真実』第2巻、丸善出版、2023）.

Beg, Mirza Asmer. 2024 "The Decline of Muslim Legislative Representation and Its Consequences," *The India Forum*, September 2, 2024.(2024年10月13日閲覧) https://www.theindiaforum.in/politics/decline-muslim-legislative-representation-and-its-consequences

Brass, Paul R. 1994 *The Politics of India since Independence*（second edition）, New Delhi: Cambridge University Press / Foundation Books.

Brown, Judith M. 2004 *Nehru: A Political Life*, New Delhi: Oxford University Press.

Chhibber, Pradeep and Rahul Verma. 2019 "The Rise of the Second Dominant Party System in India: BJP's New Social Coalition in 2019," *Studies in Indian Politics*, Vol. 7, no. 2: 131-148.

Dhattiwala, Raheel. 2019 *Keeping the Peace: Spatial Differences in Hindu-Muslim Violence in*

Gujarat in 2002, Cambridge: Cambridge University Press.

Jaffrelot, Christophe. 1996 *The Hindu Nationalist Movement and Indian Politics 1925 to the 1990s-Strategies of Identity-Building, Implantation and Mobilisation (with special reference to Central India)*, New Delhi: Viking.

――――. 2021 *Modi's India: Hindu nationalism and the rise of Ethinic Democracy*, New Jersey: Princeton University Press.

Jaffrelot, Christophe and Gilles Verniers. 2020 "A New Party System or a New Political System?," *Contemporary South Asia* 28: 2, 141-154.

Nakamizo, Kazuya. 2020 "Dismantling Democracy: The 2019 Indian General Election and the Formation of the 'BJP system'," *Asian Studies*, Vol. 66, No. 2, 76-92.

――――. 2021 "The Politics of Obedience: The BJP System and the 2020 Bihar State Assembly Election," *Asian Studies*, Vol. 67, No. 2, 40-57.

――――. 2023 "Vigilantism and the Making of 'New India': Changing Strategies in Hindutva's Repertoire of Violence," in Kim, Chanwahn and Misu Kim (eds.), *Great Transition in India: Issues and Debates*, Singapore: World Scientific, 7-32.

――――. 2024 "From Silent to Authoritarian Revolution: Modi, Hindu Rashtra and the Paradox of Indian Democracy," *The Journal of Indian and Asian Studies*. DOI: https://doi.org/10.1142/S2717541324400126, https://worldscientific.com/doi/full/10.1142/S2717541324400126?srsltid=AfmBOooOe1lRkI8-nLqpdkGxPz08FV333R2-9b-_woj76QmxIHeJ9gwf

Saberwal, Satish. 2010 "On the Making of Muslims in India Historically," in R. Basant and A. Shariff (eds.), *Oxford Handbook of Muslims: Empirical and Policy Perspectives*, New Delhi: Oxford University Press: 37-67.

Yadav, Yogendra. 1999 "Electoral Politics in the time of Change: India's third electoral system, 1989-99," *Economic and Political Weekly*, August 21-28, 1999: 2393-2399.

――――. 2004 "The Elusive Mandate of 2004," *Economic and Political Weekly*, December 18, 2004: 5383-5398.

Zakaria, Fareed. 1997 "The Rise of Illiberal Democracy," *Foreign Affairs*, Vol. 76, No. 6: 22-43.

第 7 章

ムスリムNGOによる信頼と
コネクティビティの再構築

アヌプリヤー・シャルマー／マリー・ラール
山根 聡 監訳

はじめに

　インドの総人口は 2023 年には 13 億 9300 万人となり、中国を抜き、世界で最も人口の多い国となると見込まれている。またインドは、インドネシア、パキスタンに次いで世界で 3 番目のムスリム人口を擁し、その数は 2 億人と推定されている（2011 年の国勢調査[1]では国民の 14.2％にあたる 1 億 7200 万人がムスリムと認定されていたが、現在はそれより増加していると推定される）。独立した当時のインドは、ヒンドゥー教徒が多数を占めながらも、あらゆる宗教の国民が混在する世俗的な国と考えられていた。しかし、1990 年代初頭の新自由主義的経済改革以降に起こったヒンドゥー教のナショナリズムの台頭により［Lall and Anand 2022］、政策レベル、そして市民権レベルでの組織的な差別が生じた。本章では、NGO、特にムスリムの NGO が、インド国内の共同体間の信頼とつながりを（再）構築する上で果たした役割について考察する。

1　研究の背景

(1)　ネルーからモーディーに至るインド政治の変遷

　1947 年の独立に際して、インド国家の父であるネルーは、統一された国家として活動し、すべての人に平等をもたらすことが期待される新しいインドの

---

1)　インドは 2021 年に国勢調査を実施する予定だったが、新型コロナの影響で延期された。

建設に着手した。独立したてのインドはまた、国家のアイデンティティを定義する必要もあった。インドにとっては、その「アイデンティティ」を、近代的な民主主義と寛容さを備えた国家、すなわち他の脱植民地化国家のモデルとなるような国家を作るという目標に沿って構築することが課題であった［Adeney and Lall 2005］。ネルーは、内政・外交政策における他の理想主義的な見解と同じく、新しいインドのアイデンティティの基盤となりうるただ一つのものは、独立時にインドにいたすべての人々を含めた、共有された歴史的過去であると固く信じていた［Lall 2001］。インドの社会には、言語、宗教、民族などの違いから、国民統合のための共通の基盤がほとんどない。しかし、国民や民族主義運動の統合、そしてそこから共通の道を歩む一つの国家を作ることは、ネルーの最優先事項の一つであった。そのため彼は、世俗主義の問題をめぐって多くの仲間が反対したにもかかわらず、「共同体は、国民アイデンティティの本質的な部分である」［Brown 2003: 185］と考え、市民の、領土的に定義された国民アイデンティティを選択したのである。ネルーは、ジンナーの二民族論をはっきりと否定し、またインドが宗教的共同体の間で不可逆的に分裂しているというイギリスの見方も否定した［Metcalf 1994］。インドが宗教上の理由で分断されたことで、インドはヒンドゥー教の国家であるべきだという考え方にある程度の信憑性が生まれ、海外も含め、ヒンドゥー教徒やスィク教徒の特権化を望む支持者がいたが［Rodriguez 2005］、依然として世俗主義が優勢だった。ネルーの社会主義的な信念は、国民アイデンティティの形成に対する彼の態度に影響を与え、彼は、言語、宗教、カーストに基づくアイデンティティが、近代化が始まるとともに消失していくことを望んだ［Brown 2003］。ネルーのビジョンは、アイデンティティの議論から宗教、民族、言語を排除することで、インド憲法に正式に記録された。そして40年以上にわたって、インドの国内および国際政策は、ネルーのビジョンを反映してきた。その後、インディラ・ガーンディーが議会党の舵を取り、2年間の非常事態の間も含めて国を率いていくなかで、いくつかの変化があった。そうしたなか、ネルーの理想主義は、その輝きをやや失ったこともあった。しかし、ネルーが掲げた「道徳的かつ非同盟的な外交政策に基づき、経済的に自立した世俗的な民主主義国家を目指す」というビジョンを、インドは概して忠実に守り続けていた。

インドの政治に最も大きな変化があったのは、経済破綻が迫っていた1990年代前半の新自由主義経済改革のときであった。結果として、ヒンドゥー民族主義を掲げるBJP（インド人民党）が台頭し、1990年代後半に小党連合を率いて政権を獲得、10年間の中断を経て、2014年にナレンドラ・モーディーのリーダーシップのもと再び当選を果たした。BJPの国家アイデンティティの概念は、ネルーのそれとは根本的に異なる。何十年もの間、世俗主義に対する強い政治的挑戦は、BJPを政党とするラーシュトリア・スワヤムセバク・サング（RSS）、ヴィシュヴァ・ヒンドゥー・パリシャド（VHP）、シヴ・セーナーといったグループに代表されるヒンドゥー教右派の政治によって行われてきた。このヒンドゥー教右派は、世俗主義を、マイノリティの宥和政策、主にムスリムの宥和政策、ヒンドゥー教徒の服従政策と常にとらえていた。ナショナリストたちの言い分は、インドはヒンドゥー教徒が大多数を占める国であり、したがってヒンドゥー教徒がインドの国家と市民を構成し、インドに対する第一の権利を持っているというものである。多数派政治支配の概念は、民主主義の名の下に正当化され、多数派であるヒンドゥー教徒が国の舵取りをする権利があるということを意味している。

(2)　イスラモフォビアの台頭──制度的差別と共同体の暴動

　ムスリムに対する差別はBJPが率いる政府から始まったわけではなく、過去70年にわたり、ムスリム市民はヒンドゥー市民よりも劣勢に立たされてきたということに注目することが重要である。ムスリムに対する制度的および体系的な差別は、サルシャール報告書（2006年）のなかで強調され、他の問題のなかでも、アクセスや識字率に関する教育政策の変更は、指定カースト（SC）および指定部族（ST）に有利であり、ムスリムは取り残されていると結論づけられた。ムスリム共同体は均質ではなく、州によって、またムスリムのなかでも大きな差があるにもかかわらず、報告書は次のように結論づけている。「ムスリムは、検討したほぼすべての指標において、指定カーストや指定部族よりやや上だが、ヒンドゥーOBCs（Other Backward Classes：その他後進階級）、その他のマイノリティ、ヒンドゥー教徒一般（主に上位カースト）より下である。（中略）『開発赤字』に加えて、ムスリムの間では、自分たちは差別され排除されていると

いう認識が広まっており、それが問題をさらに悪化させている」[Sachar et al. 2006: 237]。

　一般市民全体のイスラモフォビア（イスラーム恐怖症）も、2015年にモーディー政権が誕生する以前から増加傾向にあった。1985年のシャー・バーノー事件は、議会政府がムスリムとヒンドゥーの両共同体における見解の対立を監督したケースである [Mody 1987]。インドでは数十年にわたって、共同体同士の緊張から共同体間の暴動に発展することもあった。内務省のデータでは、1968年から1980年の間に3949件もの共同体間の暴力事件が発生している [Brass 2005]。これらの共同体同士の暴動の多くは、アリーガル暴動（2006年）、ドゥール暴動（2008年）、デガンガ暴動（2010年）、バーラトプル暴動（2011年）、アッサム暴動（2012年）、ムザッファルナガル暴動（2013年）など、議会政府の監視の下で起こった [Rao 2014]。それでもなお、BJP政権は共同体間の暴動は起きていないと主張しているものの、共同体間の暴力の発生率は2015年に17％、2017年に28％増加しており [Sharma 2016; Mallapur 2018]、小さな事件が、頻度の少ない以前の大きな暴動と同じだけの命を犠牲にしているのである [Deshmukh 2021]。議会が中央で政権を握っていたにもかかわらず、多くの大規模な暴動もヒンドゥートゥヴァ運動とリンクしていた。1992年に、アヨーディヤにあった16世紀のバーブリー・マスジドが破壊され、ラーム寺院が建設されたのは、インド社会におけるムスリムの地位に疑問を抱いていたヒンドゥー民族主義組織の一斉攻撃によるものであった。モスクの破壊は、インドの政治的な道筋にその後長きにわたって影響をもたらした [Roy 1992]。当時は多くの人が異常事態と見ていたが、2020年にはモスク跡地にラーム寺院が完成した。それから約30年後、RSSとBJPはバーブリー・マスジドの破壊とラーム・ジャナムブーミー（生誕地）を利用して、ヒンドゥー教徒に帰属意識を持たせることに成功した[2]。例えば、牛を運ぶムスリムを殴って殺害する牛の自警団や、いわゆる「愛のジ

---

2)　「BJPは、ラームをシンボルとして、すべてのカーストをその旗の下に集結させた。バーブリー・マスジドのある場所にラーム寺院を建設する計画を立て、インドの5000以上の村にレンガを寄付するよう呼びかけた。そして、これらの寄付されたレンガを村や、町や、都市から行列の形で持ち出す計画を立て、ヴィシュワ・ヒンドゥー・パリシャドの助けを借りて、ハリドワルのダルム・サンメーランが決めた吉日に何千人もの「カスヴァク」を動員することも計画した」[Engineer 1991: 1649-1652]。

ハード」を撲滅するために男性がムスリムのカップルを殴る「反ロミオ」部隊など、非ムスリムによるムスリムに対する暴力行為が増加している［Lall and Anand 2022］。2020 年には、あらゆる宗教の、CAA（インド市民権改正法）に反対する抗議者が殴られ、BJP の政治家が暴徒を率いてムスリムの居住区で放火や殺人を犯した［DMC 2020］。

(3) 政府の方針

この 30 年間で、ムスリムの地位は大きく変化し、イスラモフォビアは「日常化」した［Deshmukh 2021］。世論の態度の変化により、2 期目の BJP モーディー政権は、開発の美辞麗句をほとんど取り下げ、代わりに共同体の目標に焦点を合わせることができた。例えば、2019 年のカシュミール州の地位変更、アッサムでの国民登録簿（NRC）の展開、2019 年のアヨーディヤのラーム寺院の落慶と市民権改正法（CAA）、すなわち近隣諸国の非ムスリムを短縮化した手順でインド市民として取り込んでいく法律の施行が挙げられる。これらの変化が今度は広く受け入れられ、ムスリムやその他のマイノリティに対する攻撃が増加する結果となった［Pandey 2021; Chaudhury 2020; Aswani 2021］。

これら 3 つの政策は、いずれもインドのムスリム市民に不相応な悪影響を及ぼしているが、共同体間の暴動こそが恐怖の源であり、しばしば警察を頼れないことから、自分たちを守ることができない家庭を放逐する結果となる。被害を受けている人たちの唯一の頼みの綱が、他の市民によって運営されている NGO であることも珍しくない。本章では、インドの複数の NGO、および彼らによる共同体間の信頼関係を（再）構築するための活動を紹介する。

2 研究の目的

(1) 非政府組織（NGO）——インドの社会・政治構造の第 3 の側面

歴史的に、インドの NGO は、非主流の社会集団と国家との間のギャップの橋渡しをする「触媒作用」という重要な役割を担ってきた［Naqvi 2017: 6］。中世以来、インドの文化にはボランティア活動（「シュラマダーン」としても知られる）が深く根付いているという話がある。19 世紀末から 20 世紀初頭にかけて

起こった、民族主義的な自由運動をきっかけにして、マハートマ・ガーンディーはボランティア活動の発展を促した[Yesudhas 2019]。独立前、このボランティア集団は、植民地国家や、サティ(寡婦殉死)、不可触、非識字などの社会的・文化的悪に対して反旗を翻す大規模な非国家運動の一部であった[3]。そして国家の独立とともに、かつてこの非国家運動に参加していた多くの議会指導者たちが、新しく形作られた国家の一員となったのである。一方で、その後インド政府はボランティアによる非国家運動に対して一定の制限[4]を加え、さまざまな社会的・文化的開発活動を直接担うようになった[PRIA 2001]。

　非政府組織の役割は、国家が主導する公平な開発と成長の夢が消失しつつあった1960年代後半に、再び脚光を浴びることになった。学者や社会科学者が、国家主導、エリート主義、技術主義的な開発モデルに異論を唱え、政党によらない政治・社会改革を提唱する場を設けたのである[Joseph 2002]。非常事態が宣言された1975年に、インドの政治と社会はそれまでにない変化を遂げ、その影響はNGOにも波及していった。非常事態は、議会党に代わる政治的な選択肢を生み出したのみならず、市民が社会生活に参加することで社会的・政治的責任を負うことを市民に促した[Oommen 2008]。1975年から77年にかけては、特に政府の正当性に疑問を持つ非政党的な政治活動への一般市民の参加を通じて、人々の運動は活発になった。ボランティア団体への海外からの資金提供が扇動の要因であると考えた政府は、1976年に外国貢献規制法(FCRA)を制定した[Yesudhas 2019]。1976年に制定されたFCRAは、インドのさまざまなボランティア団体や非営利組織の海外からの資金調達を規制しようとするものであった。FCRAの主たる目的は、海外から送られる資金の資金源、資金を受け取った組織の種類、資金が使われた分野や領域を国が監視できるようにすることであった[PRIA 2001]。それ以来、FCRAはさまざまな政権によって、自分たちの方針に対抗する組織や、反国家的な問題の動員や提唱に取り組む組織をブロックするために利用されてきた。

---

3)　この時代には、キリスト教の布教活動も盛んになり、健康、教育、農業などの分野で、インド全土に文化的な改革が行われた。

4)　制限があるにもかかわらず、キリスト教伝道所、サルヴォダヤ、ガーンディー組織などの宗教組織の機能は、この時代にも継続した。最初の2つの5カ年経済計画では、3億ルピー以上がインドのボランティア組織に分配された[Sen 1993]。

1980 年代後半に冷戦が終結し、政治イデオロギーとして新自由主義が台頭すると、「最小限の国家（minimalistic state）」というモデルが注目され、政府は社会福祉プログラムを大幅に削減するようになった［Yesudhas 2019］。1990 年代に入ると、国連機関、IMF、世界銀行などの国際機関は、「国家の福祉における負担を大幅に軽減する」ために NGO に依存するよう、インドなどグローバル・サウスの国々に助言した［Government of India 2002］。このような経済の自由化は、ポスト・コロニアルの国家中心の統治モデルと、不偏不党の非政府組織との間の関係に変化をもたらした。公共の利益と個人の利益の関係が再定義される一方で、さまざまな国際機関が、市場や政府によって生み出されたギャップを埋めるべく、開発、権利問題、政策、アドボカシー問題に関するプロジェクトに貪欲に資金を振り向けた［Down to Earth 2011］。ダウン・トゥ・アース（2011 年）のサードセクターに関する報告書で紹介されたインド中央統計局のデータによると、1990 年代から 2000 年代初頭にかけて、インドでは新規 NGO の設立が 70％ も増加し、NGO の結成は急成長を遂げている。その結果、NGO の資金は着実に増加し、政府の役割は規制的なものに限定される一方で、NGO はガバナンス、人権、民主主義の問題へと参入することになった。現在の NGO は、ガバナンスと開発における第 3 極となり、今や市民社会に対して政府の説明責任を果たす番人となっている［Yesudhas 2019］。

　1993 年のボンベイ暴動や、2002 年のゴードラー暴動、さらにバーブリー・マスジド取り壊しをきっかけに、インドでは共同体や共同体間暴力の犠牲者とともに活動する NGO が増加した。そこから見えてきたのは、開発路線の NGO と、「アクティビズム」路線[5] の NGO の明確な棲み分けだった。抗議やアドボカシー、訴訟などを通じて、活動家路線の NGO は過去 30 年にわたって、インド市民の政策、社会の正義、市民問題に介入し、影響を与えようと努力してきた。政府は NGO が享受する財政的自由を決して喜ばず、特に活発に活動する NGO が政府の公式な政策に反対する分野で活動する場合、しばしばその開

5）　インド政府は、開発アジェンダの中心となる計画に反対する活動家路線の NGO に対して、しばしば厳しい態度をとってきた。例えば、2011 年の UPA 政権は、アンナ・ハザレが数カ月にわたって行った反汚職抗議活動を取り締まり、ロクパル法案を押し付けた。2014 年以降の BJP 政権は、マイノリティの権利のために戦い、政府の責任を問うさまざまなジャーナリスト、活動家、学生を拘束している。

発または政策に基づく活動に干渉してきた。本章では、4つのNGOがインドのムスリム共同体と活動する際の苦闘と戦略の理解に努める。

(2) 方法論

　本章のデータは、質的研究の手法を用いて収集した。研究のデザインは、複数のケーススタディ・アプローチをとっている。ケーススタディにはさまざまな定義があるが、本研究に最も適しているのは、Yin［2009］による定義であり、一つ一つのケーススタディにおける文脈の独自性の重要性を認識し、参加者の日常生活という特定の現象を反映し解釈する、多重かつ多層の研究デザインである。本章では、組織を、次の2つの基準に基づく有意抽出法によって選定した。第1に、インドのマイノリティ共同体、特にムスリム共同体と協力している組織であること。第2に、この研究の一部になることを進んで志願する組織であること、である。私たちは、個人的・職業的なつながりのある、インド各地でムスリム共同体と協働する11の組織を最終候補に挙げ、コンタクトをとった。時間的な制約と研究テーマの繊細さから、3つの組織と1人の個人のみが研究に参加することに同意した。データは、3つの組織のそれぞれの代表者と1人の個人に、Zoom通話による半構造化インタビューを行い、深く掘り下げた形で収集した。データは倫理的に収集され、その個人との信頼関係を築き、インタビューの音声を録音することに口頭で同意を得て、このプロセスを通じて匿名性を確約した。

　インタビューは、各団体の設立理由や活動方針、ムスリム共同体内でのつながりや信頼を築くために団体が行っているさまざまな介入の方法と、その際に直面している困難について理解できるように設計されている。インタビューで収集したデータを分析し、これらの組織が、インドのムスリム共同体と他の共同体の両方につながりを作り、信頼と信用を構築するために使用する新たな戦略を分析・研究した。

3　NGO とその活動

（1）　背景と文脈の設定

　この調査のためにインタビューした組織のほとんどは、過去 30 年の間に国全体に波及した 1 つまたは複数の大規模な共同体による暴動に対するイデオロギー的、法的、社会的反応として設立されたものである。非政府組織の政治的・社会的関与を再編成した主な出来事として、まず 1992 年のバーブリー・モスク取り壊しの余波を受けて発生した 1993 年のボンベイ暴動があった。続いて、2002 年のゴードラーに始まり、グジャラート州全体に広がった陰惨な共同体間の暴力、そして最後に、2014 年のモーディー政権の誕生と、上記の政策や憲法改正を踏まえ、握りつぶされた共同体間の多くの暴力が挙げられる。

　組織 1 は、インドの共同体間の調和、人権、ムスリム女性の権利のために何十年にもわたって活動してきたイスラーム学者、哲学者、活動家によって 1993 年に設立された。主にマイノリティに対する固定観念を取り払い、認知を広めるために活動している組織 1 は、インド国内の 10 以上の州で活動している。組織 2 は、2002 年にグジャラート州ゴードラーで起きたムスリム・マイノリティの殺害とレイプに対するイデオロギー的反応として、社会運動家たちと、学問・芸術・音楽のバックグラウンドを持つ創立評議員たちによって設立された。彼らの最初の仕事は、共同体の暴動の被害者のリハビリテーションや法的・社会的支援を行うことであった。この 20 年間で、組織 2 は全国のほぼすべての州にその範囲を広げ、インドについて同じ考えを持つ 1 万以上の NGO の連帯グループを作り上げた。組織 3 は、女性の権利活動家によって 2007 年に設立され、インドのムスリム社会のなかでも、最も困窮し、脆弱で、過小評価されたグループであるムスリム女性の権利に取り組む組織であるという。同団体は、2019 年からインドでトリプル・タラーク[6] の犯罪化に向けて先駆的な貢献をしてきた。この研究の一環として、私たちは合計 4 回のインタビューを実施し

---

[6]　トリプル・タラーク（Talaq-e-Hasan）とは、インドのムスリムの男性が行う離婚の慣習で、3 カ月間にわたって口頭でタラークを宣告することで、夫婦は相互に離婚したとみなされるものである。さらに男性が、女性や子供に対する責任を負うことはない。

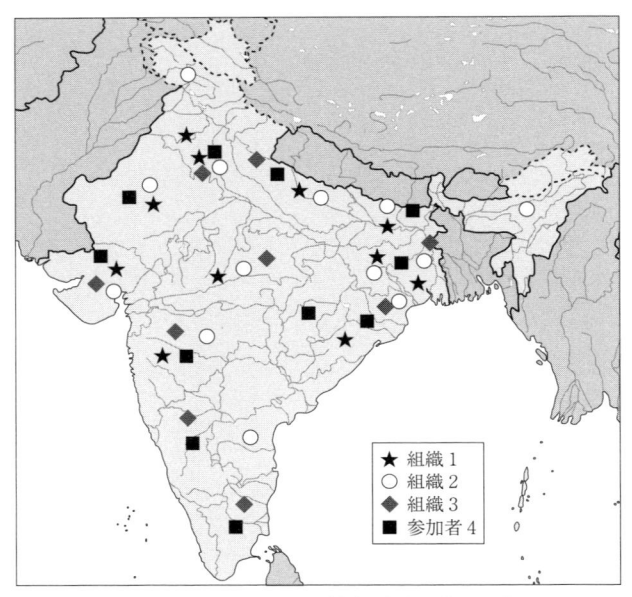

た。インタビュー
のうち3回は、上
記の組織で指導的
立場にある人たち
との間で行われた
もので、参加者1、
2、3と呼ぶこと
とする。参加者4
は、20年以上に
わたってエンジニ
アの教育を受け、
学者として活躍し
てきたが、個人的
な立場で常に社会
活動に携わってき
た人物である。し

図1 インドにおける社会活動組織の分布

凡例:
- ★ 組織1
- ○ 組織2
- ◆ 組織3
- ■ 参加者4

かし、1993年のボンベイ暴動をきっかけに、仕事を辞め、インド国内の共同体の調和、平和、民主主義を再建するための社会活動家としてフルタイムで活動することを決意した。彼は現在、全国で3つ以上の組織に指導的立場で関わり、20以上の組織に顧問的立場で関わっている。図1は、3つの組織と4番目の参加者がインド全土で活動する範囲を示したものである。

(2) 組織の介入と活動原則

　本項では、ムスリム共同体内やヒンドゥー・ムスリム共同体との信頼、信用、つながりを構築するために、組織や参加者が行ったさまざまな介入やプログラムについて説明する。そして次節においては、これらの組織がインドのムスリム共同体と協働するために実施した創発的な戦略のいくつかを議論する。

　1992年以降の組織1の最初の仕事は、共同体による暴力の一端を担ったさまざまな利害関係者との協働に重点を置くことであった。彼らはムスリムだけに焦点を当てるのではなく、両方の共同体の学生、警察、ジャーナリスト、弁

護士、女性、政治・社会活動家など、さまざまな社会的ステークホルダーと協力した。彼らの焦点は、共同体間の暴力の背後にある理由を明らかにすることであった。方法としては、影響を受けた地域でのワークショップやセミナーを通じて「神話」を否定し、共同体間の暴力の理由やインドの過激派政治グループの歴史を理解してもらうための簡便な資料を提供した。こうしたワークショップの目的は、相手の共同体に関する偏見のない事実を提供し、互いのなかに共感と連帯を呼び起こすことであった。参加者 1 は、さまざまな社会的なステークホルダーと仕事をする理由について、次のように説明した。

> 「……暴動の後、私たちはその地域の警察と協力します。多くの警察官はマイノリティ共同体に対して偏見を持っているからです。……彼らは、「なぜムスリムはこんなに残酷なのか」などの質問を私たちに投げかけます。私たちは「複層的文化」について話し、アラビア語でクルアーンを読む以外は、インドのムスリムは、食べ物や習慣や言葉の上で、アラブ人よりもあなたと共通点が多いのだということを説明します。……」

過去 30 年間、組織 1 は、かつて共同体の暴力の舞台となった町に多くのピースセンターを設立してきた。これらのピースセンターの目的は、平和と憎しみの間をつなぐ糸として平和活動家の中核となる人々を育成することである。彼らの目的は、ヒンドゥーとイスラームの両共同体がセンターに集まり、互いの祭りを祝い、文化、言語、地域の慣習の根底において、両共同体に多くの共通点があることを認識してもらうために、毎年文化プログラムを開催することである。ピースセンターは、両共同体、特にムスリム共同体の女性のエンパワーメントの場でもあった。女性たちが自助グループを運営し、経済的な自立をするためのスペースを作り出したのである。これらのセンターでは、女性たちがインド憲法に基づく市民権、政治における権利、ジェンダーに基づく権利と自由について学ぶために、さまざまなワークショップを開催した。組織 1 が始めたその他の介入策としては、ムンバイ市内の大学に通う学生を対象としたダイバーシティ・ウォークがある。このウォークは、学生たちが街中の日常的な（見慣れた）場所を歩き、その歴史を分析し、彼らにインド文化の相互に絡み合った複層的な性質を説明するものである。その目的は、純粋に何か一つの存在によって作られるものは何もなく、ほとんどのものがインターセクショナリテ

ィ（交差性）の産物であることを理解することである。現在は、憲法、民主主義、インド政治史のほか、カシミール地方の現状、市民権改正法、学問の自由など、議論を呼ぶテーマについて、各界の専門家を招いて全インドでさまざまなウェビナーを開催している。

　組織2は、2002年にグジャラート州ゴードラーで起きた共同体の暴動に対する政治的・社会的反応としてスタートした。組織2は、この国の民主主義と世俗主義を支持する集団的な声を伝える。現在では、全国に1万を超えるNGOが所属している組織である。同組織は当初、ムスリムが大半を占める集団暴力の被害者に、法的・社会的支援を提供することを中心に活動していた。彼らは、被害者たちが正義を得ることを支援するのみならず、他の市民権や土地の権利のためにも活動した。これと並行して、教師、退職した警察官、公務員など市民社会から著名な陪審員を招いて、ヒンディー語で「ジャンスヌヴァーイー」とも呼ばれる人民裁判を実施し、共同体間暴力の被害者に社会正義を実現しようとした。現在は、民主主義、世俗主義、人権、アドボカシーをテーマに、他のNGO職員や個人の活動家、学生、女性、若者を対象としたトレーニングを中心に活動している。また、女性のエンパワーメントのために、インドのメワール地方で「アジュヴァディ・ヴァテ（光に向かって）」などの特別プログラムを実施している。経済的・文化的に遅れた地域では、少女や女性（特にアーディヴァースィー（先住民族）やムスリムの女性）を対象に、手織りや仕立てなどさまざまな技術を身につけるプログラムを実施している。同様の女性向けのプログラムはまた、ビハール州、ジャンムー・カシミール州、西ベンガル州でも実施されている。その目的は、女性たちが経済的に自立し、市民権や人権を意識するようになることである。また、共同体による暴力や紛争の影響を受けている地域で事実調査を行うジャーナリストや活動家の幹部を育成することにも取り組んでいる。共同体による暴力の背後にある本当の理由を調査して明らかにし、ソーシャル・メディア放送や記事を通じて紛争中の連帯と愛の物語を広めてもらうためである。被害者たちを社会正義に近づけるような事実を提供することが、この次の引用にあるように、活動家たちの最大の目的なのである。参加者2（組織2の代表）は、事実認定という危険だが必要な作業について、こう述べた。

「憎しみに打ち勝つ愛の物語を見つけることは、私たちのチームにとって困難で危険な仕事である。しかし、私たちは、平等のための戦いのなかで、あなたのために、あなたに寄り添っているヒンドゥー教徒がいることを示すことによって、マイノリティの人々に自信を持たせるよう努力している」

2007 年に設立された組織 3 は、インド社会全体においてのみならず、ムスリム共同体のなかでも、ムスリム女性が最も疎外されている人々であるととらえている。（組織 3 の代表）によれば、ムスリム女性が直面する多くの問題は、大規模なフェミニスト組織や国内の「世俗的」な政府[7]（議会と UPA 連合）によって、組織的に見過ごされてきたという。2006 年のサルシャール報告でさえ、ムスリム女性が特に不利な立場にあるととらえておらず、教育、生活、法改正、安全、健康に対する権利を開発計画案に含めなかった。この団体は、そのような権利のために活動する道を追求し、ムスリム女性のための政策や日常生活に影響を与えることを望んでいる。過去 15 年にわたり、彼らの活動は、主にさまざまな社会的弱者[8]である女性の組織化、エンパワーメント、能力開発であった。その活動は、ムスリム家族法の改革から、健康、教育、治安、生活の問題に至るまで、多岐にわたっている。この組織は、インドでトリプル・タラークを犯罪とみなした大きな勢力の一つであり、欠陥のある差別的な慣習からムスリム女性を保護する後押しをしたのである。彼らは、シャリーアの家族法に沿って結婚や離婚などさまざまな儀礼を行うことができる法官を目指す女性を育成するための、特別なワークショップを実施している。

この記事を書いている現在、インド全土で 20 人以上の女性法官が活躍しているという。このことは、ムスリム家族法の下で合理的で法的なサポートを得ながらも疎外感を感じていたムスリム女性たちに、大きな信頼感をもたらした。また同組織は、若者や女性を対象に、クルアーンの読み方やその裏にある本当の意味を理解するためのワークショップも開催している。現在、組織 3 は、統

一民法に抗議して、シャリーアの法的成文化を要求する活動を行っている。この組織は、権利に基づくアプローチを通して、イスラームを人権の観点から、人権をイスラームのレンズを通して捉え、ムスリム女性にとってより平等で公平な社会を実現するための空間を生み出している。今回のインタビューに参加した他の組織と同様、組織3も世俗主義、民主主義、反共同体の立場を公然と提唱している。参加者3は、組織の活動理念を語るなかで、こう表現した。

> 「ムスリムとしてのアイデンティティと、インド人としてのアイデンティティの、どちらかひとつを選ぶ必要はないはずです……私たちは両方（のアイデンティティを）生きることができるはずです……」

　参加者4は、世俗主義と民主主義の再建のために、指導的立場でさまざまな組織と協力しながら活動している国内の多くの人々のうちの一人である。仕事を辞めた後、中世インド史やRSS（BJPの思想的支派）のルーツ、反世俗的な勢力（独立前から現在まで）について学び、国内のコミュナリズムの問題を深く理解した。活動の一環として参加者4は、さまざまなNGOとその活動家、学術機関、警察組織、マドラサ協会やキリスト教修道女会などの宗教組織、一部の社会主義政治団体、高等裁判所の弁護士、ジャーナリストなどと全国各地でワークショップを行っている。

　それとともに、参加者4はこの30年間、英語と他の地域言語（ヒンディー語やマラーティー語など）で「調和の物語」「ガーンディー物語」「アンベードカル物語」「テロリズムの理解」「コミュナリズムの理解」と題した小さなわかりやすい冊子を作り、社会正義、男女平等、世俗主義などについて説明するマンガやイラストの作品をいくつか著している。これらの小冊子や著作は、学生、教師、社会活動家、ジャーナリスト、警察、弁護士、その他多くのステークホルダーに配布され、マイノリティや複雑な社会・政治的諸問題に関連する神話や固定観念を打ち破るとともに、国家による政治化した物語に反した歴史の物語／真実を提供している。また、参加者4は、YouTubeやTwitter（現・X）における主張や、各種オルタナティブ通信社への寄稿など、代替メディアを使った情報発信を模索している。彼らは上記のようなテーマでさまざまな短編動画を放送しており、70-100本の動画が100万回以上の再生回数を記録している。参加者4はそうした一例で、組織と共同体の結節点に身を置き、イデオロギー

と人々の間のギャップを埋めようとしている。そのことはまさに参加者 4 の次のような語りに表れている。

> 「私は、カースト、ジェンダー、宗教など、社会はもっと平等に変えられると確信している。しかし、それは社会運動によってのみ達成されるものであり、社会運動は民主的な環境においてのみ可能となる……だから、私は民主主義と共同体の調和を再構築するために活動しているのだ……」

4 創発的な戦略

本章の目的は、これらの組織がインドのムスリム集団のなかで、また異なる共同体の間で、信頼とつながりを構築するために用いた戦略を明らかにすることであった。本節では、参加組織へのインタビューを通じて繰り返し明らかとなった戦略を説明する。

(1) 教育におけるさまざまな利害関係者との関わり

インドの教育は、連邦政府の問題であると同時に、連邦を構成する各州の問題でもある。すなわち、中央レベルでは教育省の管轄であり、州レベルでは各州の政府が教育の発展と実施の責任を担っている。しかし、歴史的に見ると、教育というシステムは、国民的な価値観を植え付けることによって、国民の権利や義務を知らしめ、国民に関与を及ぼすためのツールとして使われてきた。教室や学校は、このような場合、社会化のための空間としての機能を果たし、市民と国家の関係を強固にする思想の伝達や、（国民）アイデンティティを構築する場となる［Lall 2013］。

一方、1990 年代後半の BJP 率いる NDA 政権とは対照的に、モーディー政権は 2014 年に政権を獲得した後、カリキュラムや教科書に基づく変更を控え、その代わり、インドの教育制度に対する BJP のビジョンを象徴し表現する国家教育政策（NEP）2020 を体系的に改訂・作成することに集中した［Lall and Anand 2022］。2014 年から 2019 年までのモーディー首相の在任期間中には、学生、教師、教育機関の学問の自由に対する厳しい非民主的な姿勢も観察された。2014 年以降、BJP は RSS の原理主義的なアジェンダと、インドの教育システムにお

ける彼らの覇権的な上位カーストのヒンドゥー化を正当化し、悪化させてきた。そのために、BJP は学術的な信頼性や能力に欠ける RSS のメンバーを、重要な学術機関のさまざまな指導的地位[9]に任命した［Mathur 2018; Flåten 2017］。中央レベルでの注目点は、カリキュラムや教科書の変更ではなく、それらは州政府に任せられていた［Lall and Anand 2022］。むしろ、中央政府が指導者や政策立案者を組織的に入れ替え、憲法の公平で多元的な概念とはほど遠い、インドにおけるヒンドゥー教徒の人種的優位を強調するような変更を行うことであった。国家教育政策（NEP）は 2016 年から 2020 年にかけて作成され、その最終版が発表されたのは 2020 年 7 月、新型コロナのパンデミックのピーク時であった[10]。この政策では、包括的でグローバル化された教育に重点が置かれていたが、実施されたそれはその理念とは程遠く、インドの憲法上の理念や当初設計された複数の教育制度に反している。Kadiwal and Jain［2020］は、NEP 2020 が世俗主義の概念に疎いのみならず、政策文書全体においてこの言葉の使用を避けていると見る。この政策では、文書全体を通して、初等・中等教育レベルの生徒の学習、また高等教育や教師の学習において、インドの価値観や倫理観を身につけることの重要性を繰り返し述べている。同時に、NEP 2020 では、インドの価値観／エトスに関する教師のトレーニングを考慮している。詳しく述べると、「……教師は、インドの価値観、言語、知識、倫理観、部族の伝統を含む伝統に基づきながら、教育や教育法の最新の進歩に精通していなければならない……」（Government of India 2020: 42）とされているのである。カリキュラム、教育法、学習において、インドの価値観やエトスを取り入れると包括的に強調することは、この国の支配的な宗教文化のヘゲモニー化、つまり教育のヒンドゥー化に間接的に対応していることなのである。要約すれば、モーディー率いる

---

9) 例えば、2014 年、モーディー政権はインド歴史研究評議会（ICHR）の新所長に、RSS に長年所属し、前任者に比べて学歴が極めて劣るイェラプラガダ・スダーシャン・ラオを任命した。

10) 2020 年の新型コロナの大流行を考慮し、中央政府だけでなく多くの州政府も、カリキュラムの一部を変更、および削除することを決定した。この措置は、負荷やシラバスの長さ、学生の不安を軽減するために取られたものであった。中央中等教育委員会（CBSE）は、9 級から 12 級までの社会科学のシラバスを 30％削減することを決定した。10 級で完全に削除された 6 つのセクションは、民主主義と多様性、ジェンダー、宗教、カースト、民衆の闘争と運動、民主主義への挑戦についてであった。政府はこの困難な時代を利用して、社会科学に関する自分たちのシナリオにそぐわないカリキュラムのセクションを削除したのである。https://www.jagranjosh.com/articles/cbse-class-10-social-science-deleted-syllabus-for-2020-2021-1594816335-1

BJP 政権の第 2 期（2019 年—現在）は、過激で覇権主義的、そして最も重要な
ヒンドゥー教によるインドの物語とインド国民のアイデンティティを奨励する
ために、教育を政治に利用するという、従来にない方法を模索したのである。

　多くの NGO が教育の政治的側面を認識し、教師、生徒、教育システムのさ
まざまな利害関係者と協力する戦略として、マイノリティに関する神話の否定、
批判的な視点からの既存のカリキュラムの普及、歴史と事実の再学習、複層的
文化の理解による国民統合の捉え方などに重点を置いている。歴史的には、教
育と開発の分野の NGO は、教育へのアクセスに焦点を当てていたが、私たち
が一緒に仕事をした NGO は、それ以外の点に注目していた。彼らの関心は、
生徒と教師により平等な教材を提供することにより、教育を差別のないものに
することにある。インドの教育制度がヒンドゥー化していることを理解した上
で、これらの組織は、より多くの人々に自分たちの問題を知ってもらい、学校、
大学、共同体センターなどで、多様性を祝福し、マイノリティに対する暴力に
立ち向かうイベントを開催することによって、ムスリムの学生や教師のための
居場所を組織的に作ろうと努力している。私たちの調査に参加した組織はすべ
て、ダリット、ムスリム、アーディヴァースィーによる文学を公式カリキュラ
ムに加え、カリキュラムのバラモン化に異議を唱えることで、包括的な文学の
規範を支持することに協力している。2022 年の最後の数カ月、ヒジャブを着用
した女子学生の件は、インドにおけるアイデンティティ政治の論争の的となっ
た。私たちの調査に参加した団体の 1 つは、ヒジャブ、宗教、教育の問題、そ
してすべてのインターセクショナリティについてのウェビナーを実施し、着る
ものを選ぶ権利と、マイノリティの女子の多くを教育から排除する規則の押し
付けの両方についてオープンな話し合いの場を持った。このような、極端な立
場から平等な立場へ向かうための継続的かつ過酷な試みは、ムスリムの共同体
のみならず、その他の多様な人々の間でも信頼とつながりを築くための一助と
なる。

(2)　ムスリム女性との協働
　インドにおける多くの国家的論議のなかでは、ムスリムは大きな主導権を握
る存在として包含されている。しかし、多くのイスラーム学者が、共同体内の

カースト主義やジェンダー格差の問題を挙げて、この捉え方を批判している。パルダ（ブルカ）の問題からトリプル・タラーク、教育の問題に至るまで、ムスリムの女性は宗教的権威によって組織的に疎外され、国家によって共通のムスリム問題の下に埋もれてきた。ムスリム女性のために活動する NGO はこのギャップを認識し、離散状態にあるムスリム女性を組織化し、教育し、力を与えようと試みている。一般的に、低学歴、低雇用、低収入というイメージがあるムスリム共同体の女性たちは、仕事をする上で重要な層であると、ある団体は語る。

> 「多くのムスリム家庭において家父長制が敷かれているため、結婚後の女性の多くは仕事をせず、その分、時間に余裕があります。そのため、私たちは彼女たちと一緒に仕事をすることができるのです」。

　また、ある団体は、現在の偏った政治環境では、イスラーム教育を受けた若い男性と協力することは非常に難しい、なぜなら彼らは過激な宗教指導者の影響を受け、過激なアイデンティティ政治へと引き戻されるからだ、と述べている。そのため、女性との連携が重要な戦略となる。組織は、ムスリム女性が経済的、法的、社会的に家族の決定に対して意見を言えるようにするために、さまざまな自助グループを立ち上げ、小さなイベントの手配、近隣の女性たちとの健康・教育・雇用に関する種々の会合の実施、技術の習得、自分たちの手による金融取引など、共同体における小さな責任を女性たちに委ねる試みに体系的に取り組んできた。このような活動を通じて、それまで家族のなかで意思決定能力や立場がないと見られていた女性たちが、家庭や共同体におけるチェンジメーカーとして活躍するステージに上っているのだ。インドでは一般的に女性は疎外されているとみなされている。しかし、私たちが協力したすべての団体は、家父長制や家庭内暴力、経済的自由や家庭内の意思決定能力の欠如といった問題について、あらゆる宗教の女性が互いに共感するだろうと述べている。大きな規模では、これらの組織はムスリム家族法、一夫多妻制の結婚、その他家父長制の問題など、ムスリム女性の権利のために戦っているが、自分たちの足元から組織を固めることで、彼女たちが日々の戦いに自信を高めているのである。このように、女性たちは自分たちと、広い意味でのフェミニスト運動、そしてさらに広いムスリムの人々をつなぐ架け橋となりつつある。

（3） ソーシャル・メディア／オルタナティブ・メディアの活用

　この 10 年間で、主要なニュース・チャンネルやソーシャル・メディアは、政府の言説の影響を受けるようになった。ジャーナリズムの自由とソーシャル・メディアへのアクセスは、彼らがどのようなイデオロギーを支持するかによって決まる。この著しく偏ったメディアが、共同体による暴力に焦点を当て、マイノリティ、特にムスリムを否定的に描くのである。執筆やニュース番組への出演を通じて政府の責任を追及しようとするジャーナリストたちは、ソーシャル・メディアのアカウントを停止されたり、国外に出ないよう制限されたり、ソーシャル・メディアの投稿が憎悪のコメントやレイプや身体的危害の脅迫で埋め尽くされたりして、追いつめられ処罰される。

　このような環境に鑑みて、私たちがインタビューした組織は、共同体の暴力や共同体の調和を含む人道的行為の背後にある事実の発見とその発信が不可欠であると考えている。多くの人が個人や組織のソーシャル・メディアのプラットフォームを使って、こうしたストーリーを発信している。常に誠実であり、危険を冒してでも暴力の現場に赴き、これらの物語を見つける活動家やジャーナリストの幹部を育成し支援することは、これらの組織にとっての重要な任務である。また、さまざまなオンライン・ニュースページや独自のソーシャル・メディア・プラットフォームなどの代替メディアを利用して、「神話」を崩壊させ、統合、平和の構築、コネクティビティを助けるようなトピックに関する記事、事実確認レポート、短いビデオの配信を戦略として使用している。「……こうしたことが、マイノリティが仕事をするための自信を強め、活動家がこのような仕事を続けるための希望に火をつける……」と、ある組織は述べている。政府に対するカウンター・シナリオを作成し、あらゆる出来事の背後にある事実を人々に周知させることは、より大きなヒンドゥー共同体のなかで、コミュナリズムに対する客観視を生み出すことにもつながる。また同時に、ムスリム共同体（およびその他のマイノリティ）は、自分たちの権利と正義のために戦いながら、この国のヒンドゥー教徒から大きな連帯を得る必要がある。多くの組織が、集団的連帯という戦略を使って、インド全土の人々や他の小さな組織を大きな旗の下に集め、マイノリティの権利のために支援を示し、闘っている。彼らはこれを、ムスリム共同体の自信を高め、他の集団とのつながりを増やす

ための戦略だと考えている。複数の組織と協力することで、孤立することなく、自分の声を上げる勇気と力を得ることができるのだ。

(4) 仕事上の談話で「ムスリム」という言葉を戦略的に使う

1992年のバーブリー・マスジド破壊以降、共同体の調和だけでなく、ムスリム共同体の社会経済的発展問題に取り組む NGO が急増した [Naqvi 2017]。ムスリムと仕事をしているにもかかわらず、彼らの主要な人口構成は何かという質問に対しては、ほぼ全員が一致して、「……我々は、ダリット、アーディヴァースィー、女性、ムスリムなど、すべてのマイノリティと仕事をしている。しかし、私たちは純粋なムスリムの組織ではない……」といった同様の表現をする。

私たちは、ここ数年の彼らの仕事上の言説の変化を見て、この変化についていくつかの可能な仮説を立てた。先に述べたように、1980年代以降、国家と非国家組織の関係は、FCRA の資金とその監視を中心として結ばれてきた。どの政府もこの法律を悪用して、自分たちの考える開発に反対する組織の資金を絶ったり、そのイデオロギーに責任を持たせたりしてきた。過去10年間、インドは「曖昧で主観的で浅薄」という理由で、9000以上の NGO に対して FCRA を停止した [Bennett et al. 2015: 1]。政府は、「恣意的で、透明性がなく、選択に威圧的な」[Bennett et al. 2015: 1] 戦術を通じて、政府の一方的な宗教的アジェンダに反対して活動する多くの組織の活動範囲と活動を制限しようとしたが、資金管理の不備の証拠はほとんどなかった。「マイノリティ」や「社会経済的に疎外された」という言葉にこだわることで、ダリット、女性、アーディヴァースィー、LGBT+ 共同体など、他の発展途上の人口動態をも取り込み、政府から常に干渉や監視を受けることなく、組織が理解しやすいように機能している。そうした側面に留意していたにもかかわらず、私たちが協働した3つの組織はすべて、マイノリティと協力し、平等や共同体の調和の問題に取り組み、共同体による暴力の被害者に法的・社会的支援を提供したために、FCRA を停止させられている。

言説の変化の第2の理由は、イスラームの宗教指導者の抵抗にあるようだ。これらの NGO の多くは、ムスリムが設立し、代表を務めているにもかかわら

ず、女性の権利や低いカーストのムスリムに対する活動、インド憲法における
シャリーアの法的成文化の要求について、過激化したイスラーム指導者から厳
しい批判を受けている。こうした宗教指導者からの抵抗や不承認は、ムスリム
共同体がこれらの組織と関わることをさらに制限することになる。そのため、
組織は「世俗的な」位置づけの下で活動することを好み、弱い立場にあるムス
リムが、家父長的で宗教的な家族や共同体の長の怒りを買う危険を冒すことな
く、彼らの介入に参加することができるようにしている。そして最後に、参加
したすべての団体が、平等で世俗的で民主的なインドという夢を語っていた。
つまり、彼らの活動は、さまざまな共同体から人々を集め、人類にとって害と
なる問題と戦うことに重点を置いているのである。そのため、これらの団体は、
ムスリム共同体やその他のマイノリティと協力し、お互いの間に深いつながり
と信頼を築くために、他の宗教グループの人々を招くために、「ムスリムの垣
根を越えた世俗へ（secular over Muslim）」という言葉を用いている。

おわりに

　インドの社会はこの 30 年で共同体の分裂が進み、2014 年にモーディー率い
る BJP 政権が誕生してからはより一層、その傾向が強くなっている。包括的な
国民アイデンティティと市民権というネルー・ドクトリン［Lall 2001］は死語
となり、インドのムスリム共同体の多くは不安定な立場に置かれている。しか
し、本章で見てきたように、インドのムスリムが対等な市民として扱われる正
当な権利を認識する人々が率いる NGO は、政治的・社会的暴力が蔓延するな
かでも、共同体間の信頼関係を構築し、また再構築することを使命としている。
社会的結束、平等、民主主義の問題に取り組むことは、現在の政治環境のイン
ドではリスクを伴う仕事となった。これらの NGO は、ムスリムを支援し、ム
スリムとヒンドゥー教徒の共同体の間に信頼を築くための特別な戦略を開拓し
なければならなかった。このような戦略には、公的な差別的言説に対抗するた
めに、教育や代替メディアを利用することが含まれている。また、若いムスリ
ムの男性がますます過激化しており、共同体間の平和を促進するという NGO
のミッションの影響を受けにくいため、ムスリムの女性との協働も戦略に含ま

れている。インドにおけるムスリムの社会的空間が縮小するなかで、自分たちが生き残るためには、自分たちの活動を説明するときに「ムスリム」という言葉を避けるか、あるいは戦略的に使用するかという選択を迫られることを、NGO はみな明かしてくれた。この最後の「戦略」は、ムスリムを支援するための関与がいかに深刻な結果をもたらすかを示すものであり、特に本質をついている。NGO は FCRA を失効させられ、国際的な資金援助が受けられなくなるなどの事態に直面しているが、こうした事態のほとんどは政府によってもたらされたものである。そして国内のドナーたちは、IT 通信やその他の制限によって政府から追いつめられている。さらに、国内での資金調達が限られているため、NGO はその任務を遂行するのに苦労している。また、都市部や半都市部の教育を受けた若者で、社会的・国家的結束の問題に自発的に取り組む意欲の高い人材が不足していることも、NGO にとって大きな制約となっている。

　さらに、回答者たちは、自分たちが社会的暴力の対象になっていることを説明してくれた。事実調査のような活動には、大きな個人的リスクが伴う。私たちの調査の参加者の多くは、政府に対して声を上げたために、右翼過激派による身体的攻撃、電話盗聴、社会的監視、法的通達、海外渡航制限を受けたことがある。彼らの話は、反イスラームのレトリックがインドの広い社会に浸透し、過激なヒンドゥー・ナショナリストたちが、たとえ法律に反していても行動を起こしていることを示す証拠でもある。しかし、これらの組織の活動を脅かすのはヒンドゥー教の活動家だけではない。自分たちの共同体と他の共同体との間で行われる平和構築活動を望まない過激化したイスラームの指導者もまた、脅威となっているのだ。この複雑で政治的な環境のなかで、どのようにモチベーションを保っているのかという質問に対して、ある回答者はこう答えている。

　　「……私たちは、少なくとも月に一度は集まり、さまざまなグループを集
　　めて、何ができるかを話し合うようにしています。……（そうした集まり
　　は）人々に力を与え、戦い続け、落ち込んだり孤独を感じたりしないよう
　　にするのです。……」

　これらの NGO の話は、なぜインドでは共同体間の信頼やつながりを築くことがこれほどまでに困難であり、もどかしいことなのかという疑問を投げかけるものである。この国は宗教の違いで深く分断されているため、平和と理解を

築こうとする人々でさえ、仕事が、そして命さえ危険にさらされているのである。こうした NGO の戦略は、インドにおける不寛容の拡大や、民主主義の基盤が損なわれていることの証左でもあるのだ。

参考文献

Adeney, K. and Lall, M. 2005 "Institutional attempts to build a "national" identity in India: internal and external dimensions," *India Review* 4(3-4): 258-286.

Aswani, T. 2021 "Aam Aadmi Party's Right-Turn," *The Diplomat*, [online] 14 December, Available from: https://thediplomat.com/2021/12/aam-aadmi-partys-right-turn/ [Accessed 10 January 2022].

Bennett, Coleman et al. 2015 NGOs urge PM Modi to end 'arbitrary, selective intimidation.' Article from times of India, published on the 10th of May 2015. https://timesofindia.indiatimes.com/india/ngos-urge-pm-modi-to-end-arbitrary-selective-intimidation/articleshow/47209869.cms

Brass, P. 2005 "The body as symbol in the production of Hindu-Muslim violence," in R. Kaur (ed.), *Religion, Violence and Political Mobilisation in South Asia*, New Delhi: Sage: 46-68.

Brown, J. 2003 *Nehru: A Political Life*, London: Yale University Press.

Chatterji, A. P. 2020 "Kashmir: a place without rights – just security," *Just Security*, [online] 5 August, Available from: https://www.justsecurity.org/ 71840/kashmir-a-place-without-rights/ [5 August 2021].

Chaudhury, D. 2020 "In the 'New India', all the values of the values of the righteous – as enumerated in The Bhagavad Gita – appear to have become penal offences," *Punch Magazine*, [online] 18 April, Available from: http://thepunchmagazine.com/the-byword/non-fiction/about-values-why-hinduism-loving-citizens-tolerate-the-unrighteous-or-the-devilish [Accessed 18 August 2021].

DMC [Delhi Minorities Commission] [Govt of NCT of Delhi]. 2020 "Report of the DMC Fact-Finding Committee on the North-East Delhi Riots of February 2020," [online], Available from: https://ia801906.us.archive.org/11/items/dmc-delhi-riot-fact-report-2020/-Delhi-riots-Fact-Finding2020.pdf [Accessed 13 July 2021].

Deshmukh, J. 2021 "Terrorizing Muslims: communal violence and emergence of Hindutva in India," *Journal of Muslim Minority Affairs* 41(2): 317-336.

Down to Earth. 2011 "Rise of third sector," published by Down to earth on the 31st July 2011. https://www.downtoearth.org.in/coverage/rise-of-third-sector-33712

Engineer, A. A. 1991 Lok Sabha elections and communalisation of politics, *Economic and Political Weekly,* 1649-1652.

Express Web Desk [Indian Express]. 2019 "Assam NRC Final List 2019: Over 19 lakh excluded, 3.11 crore included in list," *Indian Express*, [online] 31 August, Available from: https://indianexpress.com/article/india/assam-nrc-final-list-2019-published-19-lakh-left-out-5953202/ [Accessed 23 July 2021].

Flåten, L. T. 2017 "Spreading Hindutva through education: Still a priority for the BJP?," *India Review* 16(4), 377-400.

Ganguly, M. 2020 "India failing on Kashmiri human rights," *Human Rights Watch*, [online] 17 January, Available from: https://www.hrw.org/news/2020/01/17/india-failing-kashmiri-human-rights [Accessed 17 June 2021].

Government of India. 2002 *Report of the Steering Committee on Voluntary Sector for the Tenth Five-Year Plan (2002-2007)*, New Delhi: Planning, Commission, Government of India.

―――. 2020 National Education Policy 2020, India. https://www.education.gov.in/sites/upload_files/mhrd/files/NEP_Final_English_0.pdf

Joseph, S. 2002 Society vs State? Civil Society, Political Society and Non-Party Political Process in India, *Economic and political weekly*, 299-305.

Kadiwal, L. and Jain, M. 2020 "Civics and citizenship education in India and Pakistan," *Handbook of Education Systems in South Asia*: 1647-1673.

Lall, M. 2001 *India's Missed Opportunity*, Aldershot: Ashgate, Reprinted by Routledge 2019.

―――. 2013 "The Effects of Globalisation on Citizenship in India: The Changing Role of Education," In *Citizenship as Cultural Flow*, Springer, Berlin, Heidelberg, pp. 151-166.

Lall, M. and Anand, K. 2022 *How neoliberalism underpinned the rise of Hindu nationalism - the role of education in bringing about contemporary India*, Bristol University Press.

Mallapur, C. 2018 "Communal violence up 28% under Modi govt but short of UPA's decadal high," *Business Standard*, [online] 9 February, Available from: https://www.business-standard.com/article/current-affairs/commu nal-violence-increases-28-under-modi-govt-yet-short-of-upa-high-118020900128_1.html [Accessed 9 January 2022].

Mathur, N. 2018 "The low politics of higher education: saffron branded neoliberalism and the assault on Indian universities," *Critical Policy Studies* 12(1): 121-125.

Metcalf, T. 1994 *Ideologies of the Raj*, Cambridge: Cambridge University Press.

Mody, N. B. 1987 "The press in India: the Shah Bano judgment and its aftermath," *Asian Survey* 27(8): 935-953.

Naqvi, F. 2017 *Working with Muslims: beyond burqa and triple talaq: stories of development and everyday citizenship in India*, New Delhi.

Oommen, T. K. 2008 *Reconciliation in post-Godhra Gujarat: The role of civil society*, Pearson Education India.

Pandey, G. 2021 "Beaten and humiliated by Hindu mobs for being a Muslim in India," BBC News, [online] 2 September, Available from: https://www. bbc.co.uk/news/world-asia-india-58406194 [Accessed 4 September 2021].

PRIA. 2001 "Historical background of the non-profit sector in India," Society for Preparatory Research in Asia (PRIA) in Collaboration with the Center for Civil Society Studies, Johns Hopkins University, USA, New Delhi.

―――. 2002 "Invisible yet widespread: The non-profit sector in India," Society for Preparatory Research in Asia (PRIA), New Delhi.

Rao, A. 2014 '6 worst communal riots under UPA government.' DNA India, [online] 3 May, Available from: https://www.dnaindia.com/india/report-6-worst-communal-riots-under-upa-government-1984678n [Accessed 20 September 2021].

Rodriguez, V. 2005 "Citizenship and the Indian Constitution," in R. Bhargava and H. Reifeld (eds.), *Civil Society, Public Sphere and Citizenship: Dialogues and Perceptions*, New Delhi: Sage Publications: 209-235.

Roy, A. K. 1992 "Destruction of Babri Masjid," *Economic and Political Weekly*, 49-50: 2618-2640.

Sachar, R., Hamid, S., Oommen, T. K., Basith, M. A., Basant, R., Majeed, A., and Shariff, A. 2006 "Social, economic and educational status of the Muslim community of India," 22136, East Asian Bureau of Economic Research.

Saha, A. 2019 "Across Assam, chorus rises among MLAs: NRC is faulty, many genuine citizens out," *The Indian Express*, [online] 2 September, Available from: https://indianexpress.com/article/north-east-india/assam-nrc-mlas-faulty-genuine-citizens-out-5957268/ [Accessed 2 June 2021].

Saikia, S. 2020 "Saffronizing the periphery: explaining the rise of the Bharatiya Janata Party in contemporary Assam," *Studies in Indian Politics* 8(1): 69-84.

Sen, S. 1993 "Defining the Nonprofit Sector: India Working Papers of the Johns Hopkins Comparative Nonprofit Sector Project, no. 12," edited by LM Salamon and HK Anheier, Baltimore: The Johns Hopkins Institute for Policy Studies.

Sharma, A. 2016 "Communal riots up 17% in 2015 under NDA," *Economic Times*, [online] 25 February, Available from: https://economictimes.indiatimes.com/news/politics-and-nation/communal-riots-up-17-in-2015-under-nda/articleshow/51130192.cms?from=mdr [Accessed 11 October 2021].

Sodhi, J. 2021 "The Article 370 Amendments on Jammu and Kashmir: explaining the global silence," *Observer Research Foundation Occasional Paper*, Issue 318.

Tandon, R. 2002 *Voluntary Action, Civil Society and the State*, New Delhi: Mosaic Books.

The Wire https://thewire.in/rights/collective-punishment-for-muslims-human-rights-watch-slams-demolition-drives-in-bjp-ruled-states

Yesudhas, R. 2019 "Towards an era of official (involuntary) accountability of NGOs in India," *Development in Practice*, 29(1): 122-127.

Yin, Robert K. 2009 *Case Study Research: Design and Methods*. 4th ed. Applied Social Research Methods Series Vol. 5, SAGE Publications.

第 **III** 部

ジェンダーと戦略

第**8**章 | 日本に生きる若いムスリム女性たちの アイデンティティ交渉

工藤正子

はじめに

(1) 本章の問いと背景

　本章の目的は、パキスタン人の父と日本人の母をもつムスリム女性たちのアイデンティティ交渉のプロセスについて、彼女たちの日常を構成する重層的なつながり合い――コネクティビティとジェンダーの交差に着目しつつ考察することである。

　これら女性たちの父親の多くは、パキスタン都市部の中間層の出身で、1980年代後期以降に来日して「外国人労働者」となった。2023年6月時点で在留登録をしたパキスタン国籍者は2万3417人おり、そのうち「日本人の配偶者等」と「永住者」[1] があわせて全体の3割弱を占める［出入国在留管理庁 2023］。これら在日パキスタン人男性たちは、日本人女性との結婚をへて、中古車輸出業を営んでいる人が多く、ビジネスをグローバルに展開する過程で国境を越えた生活世界を開拓してきた。彼らの娘たちは現在多くが20代を迎えている。本章では彼女らのアイデンティティ交渉のプロセスを、聞き取り調査の結果から明らかにする。パキスタン人の父と日本人の母をもつ若者のなかでも女性を

---

1)　後述するように、筆者はパキスタン人の父と日本人の母をもつ若者たちへの調査に先立ち、1990年代末期以降、パキスタン人男性と結婚した日本人女性を対象に調査を行ってきた。これらの女性の夫は殆どが、「日本人の配偶者等」の在留資格を取得したのちに、「永住者」資格に切り替えている。このことから、パキスタン国籍者の「永住者」資格のかなりの割合は日本人女性と結婚しているか、過去に結婚していたケースであると推察される。その後、日本国籍を取得したケースもある。

対象とするのは、筆者が行ってきた若者たちへの聞き取り調査の結果から、家庭や学校、地域社会などでの経験にジェンダーによる差異が大きいことがみえてきたからである。考察において特に着目するのが、彼女たちが家庭の内外で形成する複数のつながりである。後述するように、それらのつながりの生成（またはその消失／切断の）プロセスは、ジェンダーのみならず、宗教意識や移住経験などにも規定されている。さらに、複数のつながりは、それぞれが自律的ではなく、交差し、影響を与え合う。本章では、こうした重層的かつ動態的な性格をもつ関係性の束を「コネクティビティ」と呼び、そうしたコネクティビティを生きる女性たちがムスリム女性として直面する諸課題にいかに応答し、自己のアイデンティティを交渉していくのかを考察したい。

(2)　調査の概要と本章の構成

以下の議論は、上述の若い女性たちに対する日本および移住先の国での聞き取り調査の結果をもとにしている。2010年代中期以降、これまで計24名の女性に対する調査を行った[2]。女性たちの年齢は、初回の聞き取り時点では17–30歳であった。24名には姉妹も含まれており、世帯数でいえば計21世帯で育った女性たちを対象としている。そのうち10世帯の母親は、筆者が1998年以降、日本や移住先の国々で聞き取りをしてきた女性たちである［工藤 2008］。その意味で、本調査は2世代にわたる多地点での継続調査といえる。

聞き取りをした女性たち24名のうち、小学校から高校卒業まで日本で教育を受けたのは6名で、ほか6名は日本だけでなく、海外でも教育を受けていた。残り12名は、小学校入学前後に日本から海外に移住し、高校卒業まで海外（パキスタンが7名、アラブ首長国連邦が3名、英語圏の国が2名）で教育を受けている。聞き取り時点（初回）での居住地については、24名のうち12名が日本、5名はパキスタン、3名はアラブ首長国連邦で、残り4名は他の国で生活していた。海外在住者12名のうち3名は大学を卒業して働いており、残りは高校や大学に在学していた。その後、本章執筆時点（2024年）においては、海外で教育を受けた者の多くは日本に再移動して大学や専門学校等に進むか、就労していた。

---

2)　同時期に同世代の男性12名にも調査を行った。本章にはそこから得られた知見も反映されている。

両親の婚姻関係については、21世帯のうち5世帯で両親が離婚しており、このなかには父親が事実上の複婚のケースも含まれる[3]。このように、24名の女性たちは、パキスタン人の父と日本人の母をもち、生まれながらのムスリムという点では共通する一方で、家族の構成や移住経験などの点において多様である。

　本章は以下のように構成されている。第1節では、議論の背景として、親世代の結婚以降の生活状況やトランスナショナルな家族形成について、主に女性たちの母親世代への聞き取りの結果をもとに記述する。第2節では、若い女性たちへの聞き取り調査の結果をもとに、彼女たちが日本や海外の移住先の家庭や学校でどのような位置におかれてきたかを論じる。第3節では、20代を迎えた彼女たちが「イスラーム」をいかに捉え直しているのかに着眼し、第4節では、女性たちが日本や海外での日常で宗教をいかに実践し、「ムスリム女性」であることを意味づけているのかを検討する。最後に、日本に生きる若いムスリム女性たちのアイデンティティや帰属意識の交渉について、ジェンダーとコネクティビティの視点から考察する。

　結論を先取りすれば、女性たち24名のアイデンティティや帰属意識は多様かつ変化している一方で、共通項として浮かび上がってきたのが、多くの女性たちが父親に「押しつけられてきた」と感じてきたムスリム女性像を「（パキスタンの）文化」に由来するとして峻別し、そうでない「本来のイスラーム」を戦略的に語ることで自律的なスペースを想像／創造し、自らの生き方を切り拓いていこうとする営為である。若いムスリム女性たちが、「文化」ではなく「宗教」に重きをおき、スカーフの着用などをとおして新たな自己を表出する営みは、中東や欧米圏の事例からすでに論じられてきた［Dwyer 1999; 後藤 2014; 安達 2020］。Werbner［2007］が指摘し、また、後藤［2014］がその民族誌から描出したように、こうした現象や語りは、グローバルなイスラーム運動を背景とする一方で、当事者が生きるローカルな歴史的、社会的文脈やその変動とも不可分に絡み合っている。本章では、日本人の母とパキスタン人の父をも

3）　例えば、日本の国内法では離婚しているが、宗教婚（ニカー）は維持しているケース（1例）や、日本国内での法的婚姻は維持しつつ、父親が海外で第二妻と婚姻したケース（1例）などがある［Kudo 2022］。

つ若いムスリム女性たちが生きる日常のコネクティビティとジェンダーの相互作用に着目し、そこから生み出される「本来のイスラーム」を個々の女性たちがいかに意味づけ、それが彼女たちのアイデンティティ交渉にどう影響しているのかを考察したい。なお、本章では、匿名性確保のため、氏名はアルファベットで記号化したほか、生活状況の理解を妨げない範囲において詳細を改変している。

1　トランスナショナルな家族の形成

(1)　パキスタン人男性の来日と日本人女性との結婚

　パキスタンからの来日者数が 1980 年代後期に急増した背景には、1985 年のプラザ合意による急速な円高の進行などを含む構造的な諸要因が介在した。来日者には単身男性が圧倒的多数を占め、都市の中間層出身者が多かった［工藤 2008; 2021; 五十嵐 2010］。彼らは日本で「外国人労働者」となり、深刻な人手不足に苦しんでいた中小零細企業を支えたが、日本とパキスタンの査証相互免除協定の一時停止（1989 年）や、その翌年に施行された出入国管理および難民認定法の改正を機に、資格外就労と超過滞在で多重に周縁化され、2001 年の 9.11 テロ事件後はさらに「ムスリム」としても国家の監視対象とされた［鈴木 2009］。

　こうした状況のなかで、1990 年代には、パキスタン人男性と日本人女性の結婚が増加した。パキスタン人男性にとって、日本人女性との結婚が在留資格の安定化を意味したことは否めない。その一方で、彼らの結婚には、パキスタンの社会規範である縁組結婚からの解放や、海外での自己実現の願望などが絡み合っており、経済的動機だけでは説明できない。また、日本人女性の側からみれば、パキスタン人男性との結婚に、新たな夫婦の関係性やライフスタイルを切り拓く可能性をみたケースは少なくない［工藤 2008; Kudo 2022］。

　日本人女性と結婚したパキスタン人男性の間では中古車輸出業を起業する傾向が顕著にみられた［工藤 2008; 福田 2012］。その背景には、工場労働から起業して独立することへの願望や同国人間での相互扶助のほか、日本の労働市場における外国人の周縁性も関わっている。同じ時期に、関東圏ではモスクの設立が相次ぎ［桜井 2003; 店田 2015; 岡井 2018］、自営業者となった男性たちが、

金曜日やイード（イスラームの祭り）の集団礼拝に集う機会がふえた。

　中古車業への集中という職業構成の変化と、モスクという宗教的な場の形成とが絡み合った結果、在日パキスタン人男性の間では、ビジネスにおける競合の一方で、緊密なネットワークの形成が進んだ。パキスタンはムスリムが国民の多数派を占める国であるが［山根 2003］、日本における宗教を核とする凝集を、移住地における宗教の再移植という観点からのみ説明することはできない。例えば、この時期にモスク設立に関わったパキスタン人男性によれば、来日後の差別や苦難の経験が宗教的覚醒につながった例もあった。さらに、Kleist［2010］がデンマークや英国におけるソマリア系難民の事例から論じたように、移住後の宗教活動は、主流社会から移民として排除された人々が、ムスリムとして相互の信頼を構築する機会でもあったといえよう。

　妻となった日本人女性の圧倒的多数は、結婚を機に手続き上の理由からイスラームに入信している。入信当時をふり返り、名目上の「ペーパー・ムスリム」にすぎなかったと冗談めかして語った女性は少なくなかった。しかし、その後、子育てを機に日本人女性ムスリムが主体のイスラームの勉強会に参加し、そこでの関係形成をとおして宗教実践を始めた例は少なくない。パキスタン人と結婚した日本人女性は、夫の在留許可のみならず、結婚後の住居探しや求職でも差別や困難を経験している。こうした困難の共有は、宗教的な場で出会う女性たち同士の相互扶助のネットワーク形成につながった。このように、パキスタン人の夫や日本人の妻たちの宗教意識や実践には、家庭内外でのさまざまな日常の関係性や排除が作用し、その後のライフサイクルの進行や海外移住をとおしても動態的に変化してきた［工藤 2008; Kudo 2015］。

(2)　国境を越える家族

　これら家族の間では、主に 2000 年代以降、パキスタンやアラブ首長国連邦などに日本人の母と就学年齢を迎えた子どもが移住し、夫は日本を拠点にビジネスを継続するケースがみられるようになった。その理由は家庭によって異なり、また複合的でもあるが、理由として挙げられることが多かったのが、イスラーム圏、または海外のムスリム移民の集住地区ではイスラーム教育や、パキスタンの宗教的、文化的なジェンダー規範であるパルダ（男女隔離）の環境が

期待できることである［工藤 2008; 2021］。パルダとは、「カーテン」を意味し、思春期以降の女性を非親族の男性から空間的に分離したり、女性がヴェールを着用することによって自らを象徴的に隔離する規範や慣行を指す。南アジアに広くみられる慣行であるが、ムスリムの間では宗教的に正当化される。その実践はパキスタン内でも階層や地域、世代等によって差がみられるが、パルダの実践が親族集団の名誉と結びつけられる点に大きな特徴がある［工藤 2008］。

　こうしたジェンダー規範を主な背景として、父親が子ども、とくに娘をムスリムが多数派の国や地域で育てることを望む傾向が強いのに対し、妻たちは、さまざまな理由から妻子だけでの海外移住に躊躇し、その決定までかなりの時間を要したケースが少なくない。パキスタンに移住したある女性は、冗談めいた表現ながらも「行ったんじゃなくて、行かされたの」と筆者に語った。この言葉には、夫婦の権力関係の不均衡が示唆されている。結婚初期には、夫の在留手続きや起業に日本国籍をもつ妻の支援が不可欠であったのに対し、その後、夫の在留資格は安定化してきた。一方で、妻は日本の同世代の女性たちと同様に、出産と子育てを機に仕事を辞め、経済的に夫に依存する傾向が強まった。こうした夫と妻の社会経済的地位の変化は家庭内での力関係に影響を与え、海外移住をめぐる家庭内の意思決定にも作用してきたといえるだろう[4]。

　移住先は、パキスタンがもっとも多かったが、アラブ首長国連邦をはじめ、中古車業を営む夫のビジネス拠点が選ばれるケースもあった。さらに、夫が英語圏の国でのタブリーギー・ジャマーアト[5] の布教活動に参加したことを契機に、妻子がその国のムスリム集住地域に移住した例もある。このように、夫のビジネスや宗教活動をとおして築いたグローバルなつながりは、国境を越えた家族の形成においても社会関係資本として動員されてきた。

---

4)　ただし、別稿で論じたように、妻による夫のビジネスへの貢献などの他の諸条件によっても夫婦の力関係は多様であり、また変化してきた［工藤 2016a; Kudo 2017］。
5)　デーオバンド系の布教団体で、自費による自由参加で布教活動やムスリムへのイスラーム教育を行う［山根 2003: 56］。

2 成長過程の経験——多重の周縁化とジェンダー

（1） 日本の学校での経験

　冒頭で述べたように女性たちの成育環境は多様であり、調査の途中でも国境間の移動がみられたが、日本国内での経験をみると、以下のような一定の共通項も認められた。

　第1に、女性たちの圧倒的多数は日本国籍であったが[6]、日本の学校で外見や名前によって「ハーフ」や「外国人」として排除された女性は少なくない。こうした排除は同時に、日本の主流社会の側がその行為をとおして「日本人」というカテゴリーを自然化、無徴化していくプロセスでもあった［髙谷 2018: 58-59］。

　第2に、ハラールな弁当を学校に持参するといった宗教実践を機に、学校でいじめの対象となったケースもあった。そうした経験がムスリム児童の男女に共通してみられるのに対して、排除にはジェンダー化された側面もみられた。例えば、女性の場合、父親が宗教的文化的なジェンダー規範から、娘に制服のスカートをスラックスに替えるよう望んだため、級友との差異が可視化され、排除されたり、疎外感を感じたケースもある。そこには、ムスリムの父親の期待だけでなく、日本社会の同調圧力や、固定的なジェンダー規範が埋め込まれた日本の学校規律も関わっている［工藤 2016b; 2024; クレシ 2024］。

　海外で育った場合には、日本に一時帰国した際に、外見から「外国人」と見なされる一方で、移住先では、「アジア系」「ムスリム」「外国人」などとしての排除を経験し、結果的に自分は「どこにも属さない」と感じて成長したケースもあった。日本で育った場合にも、パキスタンへの親族訪問をとおして双方の国で周縁化される経験をしたケースがある。さらに、成長後に移住先から日本に戻った女性のなかには、「色白」や「痩身」など、日本に流通する若い女性の身体美の理想を押しつけられることで疎外感を感じていたケースも複数あ

---

[6]　日本国籍のほかにパキスタン国籍を有していたが、日本では規定の年齢以降は複数国籍が認められないなどの理由から、パキスタン国籍を放棄した例は複数あった。また、英語圏に移住した2名は移住先の国の国籍を取得していた。

った。以上のように、女性たちは、成長過程において、人種化や言語、宗教による他者化だけでなく、複数のジェンダー規範による多重の周縁化を経験している。

(2)　家庭内での経験

　女性たちは、家庭ではどのような経験をしてきたのだろうか。どの国で成長したかに関わらず、父親が抱く「ムスリム女性」の理想像ゆえに、服装や交友関係、課外活動、そして進学や就労に関わる自由を制限されてきたと感じていた女性は少なくなかった。もっとも、父親の態度は一枚岩的ではなく、父が進学を応援してくれたという女性たちがいた一方で、自分には選択権がなく、与えられた状況にいかに適応するかが課題だったと述べた女性もいた。20代を迎えるなかで、娘はムスリムと結婚してほしいという父親の期待を感じ、結婚を大きな課題と捉えるケースも多かった。

　自由を制限されたと感じる女性たちは、同じ家庭でも兄や弟は、こうした規制を受けず「別の世界に生きていた」ことを理不尽と感じていた。こうした父親の態度に、信仰だけでなく、父親の名誉や「プライド」が深く関わっていると感じる女性は多かった。例えば、日本で育ったＡさんは、父と結婚に対する考え方が折り合わない悩ましさについて語ったあとで、父の考えには、パキスタンの親族や、日本や海外のパキスタン人のビジネス仲間の目を意識した「社会的な世間体」があると述べた。そうした男性ネットワークにおける体面の維持には、前節で述べたパルダの規範を背景とする娘の性の管理が重要な意味をもつ。このように、父親による娘のセクシュアリティの管理には、私的領域内の家父長制的な関係のみならず、家外における男性同士の名誉の競合が関与してきたといえる［Kandiyoti 2017］。

　上述のように、女性たちの多くは、父親の体面維持のために自らの自由が制約されていると感じ、そのことに矛盾や葛藤を感じて成長してきた[7]。しかし、その一方で、日本社会で「外国人」として疎外されてきた父親に対して、自分

7）　ただし、同世代の男性も親のジェンダー規範から完全に自由であったわけではない。筆者の調査に参加してくれた複数の男性が、親に宗教的、文化的な「男らしさ」の理想を押しつけられたと感じていた。

自身の学校や地域での被差別経験を重ね合わせたり、そうした困難を乗り越え
て家族を支えてきた父親への尊敬の念を語るケースもあった。このように、父
親への感情には抵抗と共感が入り混じり、そこには家庭内だけでなく、家庭外
での国籍やジェンダー等による力関係が複雑に絡み合っている。

　さらに、聞き取り調査からみえてきたのは、父親の娘への態度は、「パキス
タン人男性」や「ムスリムの親」として本質化できるものではなく、ライフサ
イクルの進行のなかで変化している点である。厳しかった父親が次第に「柔軟
に」なるケースもあれば、その逆もある。例えば、上述のＡさんの場合、父親
は若いときにはイスラームを強く意識するほうではなかったが、中古車ビジネ
スを中南米に拡大したあと、同地のパキスタン人同業者たちから影響を受け、
日本でも日々の礼拝やハラール食などをより熱心に実践し、娘にも勧めるよう
になったという。前節で、在日ムスリム・コミュニティの形成がパキスタン人
男性の起業と密接に絡み合いながら進行したことを指摘したが、Ａさんの語り
は、その後の海外でのビジネス展開も、父親の宗教意識や実践に影響すること
を示唆している。

　母親は、父と娘の葛藤にどのように関わってきたのだろうか。父親からはさ
まざまな規制を受ける一方で、母親が進学や就職について情報収集したり、精
神的に支えてくれたという女性たちは複数いた。一方で、父親から娘への規制
に対して、母親がもう少しかばってくれたり、助けてくれたらよかった、と語
る女性たちもいた。前節で述べたように、日本人の母とパキスタン人の父の力
関係には、在日する父親の在留資格や母親の経済的地位の変化などの構造的な
諸要因が作用する。さらに、パキスタンに移住した場合、妻は日本で築いた社
会関係資本の多くを失うだけでなく、外国人の女性や嫁として、経済的に夫の
仕送りに依存することになる[8]。このため、夫や拡大家族に対して弱い立場に
おかれるケースも少なくなく［Kudo 2017］、そうした世帯内での母親の位置は、
娘の自由に関わる交渉力にも影響してきたといえよう。

---

8) ただし、別稿で論じたように、移住後の日本人妻の世帯内の地位は複雑であり、先進国出身で
　あることや、拡大家族の家計に夫婦がどれほど貢献してきたかなどにより、日本人妻が世帯に
　同居する他の嫁よりも発言力を有するケースもある［工藤 2021; Kudo 2022］。

3 ムスリム女性としてのアイデンティティの再構築

　では、20代を迎えつつある女性たちはムスリム女性であることをどう捉えているのだろうか。女性たちの語りから浮かび上がってきたのは、父親から「押しつけられた」と感じてきたイスラームやムスリム女性像を「パキスタンの文化」によるものと捉え直して距離をとり、さまざまな資源を動員して、そうではない「本来のイスラーム」を構築し、そこから自己を再形成していこうとする志向性である。例えば、パキスタン都市部の学校に通うＢさん（10代後半）はイスラームについて次のように述べた。

　〔イスラームは〕小さい頃からやってたから……普通に信じてるというか。でも、「えっ？」ていうこともあるし。ここ〔パキスタン〕でイスラームを勉強してたら、パキスタンのカルチャーなのに勝手に「イスラームだから」みたいなふうにされて、それがすごく嫌。（略）イスラームで言ってないことも、「これ、イスラームで言ってるから」みたいな。（略）

　〔宗教的知識については教科の一つの〕「イスラーミヤート〔*Islāmiyāt*: イスラーム学〕」のＯレベル〔課程〕をやったから[9]。（略）預言者様のヒストリーも勉強するし、ハディース〔預言者ムハンマドの言行録〕も勉強するし、結構いろんなことを勉強します。（略）パパに、15歳くらいのときかな、「〔Ｂさんの〕友だちも被ってたから、頭〔にスカーフを〕被りなよ」って言われて（略）。でも、言われて被るもんじゃないし、「気持ちがなきゃ意味ないじゃん」みたいな。〔小学〕1年生から〔イスラーム学を〕ずっと勉強してたから結構知ってるっていうか、パパよりは知っていると思う[10]。適当な

9）　パキスタンでは、初等教育の第1学年からイスラーム学が必修とされている［黒崎 2016］。同科目は、ズィヤーウル・ハク政権のイスラーム政策の一環として、パキスタン国籍者を対象に必修化された［Lall and Saeed 2019］。Ｂさんは日本国籍であるため必修ではなかったが、興味があったため履修したという。なお、ここで言う「Ｏ（Ordinary）レベル」とは、"Cambridge O level" を指し、ケンブリッジ国際教育課程が提供する資格のひとつに含まれる。

10）　父親の多くは、1980年代後期に20代-30代で来日しており、来日前にハク政権（1979-88年）下でイスラーム化政策が進んではいたが［Lall and Saeed 2019］、イスラーム化された教育政策に直接的な影響を受ける前の世代といえる。マリー・ラール氏よりこの点を指摘頂いたことに感謝したい。

こと言われてさ、うんうんって信じるより、自分がちゃんと知ってて、そっちのほうが得だと思う。〔クルアーンやハディースには〕「イスラーム〔教徒〕だからドゥパッタする[11]」って言ってないんだけどね（略）。

この語りが示唆するように、若い娘たちが、教育課程としてのイスラーム学を含め、家の外でも宗教的知の資源にアクセスできることは、父親や同居親族らがいう「イスラーム」に対抗するうえで大きな意味をもっている。

日本で成長した女性たちの間では、海外での就労や留学経験がイスラームの再解釈につながった例も複数ある。Cさんは、父親に言われるままのイスラームを実践して育ったが、20代で海外で数年働いたことをきっかけに考え方が大きく変わったという。とくに、2000年代以降、一連のテロ事件を背景に欧米圏でイスラーム嫌悪が高まるなかで、Cさんはイスラームについて自分で勉強する必要性を感じ、英語で発信されたインターネット情報を積極的に調べるようになった。また、日本でもパキスタンでもない、非イスラーム圏の国で暮らしたことで、自分のようなマイノリティ・ムスリムの女性の存在や、彼女たちの宗教実践の多様性に気づくようになったという。その結果、Cさんは、父親が自分に期待してきたムスリム女性の理想像に距離をとり、ムスリム女性としての自分なりの生き方を模索するようになった［Kudo 2023］。

一方で、海外経験が少ない場合には、日本でイスラームの知にアクセスするための宗教的、言語的な資源や社会関係資本は相対的に限定されている。しかし、そうした女性たちも、父親のいう「イスラーム」を自明視しているわけではない。そのことは、父親のいうイスラームを「パキスタン教」や「パパ教」と呼び、「本来の」イスラームと区別して語る女性が複数いたことに示唆されている。

4 「ムスリム女性」としての実践の多様性

以上みたように、父親のいう「ムスリム女性」の理想像に抗して「本来のイ

---

11) 「ドゥパッタ」は、パキスタンで一般的に着用されるシャルワール・カミーズ（ズボンと膝丈ほどある長い上衣）の上から、女性たちが上半身（とくに胸元や頭髪）を覆うのに用いる長い布を指す［工藤 2008: 107-109］。

スラーム」を構築する傾向は、成育環境にかかわらず多くの女性に共通してみられた。では、こうして「本来のイスラーム」を語る女性たちは、日常においてイスラームをどう実践し、「ムスリム女性」であることをいかに意味づけているのだろうか。

　パキスタンで成長したDさんは、父が宗教にはそれほど熱心ではなかった一方で、彼女の交友関係には非常に厳しかったため、辛い時期をすごした。10代後半に入った頃、Dさんはそうした父との葛藤の解決の糸口をイスラームの信仰に求めるようになった。彼女は、クルアーンを読み始め、学校の友人にあらためて礼拝の仕方を教えてもらい、日々礼拝するようになった。その過程でDさんは、パキスタン女性の多くが頭や上半身を覆うのに用いるドゥパッタではなく、中東のムスリム女性に多くみられるヒジャーブを被るようになったという[12]。

　一方で、宗教的内省が逆にヒジャーブを外すことにつながった例もある。海外のムスリム集住地域で育ったEさんは、思春期以降、日本にいる父親が母親を介して彼女の日々の服装を厳しく規制することに悩む時期があった。Eさんは葛藤の末に、それまで家の外で被っていたヒジャーブの意味を捉え直し、外すことにしたという。両親は良い顔をしなかったが、Eさんは、ヒジャーブを外してもイスラームの信仰自体が揺らいだのではなく、宗教をみる視点が変わったのだと語った。

　では、日本で育ったケースではどうだろうか。宗教的自己の複雑な形成プロセスを示唆するFさんの例を挙げたい。Fさんは日本で育ったが、学校の休暇中になんどかパキスタンに滞在した。子ども時代は、父の希望で学校給食の代わりにハラールな弁当を持参し、制服は規定のスカートではなく、スラックスで通った。娘が異性と関わることを父が嫌ったため、高校進学では共学の志望校を諦めて女子高を選び、その後、大学に進んだ。家庭では自分の宗教観を押しつける父に強いストレスを感じ、学校では「（みんなと）違うよね」と特別視され、どこにいてもストレスだったという。

12）　パキスタンのドゥパッタは、肩だけにかけたり、頭をゆったりと覆うだけのことも多いのに対し、中東地域で用いられるスカーフ（ヒジャーブ）は頭髪が見えないように覆うスタイルが主流である。

その後、両親が離婚したため、Ｆさんは母親と暮らすようになった。そのことで家の中と外の「文化の差」がなくなったのはよかったが、「なんか今までの自分じゃないみたいな」喪失感を感じるようになった。しかし、その変化をＦさんは、「喪失感はあるけどポジティブな感じ」だったと捉えており、「喪失感があるからこそ、今〔自分の価値観を〕つくれているのかもしれないです。今までは〔父からのイスラームの〕知識の押し売りみたいな感じだったんですけど、今はそれがなくなって自分で調べたりしてるんで」と語った。

こうして、彼女は、インターネット情報や学術論文などからイスラームについて勉強するようになった。彼女は、ヒジャーブに関する根拠も、「幼い頃に〔パキスタンで親戚から〕聞いた教えと、ちょっとあるんですよ。ズレが」といい、例えば、「うちの親戚はアザーン〔モスクからの礼拝の呼びかけ〕が聞こえたら、ヒジャーブ、ドゥパッタなんかやんなきゃいけないって言って。で、大きくなってからいろんな論文読むと、そんなこと書いてないし」とつづけた。ムスリムと非ムスリムの違いを聞かれて、Ｆさんは、「なんだろう、生活態度かな。服装じゃないと思う。慎ましく生きる、質素に生きること。〔例えば、ムスリム女性が〕ブランド物〔のスカーフ〕を〔頭に〕巻いて自撮りしたりとか、そういうのってどうなんだろうって」と語り、「ヒジャーブを被ることでムスリムだってアピールしてる」ような女性には疑問を感じるという。

しかし、こう語る彼女が日本社会で違和感なく生きているわけではない。例えば、「日本人の人」との会話で、父親がパキスタン人ということからイスラームの話になり、ヒジャーブをしていないがために「あなたってムスリムじゃないでしょ」と言われたりする。Ｆさんは自分のことを礼拝や断食をする「模範的なムスリム」とは思っていないが、ムスリムとしての自覚はある。彼女にとってムスリムであることはヒジャーブをつけるかどうかでなく、「心の底にある」内面的なものであるという。

このインタヴューの時点で、Ｆさんのムスリムとしての実践は変化しつつあった。例えば、以前は、非ムスリムとの付き合いで「空気を壊すのが嫌だった」ことから、ハラールでないものも食べていたが、やめた。理由は、もともとそうすることに「罪悪感」があったことと、日本でもイスラームの知識が次第に浸透しつ人がふえ、Ｆさんの周囲では、一定の理解を示す人もふえてきた

と感じるからである。ヒジャーブは、目立ちたくないので日本ではつけないが、ムスリムが多い国や地域ではつけることもある。ヒジャーブのスタイルの動向はインターネットで常にチェックしており、海外のブロガーのスタイルを参考にしたりもする。

　Fさんには日本人改宗者の友人がいる。その友人は「何も〔知識が〕ないところから自分で調べ、必要だと思うところは取り入れ、今の日本では必要ないだろうっていうようなイスラームの教えはちょっと外したりしている」。Fさんは、父親はイスラーム社会で育ったために「それが普通だと思って生きている」ことと対比して、改宗者の友人はイスラームに反省的である点を評価し、彼女自身もイスラームの教えについて意識的に捉えつつ、ムスリムとしての自分のスタイルをつくっているところだと語った。

　これら女性たちの「本来のイスラーム」をめぐる語りは、1990年代以降、イギリスの若いムスリム女性を対象とする研究が着目してきた「'文化'対'宗教'」の語り［Bolognani and Mellor 2012］を想起させる。例えば、パキスタン系の若い女性たちの間では、親世代の宗教実践を「文化的なもの」として距離をとり、そうでない「本来のイスラーム」を重視する傾向がみられるようになった。こうした女性たちの間では、「文化的」とされるパキスタンのドゥパッタではなく、より「イスラーム的」とするヒジャーブを選択する女性がふえた。Werbner［2007］によれば、若い女性たちはヒジャーブを被ることで、自らの信仰が「本来のイスラーム」にもとづくことを示し、親世代の宗教実践と一線を画す。その「新たな」イスラームは、女性たちが（特に結婚などの人生の重要な事柄について）親の権威への従属ではなく、ムスリム個人としての決定権を行使することを可能とする。一方で、家の外でヒジャーブを被る行為は、イギリス社会で強まるイスラーム嫌悪に異議を申し立て、ムスリムとしての自律的空間を切り拓いていく試みでもある。このように見れば、ヒジャーブ着用は、彼女たちが公私の双方の空間で置かれた多重の力関係に「本来のイスラーム」をもって抗する巧みな戦略と解釈できる。

　このWerbnerの論は、日本とパキスタンにルーツをもつ若いムスリム女性たちのアイデンティティ構築を理解するうえでも示唆的である。つまり、これら女性たちにとって「本来のイスラーム」をめぐる語りは、親世代（とくに父親）

と日本の主流社会の双方に対して距離をとり、自律的な自己の位置取りの交渉を可能にする一方で、親世代とムスリム同士としての信頼関係を保持することをも可能にするものである。

　しかし、イギリスの若いムスリム女性たちと、パキスタンと日本にルーツをもつ女性たちの間には差異も存在する。イギリスでは、女性たちにとってヒジャーブの意味は多義的である一方で、「本来のイスラーム」を重視する自己表出の方法としてヒジャーブを選択する若い女性は多い。これに対して、日本では「本来のイスラーム」への意味づけや、ムスリム女性としての生活スタイルの構築の仕方は、より多様であるように思われる。その背景には、日本のムスリム・コミュニティの規模が欧米と比べてはるかに小さいためにヒジャーブの認知度が低く、また、イスラームへの偏見だけでなく、日本社会の同調圧力が強いために、学校や地域社会でのヒジャーブ着用がより難しいこともあるだろう［佐藤 2024］。

　さらに注目したいのが、イギリスでは、パキスタン系移民の少なくとも第2世代までは、国境間移動といえば、イギリスとパキスタンとの往還が中心であったのに対して、日本人母とパキスタン人父をもつ女性たちの生活圏は、親の中古車輸出業や移住を背景に、2国を超えた多数国間でも展開してきたことである。それゆえに、女性たちが「本来のイスラーム」を構築する社会的コンテクストや宗教的、言語資源には幅があり、それがムスリムとしての自己規定やその実践の仕方の多様性につながっていると考えられる。紙幅の制約から個別の事例を紹介することはできないが、例えば、アラブ首長国連邦で育ち、その後日本に戻って進学したり、就職した女性たちの間では、参照点は日本とパキスタンだけでなく、アラブ首長国連邦での経験や、そこでのつながりが、帰国後のムスリムとしてのアイデンティティ形成に大きく作用しているケースがみられた［Kudo 2024］。関連して、海外で形成された若いムスリム女性のネットワークが日本への帰国後に再構築されている事例もみられた。こうした若い女性たちのムスリムとしてのグローバルな共同体（ウンマ）の再形成には、移住経験をとおして得られる社会関係資本や言語的資源のみならず、日本における疎外の感覚も作用している。このように、彼女たちの「本来のイスラーム」をめぐる語りや日々の実践には、親世代の規範との葛藤や日本社会の排除の構造

にくわえ、親世代が切り拓いてきたトランスナショナルな生活世界や多国間の移動［Paul and Yeoh 2020］なども関与している。

おわりに

本章では、日本人を母にパキスタン人を父にもつ若いムスリムの女性たちのアイデンティティの交渉プロセスについて、ジェンダーとコネクティビティという切り口から検討してきた。そこからは次の2点が示唆される。

第1に、女性たちが「ムスリム女性」としての自己を捉え直し、再創造していくプロセスには、家庭、学校、職場、地域、そしてグローバルな空間で形成される重層的な関係性から構成されるコネクティビティとその変容が絡み合っている。まず、日本の学校では、彼女たちの多くは、外見から「ハーフ」や「外国人」として人種化され、疎外されがちであり、その記憶は成長後の帰属意識にも作用している。一方、家庭では、女性たちの多くがムスリム女性の理想像を期待され、自由を制約されてきたと感じてきた。父親たちによる娘への規制の背景には、宗教だけでなく、在日パキスタン人同業者間が共有するジェンダー規範を核とする名誉の競合が不可分に関わり合っている。さらに、父親世代の緊密なネットワーク形成の背景には、日本の労働市場における外国人労働者の排除という構造的な要因が介在する。しかし、父親による娘のセクシュアリティの管理の様態や程度は一様ではなく、また、日本人の妻との力関係や、パキスタンの親族、日本内外のパキスタン系ディアスポラにおける同業者とのつながりなどに影響されつつ、変化している。つまり、女性たちのムスリム女性としてのアイデンティティの交渉には、彼女たち自身のコネクティビティやその記憶が作用するだけではなく、父や母それぞれのコネクティビティの動態とも関わり合いながら進行している。

第2に、女性たちの間では、父が娘に期待するイスラームの実践を「パキスタンの文化」として距離をおき、そうでない「本来のイスラーム」を戦略的に構築し、代替的な宗教的自己を形成しようとする傾向がみられた。これまで報告されてきたイギリスの事例のように、本研究に参加してくれたムスリム女性においても、親の「文化」に対して「本来のイスラーム」を重視する語りは顕

著にみられた。一方で、日本とイギリスで「本来のイスラーム」をめぐる語り
は共通していても、女性たちが実際に日常においていかにムスリム女性として
の自己を構築していくのかは多様かつ可変的であり、そこには、女性たちを取
り巻く個別の社会経済的文脈や国境を越えた移動の経験、そしてコネクティビ
ティが関わり合っている。今後、就労やライフサイクルの進行をとおして彼女
たちの社会関係が再編されるなかで、そのコネクティビティがどう変容し、そ
のプロセスに、個別の宗教観のみならず、ジェンダーや言語、世代等の差異や
家庭内外での力関係、日本またはグローバルなムスリム・コミュニティの動態
などがいかに交錯し、それが女性たちのアイデンティティ形成にどう作用して
いくのかを注視していく必要があるだろう。

参考文献

安達智史 2020 『再帰的近代のアイデンティティ論——ポスト9・11時代におけるイギ
　リスの移民第二世代ムスリム』晃洋書房
五十嵐泰正 2010 「ディアスポラとしての元「不法」就労パキスタン人たち」駒井洋監修、
　首藤もと子編著『東南・南アジアのディアスポラ』明石書店
岡井宏文 2018 「日本とイスラーム——モスクから見る日本のムスリム・コミュニティ」
　小杉泰・黒田賢治・二ツ山達朗編『大学生・社会人のためのイスラーム講座』ナカニ
　シヤ出版
工藤正子 2008 『越境の人類学——在日パキスタン人ムスリム移民の妻たち』東京大学
　出版会
——— 2016a 「グローバル化における家族とジェンダー役割の再配置——日本人女性と
　パキスタン人男性の越境結婚の事例から」中谷文美・宇田川妙子編『仕事の人類学
　——労働中心主義の向こうへ』世界思想社
——— 2016b 「差異の交渉とアイデンティティの構築——日本とパキスタンの国境を越
　える子どもたち」川島浩平・竹沢泰子編『人種神話を解体する3 「血」の政治学を越
　えて』東京大学出版会
——— 2021 「トランスナショナルな家族の生成と再編——日本人女性とパキスタン人
　男性の国際結婚夫婦と子どもたちの事例から」『移民政策研究』第13号：9-26
——— 2024 「若いムスリム女性のアイデンティティ形成——日本とパキスタンにルー
　ツをもつ女性たちの事例から」長沢栄治監修、嶺崎寛子編『日本に暮らすムスリム』
　明石書店
クレシ サラ好美 2024 「"ムスリムであること"とどう向き合うか——第二世代の語り

から」長沢栄治監修、嶺崎寛子編『日本に暮らすムスリム』明石書店

黒崎卓 2016「パキスタンの教育制度の特徴と課題」押川文子・南出和余編『「学校化」に向かう南アジア——教育と社会変容』昭和堂

後藤絵美 2014『神のためにまとうヴェール——現代エジプトの女性とイスラーム』中央公論新社

桜井啓子 2003『日本のムスリム社会』筑摩書房

佐藤兼永 2024「ムスリム理解を考える——ムスリム"も"食べられるインクルーシブ給食と日本人ムスリマのヒジャーブの事例から」長沢栄治監修、嶺崎寛子編『日本に暮らすムスリム』明石書店

出入国在留管理庁 2023『在留外国人統計』2023 年 6 月末（公開日 2023-12-15） https://www.e-stat.go.jp/stat-search/files?tclass=000001048670&cycle=1&year=20230&month=12040606

鈴木江理子 2009『日本で働く非正規滞在者——彼らは「好ましくない外国人労働者」なのか？』明石書店

髙谷幸 2018「現代日本におけるジェンダー構造と国際結婚女性のシティズンシップ」安里和晃編『国際移動と親密圏——ケア・結婚・セックス』京都大学学術出版会

店田廣文 2015『日本のモスク——滞日ムスリムの社会的活動』山川出版社

福田友子 2012『トランスナショナルなパキスタン人移民の社会的世界——移住労働者から移民企業家へ』福村出版

山根聡 2003「さまざまな人々をつなぐ信仰——パキスタンのイスラーム」広瀬崇子・山根聡・小田尚也編『パキスタンを知るための 60 章』明石書店

Bolognani, Marta and Jody Mellor. 2012 "British Pakistani Women's Use of the 'Religion versus Culture' Contrast: A Critical Analysis," *Culture and Religion: An Interdisciplinary Journal* 13 (2): 211–226.

Dwyer, Claire. 1999 "Veiled Meanings: Young British Muslim Women and the Negotiation of Differences," *Gender, Place and Culture: A Journal of Feminist Geography* 6 (1): 5–26.

Kandiyoti, Deniz. 2017 "The Paradoxes of Masculinity: Some Thoughts on Segregated Societies," In *Dislocating Masculinity*, Andrea Cornwall and Nancy Lindisfarne (eds.), London: Routledge: 185–200.

Kleist, Nauja. 2010 "Negotiating Respectable Masculinity: Gender and Recognition in the Somali Diaspora," *African Diaspora* 3 (2010): 185–206.

Kudo, Masako. 2015 "Crafting Religious Selves in a Transnational Space: Japanese Women Who Converted to Islam upon Marrying Pakistani Migrants," In *Rethinking Representations of Asian Women: Changes, Continuity, and Everyday Life*, Noriko Ijichi et al. (eds.), New York: Palgrave MacMillan: 105–121.

———. 2017 "The Evolution of Transnational Families: Bi-national Marriages between Japanese Women and Pakistani Men," *Critical Asian Studies* 49 (1): 18–37.

———. 2022 "Affects, Aspirations, and the Transformation of Personhood," In *Tangled Mobilities: Places, Affects, and Personhood across Social Spheres in Asian Migration*, Asuncion

Fresnoza-Flot and Gracia Liu-Farrer (eds.), New York: Berghahn Books: 134–156.

———. 2023 "Negotiating Citizenship and Reforging Muslim Identities: The Case of Young Women of Japanese-Pakistani Parentage," In *Marriage Migration, Family and Citizenship in Asia*, Tuen Yi Chiu and Brenda S. A. Yeoh (eds.), 115–132, Routledge. https://doi.org/10.4324/9781003391869.

———. 2024 "Multinational Migration and Post-return Identity Negotiation: An Intersectional Study of Japanese-Pakistani Muslim Youths," *Ethnic and Racial Studies*. https://doi.org/10.1080/01419870.2024.2436068

Lall, Marie and Tania Saeed. 2019 *Youth and the National Narrative: Education, Terrorism and the Security State in Pakistan*, New Dehli: Bloomsbury.

Paul, Anju Mary and Brenda S. A. Yeoh. 2020 "Studying Multinational Migrations, Speaking Back to Migration Theory," *Global Networks* 21(1): 3–17.

Werbner, Pnina. 2007 "Veiled Interventions in Pure Space: Honour, Shame and Embodied Struggles among Muslims in Britain and France," *Theory, Culture & Society* 24(2): 161–186.

後藤絵美

第9章 イスラームにおける男女平等論の展開

はじめに

　イスラームの啓典クルアーンには、男女に対して異なる規定を示す章句が含まれており、それらを根拠にムスリム諸国の法律や日常の実践には、男女間の不平等な関係性を含むジェンダーが刻まれてきた［ミール゠ホセイニー 2004; Bauer 2015; 後藤 2018］。一方、20世紀後半以降、国際連合の女性差別撤廃条約（CEDAW）[1] をはじめ、ジェンダー平等[2] のための国際人権基準が設定されると、その実現を求める動きが各地に広がった。そのなかで聞こえ始めたのが、ジェンダー平等をめぐる理解について、「国際人権基準とイスラームは対立する」という主張である。たとえば次のように説明された。国際人権基準では男女間に法律上の権利義務の平等が求められるが、イスラームでは男女の本質的違いを前提に両者に異なる役割や能力、権利や義務が認められており、相互補完的な関係性に基づく平等（均衡）が求められる。平等に関する理解の違いは大きく、相容れるものではない、と[3]。

---

1) Convention on the Elimination of Discrimination against Women、略称は CEDAW。1979 年採択、1981 年発効。詳細は後述。

2) 「ジェンダー平等」という表現は近年の日本において、男女 2 つの性の差異だけでなく、多様な性に関わるものとして理解される。一方、本章で扱う現代のイスラーム圏の事例では、ジェンダー平等という表現が用いられる場合でも、もっぱら男女間の差異について議論されることが多い。そのため、本章では「男女平等」という表現を併用している。

3) ［Bydoon 2011; 桑原 2015; 2021; Jaffal, Shawabkeh and Al Obeidi 2022］など。いずれの論考でも、イスラームと呼ばれるものの内部の多様性やダイナミズムへの言及もあり、国際人権基準とイスラームという単純な二項対立ではないことが示されている。

本章ではこの「対立関係」を検討する[4]。その際、国際人権基準の男女平等論とイスラームの男女平等論が、それぞれ、どれほど自明で不変かを問うことから始めたい。国際人権基準の男女平等論には、1979 年に女性差別撤廃条約が採択されるまでに、複数の段階や議論があった。イスラームの男女平等論も同様である。後者については近年、均衡論とは異なる主張として、イスラームの宗教的確信に基づきながら、法律上の権利義務の平等を含め、男女平等は可能であり、必要であるという声も各地であがりつつある。本章では、国際的な啓蒙活動団体ムサーワー（英 Musawah／亜 Musāwā）を事例に、この新たな動きに迫っていく。

　ムサーワーとはアラビア語で「平等」を意味する。1990 年にマレーシアで結成されたムスリム女性団体シスターズ・イン・イスラーム（Sisters in Islam）を母体として、ムサーワーは 2009 年に世界各地の活動家や研究者、政治家らによって創設され、「ムスリム家族に平等と公正をもたらすこと」を目的として、調査や研究、啓蒙活動を行ってきた。その特徴の一つは、イスラームに基づく男女平等が、女性差別撤廃条約で求められる男女平等と完全に一致するという主張にある。発足時に示された行動指針には次のように記されている。

　　　女性も男性も同様に、家庭内で平等と公正を享受し、その貢献への敬意や評価を得る権利をもつ。家庭内での共同責任には、平等な権利と意思決定、司法へのアクセス、財産所有、離婚や死亡時の財産分与での平等を伴う必要がある。イスラームの原則と、普遍的人権基準、憲法と法的保障、そして、今日の女性と男性の生活実態は、一体となって、私たちの社会の家族法や実践を平等で公正なものへと導く。21 世紀の今、家庭や社会に女性のための公正や平等をもたらす女性差別撤廃条約の条項は、多くのムスリムの国や地域社会の家族法規定よりも、シャリーア〔神の道〕に適っている［Anwar 2009a: 20］。

　家族法と実践における平等や公正の源泉として、ムサーワーは、①イスラームの原則、②普遍的人権基準、③憲法と法的保障、④女性と男性の生活実態の

<hr />

4)　同様の取り組みとして Ali［2016］がある。アリーは女性差別撤廃条約を事例に、そこにイスラームと国際人権基準の間の規範の対立があるかないかではなく、異なる要素の融合による普遍的な規範をいかにつくり出しうるのか／つくり出されているのかという点に注目している。

4つを挙げている。その上で、②に含まれる女性差別撤廃条約が、ムスリム諸社会での現行の家族法よりも、イスラームに照らして適切だと主張する。

　本章では、こうした捉え方が登場した文脈とそれを支える思想や戦略を明らかにする。ジェンダー平等に関する国際人権基準とイスラームの議論の共通点を探るなかで、最終的には、平等や公正をめぐる理解のグローバルなつながりと、それがもつ可能性を考えてみたい。

1　国際人権基準における男女平等論

(1)　女性差別撤廃条約の採択まで

　女性に対する性別ゆえの制限を取り除き、より公正な男女関係を築こうとする動き（フェミニズムと総称しうるもの）が、グローバルな範囲で広がり始めたのは 19 世紀末のことである。教育や労働、政治、法的地位の平等を求める声があがり、やがて運動へと発展した [Zwingel 2016: 36]。第二次世界大戦中に起草され、1945 年 6 月に署名された国連憲章では、基本的人権や人間の尊厳と価値とともに、男女の平等な権利が宣言された。1948 年に採択された世界人権宣言では、あらゆる差別が容認されないことが明言され、その内容をもとにした国際人権規約（1966 年採択、1976 年発効）により、男女平等の確保は締約国に課される義務となった。女性に関する諸条約（参政権 [1952 年採択／1954 年発効]、国籍 [1957 年／1958 年]、婚姻の同意、最低年齢、登録 [1962 年／1964 年]）に続く形で、より包括的な範囲での平等を求める女性差別撤廃宣言[5] が国連女性の地位委員会によって起草され、1967 年 11 月の国連総会で採択された [Zwingel 2016: 38]。

　宣言をもとにした条約の原案づくりが国連女性の地位委員会の作業部会にて始まったのは、1974 年のことである。以来、ムスリム諸国出身者を含む多国籍の（主に女性の）代表者らによる多くの議論を経て、1979 年 12 月、女性差別撤廃条約は採択された（1981 年発効）[6]。現在その締約国は 189 カ国で、ここにはムスリム諸国の大半も含まれる[7]。

---

5)　Declaration on the Elimination of Discrimination against Women. 前文と 11 条から成る。

（2）　女性差別撤廃条約の特徴

　女性差別撤廃条約は前文と 30 条から成る[8]。国際女性学を専門とする山下泰子は、女性差別撤廃宣言採択から女性差別撤廃条約採択までの 12 年間に、女性問題に対する認識が大きく展開したと指摘する。その一因は、国連が 1975 年を「国際女性年」と定め、以後の 10 年を「国際女性の 10 年」とし、女性の地位向上に世界の関心が寄せられたことにある［山下　1994］。

　日本政府代表として条約の採択に関わった赤松良子は、同条約の特徴として以下の 3 点を挙げる。第 1 は、女性保護概念の明確化である。宣言の段階では曖昧だった女性保護の概念について、条約では、妊娠・出産に関わる狭義の母性保護とそれ以外の一般の女性保護とが分けて考えられるようになった。前者（母性保護）には特別な保護が設けられ（第 11 条「雇用における差別撤廃」2 項）、それは差別ではないと明言された（第 4 条「差別とならない特別措置」2 項）。後者（一般の女性保護）は、「一見女性を優遇するように見えても、差別を生む効果があること」から、原則として排除される。第 2 は、平等実現の徹底である。条約は、締約国に対して、法制上の性差別の改廃だけでなく、現実社会で「事実上の平等」を達成するための適切な措置を要請する。そして第 3 は対象の包括化である。第 14 条「農村漁村女性に対する差別撤廃」にみられるように、女性のなかにも異なる境遇や立場があることを踏まえ、具体的で詳細な条項が設けられている［赤松　1994］。

　「事実上の平等[9]」とは、法制上の性差別が廃されて「法律上の平等[10]」が達成された後に残る不平等を是正した状態のことである。不平等の原因としては、過去の性差別や役割分担の影響（歴史的差異）が現代にあらわれる場合、人々の意識に残る固定的な捉え方の影響による場合などが挙げられる。それら

---

6)　成立過程およびその際の議論については、国際女性の地位協会［1994］、Zwingel［2016］、Ali［2016］が詳しい。作業部会での議事録を詳細に検討したアリーは、その過程における話し合いに参加した女性たちについて、「かれらは意識的に、「国家の立場を優先することなく」未来志向の人権モデルを目指そうとした」と述べている［Ali 2016: 156］。

7)　条約の本文および締約国は United Nations Treaty Collection で参照可能（http://treaties.un.org/、最終アクセス 2024 年 9 月 5 日、Depository の Status of Treaties, CHAPTER IV に収録）。

8)　内閣府男女共同参画局ウェブサイトで日本語訳が参照可能（https://www.gender.go.jp/、最終アクセス 2024 年 9 月 5 日）。

9)　"Substantial equality" または *de facto* equality。「実質的平等」とも呼ばれる。

10)　"Formal equality" または *de jure* equality。「形式的平等」とも呼ばれる。

を考慮し、第4条では、有利な側にハンディキャップをつけたり、不利な側に
プラスしたりするという特別措置によって「機会の平等」を確保し、「結果の
平等」のための環境づくりが求められた。さらに、「歴史的差異」や固定観念
が解消された場合、特別措置の継続が逆差別をもたらすことも指摘された［国
際女性の地位協会 1994; 横田 1997; Cusack and Pusey 2013］。

　もう一つ、女性差別撤廃条約の特徴として指摘されるのが、その射程に、
（「法律上の平等」や「事実上の平等」に加えて）「変革的平等[11]」の希求があるとい
う点である。国際法学者のリッキー・ホルトマートは、条約第5条「男女の固
定観念に基づく慣行等の撤廃」に着目し、そこから「女性に対する男性と比べ
ての直接的、間接的な差別を禁止するだけでなく、制度的、構造的なジェンダ
ー差別と闘う義務を締約国に課すものとして、女性差別撤廃条約を読ませる可
能性を開いた」と述べている［Holtmaat 2013: 96］。ジェンダーをめぐるステレオ
タイプや子育てにおけるジェンダー化された役割分担から脱することで、人は
その生の意味を自ら決定できるようになる。「変革的平等」を目指す女性差別
撤廃条約は、自律性と自由、そして多様性の可能性を提供するものであり、女
性差別の根本的原因と対峙するための画期的な手段であるとホルトマートは強
調する［Ibid: 96-97］。

　以上のように、女性差別撤廃条約はジェンダー平等への道を切り拓く可能性
をもつものであるが、消極的な意味での特徴もある。条約の批准や加入に際し
て、締約国には条文の留保（一部の適用を除外すること）が認められるが、女性
差別撤廃条約には多くの留保が付されている。そのため、条約自体の実効性が
疑問視されることもある［Bydoon 2011］。

　以上、国際人権基準における男女平等論について、女性差別撤廃条約を軸に、
その概略を見てきた。ここからわかるのは、女性差別撤廃条約で求められてい
た男女平等には、「法律上の平等」に加えて、過去と現在の不平等を考慮した
「事実上の平等」、そして未来の不平等をなくすための「変革的平等」という複

---

11)　ホルトマートは「変化によってもたらされる平等（equality as transformation）」とも呼ぶ［Holt-
maat 2013: 111］。フレドマンらは、変革的平等には、①不利な状況の連鎖を断ち切り、②尊厳
と価値の尊重を促進し、③構造改革を達成することで差異を受け入れ、④政治的・社会的包摂
を促進するという、重なり合う4つの側面があると述べる［Fredman, Kuosmanen, and Campbell
2016: 180］。

数の要素が含まれていたことである。次に、イスラームにおける男女平等論に目を向けてみたい。

2 イスラームにおける男女平等論

(1) 男女平等論の誕生

イスラーム圏の法や実践では長らく、夫が妻よりも大きな権限をもつとされてきた。たとえばクルアーンの「男は女の擁護者（家長）である。それはアッラーが一方を他方よりも強くなされ、かれらが自分の財産から（扶養するため）、経費を出すためである[12]」（4章34節）という表現や、遺産相続の際に男子には女子の2人分を与えるようにという文言（4章11節）から、男女の役割分担や「支配＝従属」関係が読み取られてきた［Bauer 2015; 後藤 2018］。

状況が変化し始めたのは、19世紀末から20世紀初頭にかけてのことである。この時期多くのムスリム諸国では近代的な国民国家の体裁が整えられ、西洋に範をとった教育制度や法制度、思想文化が導入され、古典法の影響を受けた家族法の成文化が始まった。女性の地位や男女の関係性が国内外で問題化し、「イスラームにおける女性」を主題とする著作が男女の知識人によって著された。なかでも物議を醸した著作が、エジプト人の男性法律家カースィム・アミーン（1863-1908年）による『女性の解放』（1899）であった。同書第1章の冒頭で、アミーンは次のように述べている。

　　女性とは何なのか。男性と同じ人間だ。身体やその機能、感情、思考能力において男性と何ら変わりない。性別が異なるだけで、すべての人間的特徴にまったく差異はない。

　　もし男性が心身ともに女性に優っているとすれば、それは男性が幾世代にもわたって心身を活用してきた一方で、女性は心身を用いることを禁じられ、さまざまな時代や場所において程度の違いこそあれ、低い地位に貶められてきたからだ［アミーン 2024: 17］。

---

12)　本書でのクルアーンの引用は日本ムスリム協会訳『日亜対訳・注解　聖クルアーン』（1996年、改訂版［第5刷］）による。ただし、本文の日本語との調和のため、必要に応じて加筆修正した箇所もある。

性別の違いが能力や役割、ふるまいの違いをもたらしたのではないというのが、アミーンの主張であった。そして、性別ゆえに教育や経験を得る機会が限られた結果、女性が労働市場で不利な立場にある現状は、イスラームに由来するものではなく、また公平さや公正さに欠けるものであるとして改善を提案した。さらに、女性のみが課される隔離や全身を覆うヴェール、女性に圧倒的に不利な形で運用される現行の家族法も、イスラームではなく、人々の誤った宗教理解や慣習によるものであり、変えていく必要があると強調した。

　こうした議論は、一定の共感を得た一方で反発も招いた。エジプトでも、その他のムスリム社会でも、それとは異なる主張——男女は同等であるが、同一ではなく、互いに補い合う存在である——が聞こえ始めたのはその後のことである。

(2)　均衡に基づく男女平等論

　新たに登場した議論は、平等や公正を含む現代的な価値観や倫理観に関心を寄せながらも、西洋的価値観への反抗心を抱き、「イスラーム的」選択肢を求める人々を中心に広がった。そうした論者の一人が、エジプト出身の作家で、後にイスラーム同胞団のイデオローグとなったサイイド・クトゥブ（1906-66 年）である。

　クトゥブが 1950 年代から 60 年代にかけて著したクルアーンの注釈書『クルアーンの蔭で』には、次のようにある。人々の勝手な思い込みから、長い間、女性は人間としての尊厳や権利を奪われてきた。過ちに気づいた人々はそれを正そうとしたが、今度は女性を自由気ままに放置するという、もう一方の極端な方法を採った。これもすべて「男性と女性が互いのために創られた」ということを忘れたからである。本来、女性は男性にとって魂の片割れである。男女は互いの片割れを見つけることで平静を取り戻し、安心し、家族を築くのである、と［Quṭb 2008: vol. 1, 574; Quṭb 2001: vol. 3, 24-25］。

　4 章 34 節に関して、クトゥブは次のように言う。

　　　男性も女性もアッラーの被造物であり、至高なるお方は、その被造物を不当に扱わないということは疑いがない。そのアッラーが、男性と女性がそれぞれ自らの責務をまっとうできるように、必要な能力をお与えになっ

た。（中略）女性の務めは妊娠し、出産し、授乳し、自分と夫の間に生まれた子どもの世話をすることである。これは重要で大変な務めである。女性のなかに深く埋め込まれた身体的、精神的、知的な要素なくして、簡単にこなせるものではない。（社会の）もう半分を占める男性が、女性に必要なものを与え、女性の保護を務めるのは、公正なことである。（中略）こうした務めが果たせるよう、男性に身体や精神、知的な特性が与えられたのもまた、公正なことである［Quṭb 2008: vol. 2, 650; Quṭb 2001: vol. 3, 131］。

クトゥブはここで、子を産み育てるという女性の務めの重要性を強調し、その支援者として男性を位置づけているが、同時代の論者の間では、男性を中心とした議論も少なくなかった。男性は身体が頑強で、外での仕事に向いている、男性は知的に優れているため、意思決定の場で求められる合理的な判断に適している、男性は女性の扶養者であり、保護者である、よって女性は従順に、男性の求めに応じなければならない、という主張である［Shehadeh 2003］。1970年代以降、「イスラーム的」な国家や社会を求める運動が広がると、女性の役割は子を生み育てることにあるという声が強まり、家庭や社会での女性たちの選択肢は狭められていった。

(3) イスラミック・フェミニズムの登場

各地のムスリム女性の間で、その性ゆえの決めつけや差別的扱いに対する疑問や不満の声が高まったのは、1980年代から90年代のことである。なかには、イスラームへの期待を捨て、国際人権基準を含む非宗教的な枠組みに向かう者もいれば、イスラームと改めて向き合うことを選択する者もいた。後者の間では、クルアーンが読み直されたり、ハディース（預言者ムハンマドの言行録）が再検討されたり、神授の法と人間の解釈をいかに分けるべきかが議論されたりした。モスクでの女性たちの活動が盛んになり、勉強会が開かれ、ムスリムとして自分たちが何を信じ、どうあるべきかが話し合われた。それぞれの主張や考えには違いがあったが、共通したのは、イスラームは公正であり、公正には平等が伴うという理解であった。イスラームの典拠や語彙を用いつつ、性差別をなくし、新たな社会構造や人間関係をつくり出そうというフェミニスト的な願いや要求を掲げたこの運動は、「イスラミック・フェミニズム」と呼ばれた

［ミール＝ホセイニー　2004; Mir-Hosseini 2007; Badran 2010; Adújar 2013］。

　運動を牽引した一人が、アフリカ系アメリカ人の改宗者の女性で、米国や東南アジアなどの大学でイスラーム学を教えてきたアミーナ・ワドゥード（1952年-）であった。既存のクルアーンの読み方が時代に合わず、また男性中心的であることを不満に思ったワドゥードは、「現代を生きる女性にとって意味のあるクルアーンの読み方」を模索しつつ、『クルアーンと女性』を執筆した［Wadud 1999: 1］。そのなかでは、前出の4章34節に関するサイード・クトゥブの議論を引きながら、次のように述べられている。（クトゥブが言うように）子どもを生み育てる妻に必要なものを夫が与えるという関係性は一つの理想型である。しかし、今日の現実社会では、夫の収入だけでは不十分だったり、夫に収入がなかったり、妻が子を産まなかったり、そのような関係性が成り立たない場合が多い［Ibid: 72-73］。

　クトゥブの解釈と現実の間にあるずれに着目し、それを解消すべく、ワドゥードは4章34節をより広い視野から捉えることを提案する。「クルアーンは、人間同士の交わりや、男女が互いに対してもつ責任に関して、永遠に参照されなければならない。この節では、均衡のとれた共生社会を創るために、女性に最良のものを提供する義務を男性に課している。ここでいう責任は、生物学的なものでも、生まれながらに決定されたものでもない。ただ、（人として）果たすべきものである」［Ibid: 73］。20世紀に入り、女性たちの活動の幅が広がり、政治や経済の領域も含め、より大きな権利や重要な役割、責任をもつ者があらわれた。そうしたなか、男性たちもまた、子育てや家事を含めて、活動領域を広げる必要がある［Ibid: 103-104］。クルアーンは個人の役割や社会のあり方を固定していない。むしろ多様性や変化の必要性を説いている、と［Ibid: 67, 103］。

　以上、本節では、イスラームにおける男女平等論の展開を見てきた。ここから、イスラームの男女平等論が20世紀に始まるものであること、「男女は同等であるが、同一ではなく、互いに補い合う存在である」という均衡論の前後に、それとは違う形で男女平等を求める声が上がっていたことが明らかになった。次節で扱うムサーワーから聞こえてくるのもまた、後者の声である。次に、ムサーワーと女性差別撤廃条約の事例を通して、国際人権基準とイスラームの交わりを見ていくことにしたい。

3 ムサーワーと女性差別撤廃条約

(1) ムサーワーの発足まで

　ムサーワーの前身であるシスターズ・イン・イスラーム（SIS）がクアラルンプルで結成されたのは 1990 年である。初代代表を務めた（そして後にムサーワーの初代代表となった）ザイナ・アンワル（1954 年-）によると、それはマレーシアで政治的イスラームが台頭し、「男は女より優れている」「夫は妻よりも権限をもつ」といった言説が、イスラームの名のもとにそれまで以上に広がった時期だったという。女性たちは一夫多妻婚や離婚をめぐって不安定な立場に置かれたり、精神的に打ちのめされたりしても、助けを得られない状況にあった。そうしたなか、アンワルらを捉えたのが次のような疑問であった。「神が公正なら、イスラームが公正なら、イスラームの名のもとにつくられた法律や政策が不公正の原因となるのはなぜなのだろう」[Anwar 2013: 107]。

　SIS 結成の数年前から、アンワルらは、当時クアラルンプルの国際イスラーム大学で教鞭をとっていたアミーナ・ワドゥードを招き、クルアーンの勉強会を開いていた。そのなかで女性たちは、抑圧の原因がイスラームにあるのではなく、慣習や家父長制的な歴史的伝統に影響されたクルアーンの解釈にあると理解したという [Ibid: 108-109]。

　アンワルやワドゥードを含む 8 人の女性によって始まった SIS は、ジェンダー平等や女性の権利、ドメスティック・バイオレンス、イスラームと近代国家などの主題について学び、議論する場を提供した。その活動は、セミナーの主催、冊子や書籍の刊行、教育プログラムや調査・分析の実施、アドボカシー活動など多岐にわたった。2000 年代以降、SIS の活動への認知度と関心が国内外で高まると、他の活動組織や人権活動家との連携も始まった。モロッコでの新しい家族法の成立（2004 年）に刺激された SIS は、2006 年、クアラルンプルで国際会議「ムスリム諸国における家族法改革の動向」を主催した。国際的な連帯による運動の発展に期待が寄せられ、イスタンブルやカイロでの準備会合を経た後の 2009 年 2 月に、「ムスリム家族における平等と公正のためのグローバル運動」として、ムサーワーが発足した [Ibid: 111-120]。

(2) ムサーワーの思想と戦略

クアラルンプルで開催されたムサーワーの創設式には、47 カ国から 250 名の女性や男性の活動家、学者、政治家、起業家や専門家らが集まった。開会の言葉のなかでアンワルは、イスラームが公正であること、神が公正であることは揺るぎない信仰箇条の一つであり、21 世紀の今、この世界で公正とは何かと考えたとき、平等は欠かせない要素の一つであると宣言した上で、次のように続けた。

> 私たちは、イスラームの神学や法学の分野で、すでに「パラダイム・シフト」が起きていること、イスラームの教えと人権、女性の権利は調和しうることを、国際社会に知らせるべきだと考えました。こうした認識を共有することで、イスラームの枠組みのなかで平等の達成は可能であるという言説が、国際的に、広く公的な声となっていくようにと願ったのです。そうして、イスラームの家族法や実践のなかでの権利を守り、国や地域レベルでの差別的な条項や規定の改革を求めるという、私たちの要求を推進するための機運を高めようと考えたのです [Anwar 2009b]。

「パラダイム・シフト」という言葉で何が意図されたのか、ここでは詳細は語られないが、ムサーワーの刊行物や配信物から、以下の 3 つの変化が含意されていたと考えられる。

第 1 に、クルアーンの読み方に関わる変化である。従来、クルアーンの章句は、啓示が下された当時の社会的文脈や、アラビア語のテクストの文法構成の検討を通じて、各語や各文の意味が読み解かれてきた。そこに近年、クルアーン全体を貫く世界観（倫理的で平等主義的なもの）を考慮するという過程が加えられた [cf. Wadud 1999; Abu-Zayd 2013]。

第 2 に、イスラーム法の理解をめぐる変化である。これまで区別されずに用いられる傾向にあった「シャリーア」、「フィクフ」、「法」という語彙を、神の啓示（シャリーア）と人間によるその理解（フィクフ）、そして 20 世紀以降、後者のなかから取捨選択する形で制度化された法（各国の家族法など）と明確に分けて捉えることが提案された [Mir-Hosseini 2009]。

第 3 に、イスラームと時代性をめぐる認識の変化である。クルアーンもフィクフも、それぞれの時代の価値観や規範、知識に照らし合わせて読んだり、理

解したりする必要があるという考え方があらわれた（前記の第2節(3)参照）。

アンワルの言葉にある「イスラームの教えと人権、女性の権利は調和しうる」や「イスラームの枠組みのなかで平等の達成は可能である」という部分についても見ておこう。後にムサーワーが発行したリーフレットでは、イスラームの教えと人権における平等の調和が次のように説明された。まず、現代のムスリムの間には、ジェンダー平等をめぐって2つのアプローチがある。一つは、「保護主義（protectionist）」、もう一つは「平等主義（egalitarian）」である。保護主義では、古典法（フィクフ）の影響の下、男女は信仰者として同等であるが、それぞれの性質上、社会生活や法律の上で同一に扱うべきではないと主張される。身体が頑強で理性を持つ男性は、体が弱く感情的な女性を害悪や悪行から保護する役割を担うからである。男女を一律に扱うことは自然法に反し、神の公正に反するといわれる［Musawah 2017: 4］。

他方、平等主義では、クルアーンの中心的価値観や預言者の前例に基づきながら、公正とは、女性を一人の人間として扱うことだと主張される。平等主義を掲げる人々は、男女間の生物学的な差異を含め、人と人の差異が両者の平等を阻むとは考えない。そもそも誰もが他者とは違うのであり、その違いのバランスを取る制度が必要だからである。「平等は、社会における公正の原則、法律における公正の原則、ジェンダー関係を含む人間関係を規制する公正の原則として必要である。それはすべての人が能力や資源へのアクセス等において違っているからに他ならない」［Ibid: 2］。

リーフレットではまた、これら2つのアプローチが、ジェンダー平等をめぐるグローバルな議論で使用される語彙と重なることが示される。「保護主義」アプローチは、相互補完的な関係性に基づく均衡論に相当する。「平等主義」アプローチは、すべての人を一律に扱う「法律上の平等」の欠点を補い、機会や過程、結果を同じくする「事実上の平等」と、長期的な視野の下で制度やシステム、力関係の変化をもたらす「変革的平等」の要素を合わせもつ［Ibid: 2-3］。

ムサーワーにとっての「平等」は、後者の「平等主義」アプローチで得られるものであるという。「保護主義」アプローチは「女性を永久的に未成年者として扱い、その尊厳を傷つけ、精神的領域と社会的領域の両方で、彼女たちが

潜在的な力を発揮することを妨げ」るからである［Ibid: 2］。リーフレットの最後には、クルアーンで示される公正（justice/ 'adl）、公平（fairness/ qist）、均衡（equity/ inṣāf）、尊厳（dignity/ karāma）などの概念が、現代の文脈での「平等主義」アプローチの軸である「事実上の平等」や「変革的平等」を形づくる要素であるとも述べられる［Ibid: 4］。

　ムサーワーは、そもそもなぜ、イスラームの教えと人権や女性の権利が調和しうるという点を強調したのか。アンワルは別の場面で、これまで多くの人権団体や女性団体が、単独で活動してきたために、また保守層の反発を受けたり、政府支援を得られなかったりしたために、十分な成果をあげられなかったことや、イスラーム（宗教）と人権という枠組みの違いによって運動が分断されてきたことに言及している［Anwar 2009a］。これら 2 つを組み合わせることで状況が変わったり、国際社会からの圧力も味方にすることで保守層や政府が変わっていくことに期待したのかもしれない。

　以上、「平等」をめぐるムサーワーの理解の枠組みを概観した。次項では、女性差別撤廃条約に関する同団体の報告書を参照し、その思想や戦略についてさらに検討したい。

（3）　ムサーワーと女性差別撤廃条約

　2011 年、ムサーワーは、ムスリム諸国の家族法と女性差別撤廃条約に関する報告書をまとめた。そこでは、条約締約国のうち、2005 年から 2010 年の間に女性差別撤廃条約委員会（以下 CEDAW 委員会）[13]　に締約国レポート [14]　を提出したイスラーム協力機構（OIC）の加盟国 [15]　およびムスリム家族法を施行する非ムスリム国 [16]　と委員会とのやり取りの概要が示されていた。報告書による

13）　第 17 条による。締約国から選出された 23 人の専門家から成る。

14）　第 18 条により、締約国は条約の効力が発生してから 1 年以内に第 1 次レポートを、その後少なくとも 4 年毎に定期レポートを提出する。定期報告書の提出前に委員会はリスト・オブ・イシューズ（質問事項）を示し、締約国はそれを踏まえて報告書を作成する。審議に際しては、締約国と委員会、さらに NGO が参加し、ジェンダー平等に向けた「建設的対話」の実践が求められている。その後、委員会の最終コメントが公表される。

15）　OIC 加盟国（全 57 カ国）のうち、イラン、スーダン、ソマリアを除く 54 カ国が条約を批准または加入している。そのうち 40 カ国（留保付き 17 カ国）が報告書の分析対象となった。

16）　インド、フィリピン、シンガポール、タイ。

と、委員会は締約国に対して繰り返し、条約が求める形での法制度の変更を要請し、そのための「積極的な提案や勧告」を行ってきた。具体的には、伝統や慣習を見直すこと、宗教指導者らの関与を促すこと、イスラームの解釈や法学における変革的な事例を参照することが求められた［Musawah 2011: 9-10］。

　報告書はまた、ムスリム・マジョリティおよびマイノリティの締約国を①イスラーム法（シャリーア）の規範や伝統を重んじるムスリム国家、②文化や慣習、伝統を重んじる国家、③世俗的国家という3つのパターンに分け、もっぱら①の国々が「イスラーム」や「シャリーア」を理由に条約に留保を付けたり、その履行が困難だと訴えたりしてきたことを指摘した[17]。同じく①の複数の国が、イスラーム自体が男女平等のあり方を定めており、自国の法はそれに従っていると主張した[18]。

　「国際人権基準とイスラームの対立」と呼びうるこの状況を前に、ムサーワーの報告書では、この対立を構造的に不変のものとみなすのではなく、これからの考えや行動次第で変わりうるものと捉えるため、以下3点を認識することが有用だと指摘された。

　第1に、「イスラーム」や「シャリーア」の理解のあり方に問題があるという点である。ムサーワーは、①の国々が「イスラーム」や「シャリーア」と呼ぶのは、神の教えとしてのイスラームや神の啓示としてのシャリーアではなく、人間によるそれらの理解（フィクフ）だと指摘する。そして、その意味において、「イスラームの男女平等概念」に準じると締約国およびCEDAW委員会が考えていた各国の国家法は、フィクフを取捨選択して制度化したものである。フィクフもそれに基づく国家法も、人間の理解に依拠したものであり、見直しや変更が可能だという点が強調された［Ibid: 24-28］。

　第2に、イスラーム以外の要素にも目を向ける必要性である。CEDAW委員会や各国政府あるいは主流派の政治／宗教イデオロギーは、ムスリムの文化や慣習がイスラームによって一枚岩的につくられるものだと捉える傾向にある。

---

[17]　留保が多いのは、第2条「差別撤廃義務」、第9条「国籍に関する平等」、第15条「法の前の平等」、第16条「婚姻・家族関係における差別撤廃」である。

[18]　たとえばエジプトは、第16条の留保の理由として、イスラームで男女の権利と義務の均衡がなされていること、相互補完によって本来の夫婦間の平等が達成されていることを挙げている（Musawah 2011: 51）。

しかし、ムサーワーは、各社会のイスラームに対する理解も、各地域・時代の
ローカルな文化の影響を受けたものと考える。また、イスラームの名のもとに
課された過去の性差別や役割分担、人々の意識に残る固定観念の影響によって、
変化する現実に対処できていない点も指摘する［Ibid: 27-29］。

　第3に、そうした状況下、平等や公正を担保するために、どのような方法が
効果的かを考える必要がある。ムサーワーが提案するのは「多面的アプロー
チ」である。それは、イスラーム、国際人権基準、憲法上の保障、人々の生活
実態を、互いに補い合うものとして捉え、それらが一体となってはじめて平等
や公正が確保しうるという考え方である［Ibid: 29］。こうしてムサーワーはイ
スラームを放棄せず、国際人権基準や憲法規定を拒絶することもない。

　前述のようにCEDAW委員会は、留保を付けたムスリム諸国に対して宗教指
導者らの関与を勧め、慣習・伝統の見直しと変革的事例の模索を求めてきた。
これに対して、ムサーワーは（大半が男性で占められる）宗教指導者らの関与だ
けでは足りないと考え、委員会に対して、（男女双方からなる）女性の権利の推
進者や社会学者、カウンセラー、法律家、憲法学者、草の根の女性たち（women
on the ground）を含む、社会の幅広い層による参加と介入を促すことを提案する。
それによって宗教だけでなく、憲法上の保障や人々の現実にまつわる情報が得
られるとともに、あらゆる層に議論が開かれるからである［Ibid］。

　ムサーワーは、「イスラーム」や「公正」に関して、誰もが語れる環境を整
備することの重要性を強調する。それは「女性の声」が聞かれるべきだからと
いうだけではない。弱者の声を排除し続けてきた不均衡な権力関係を是正する
ことに、ムサーワーの想いが向けられていたからである。報告書のなかの「イ
スラームの教えと女性差別撤廃条約はどちらも、ダイナミックに絶え間なく進
んでいくと信じている」［Ibid: 21］という言葉は、ムサーワーが、イスラームと
人権という2つの枠組みの融合により、運動のさらなる広がりを求めただけで
なく、両者が持つ「変革の可能性」――公正な社会の構築に向けて進み続ける
姿勢――に期待を寄せていたことを示している。

　以上、本節では、イスラームに基づく男女平等が、女性差別撤廃条約で求め
られる男女平等と一致すると主張するムサーワーの思想と戦略の一端を拾い出
してきた。浮かび上がってきたのは、宗教の捉え方や運動のあり方におけるム

サーワーの革新性と包括性である。そして、「公正」も「平等」も「ジェンダー」も、社会のなかで構築される概念であり、その意味は人々の経験や期待から常に変化しているという思考の柔軟性と、それに基づいて自らの行動を変え、周囲を巻き込み、より多くの人とつながっていく行動の柔軟性であった。

おわりに

　本章では、ジェンダー平等について「国際人権基準とイスラームは対立する」という主張を検討してきた。各節を通して明らかになったのは、国際人権基準も、イスラームも、男女平等をめぐる考え方には変化や多様性があるということであった。

　第1節でみたように、国際人権基準の男女平等論は、1979年に国連で採択された女性差別撤廃条約で大きく進展した。そこで、男女平等について「法律上の平等」に加えて、過去や現在の不平等を考慮し、その是正を図る「事実上の平等」と、未来の不平等をなくすための「変革的平等」という考え方が採り入れられた。

　イスラームの男女平等論を概観した第2節では、男女の相互補完的な関係性を公正と捉える「均衡論」が20世紀に始まった新しいものだということがわかった。また近年では、イスラームが求めるのは公正であり、公正にはジェンダー平等が伴うと主張するイスラミック・フェミニズムが声を広げつつあることも示した。

　後者の一例として、第3節では、2009年にマレーシアで発足した国際的な啓蒙活動団体ムサーワーを取り上げ、その主張——女性差別撤廃条約とイスラームの男女平等論は一致する——を支える思想と戦略を検討した。結果として、ムサーワーのもつ革新性と包括性、柔軟性が浮かび上がった。

　ムサーワーのマニフェストともいえる『求む——ムスリム家族における平等と公正』のなかで、ザイナ・アンワルは次のように記している。「本書の目的は、すべてのムスリムがあらゆる文脈で適用できる家族法のひな型や画一的なモデルを提供することではない。変化と改革について建設的に考え、また、かつてイスラーム法の伝統に不可欠だった多様性とダイナミズムを取り戻すため

の地平を拓くことである」[Anwar 2009a: 1]。理想の形を設定し、そこにたどり着こうとするのではなく、多様性とダイナミズムに向かうという彼女の言葉は、リッキー・ホルトマートの女性差別撤廃条約への評価——「変革的平等」を目指す女性差別撤廃条約は、自律性と自由、そして多様性の可能性を提供するものだというもの——を思い起こさせる。

女性差別撤廃条約とムサーワーに共通するゴールは、差別のない公正な社会を築くことである。では、公正とはいったいどのような状態なのだろうか。

長らくムサーワーの理論的支柱となってきた人類学者のズィーバー＝ミール・ホセイニーはこう述べている。われわれの使命は公正が何かを定義することではなく、誰かがその性ゆえに、不公正や差別に直面したり、それを経験したりしたときに、皆に聞こえるように声をあげることである、と［Mir-Hosseini 2009: 46-47］。ムサーワーが CEDAW 委員会への提言として、草の根の女性たちを含む社会のより広い層の関与を求めたのは、人の世のどこかに、どこにでもある不公正を見落とさないようにという思いもあったのであろう。

本章で取り上げたのはイスラーム圏の議論のごく一部であるが、宗教や文化、伝統を理由に、不公正や差別に直面するという状況は、日本を含む多くの地域で経験されることである。ローカルな文脈で、グローバルな範囲で、状況が変化するように、本章もまた、「声」を届ける媒体の一つとなればと願っている。

参考文献

赤松良子 1994「女子差別撤廃条約の意義」国際女性の地位協会編『女子差別撤廃条約注解』（訂正版）、尚学社

アミーン、カースィム 2024『アラブの女性解放論』岡崎弘樹・後藤絵美訳、法政大学出版局

桑原尚子 2015「国際人権とイスラーム——ジェンダーを中心に」『都市経営』7: 35-45

——— 2021「国際開発とイスラーム法の邂逅」島田弦・桑原尚子編『多様な法世界における法整備支援』旬報社

国際女性の地位協会編 1994『女子差別撤廃条約注解』（訂正版）尚学社

——— 2010『コンメンタール 女性差別撤廃条約』尚学社

後藤絵美 2018「クルアーンとジェンダー——男女のありかたと役割を中心に」松山洋平編『クルアーン入門』作品社

日本ムスリム協会 1996『日亜対訳・注解 聖クルアーン』（改訂版）日本ムスリム協会

ミール゠ホセイニー、ズィーバー 2004『イスラームとジェンダー——現代イランの宗教論争』山岸智子監訳、中西久枝・稲山円・木村洋子・後藤絵美・小林歩・斉藤正道・嶋尾孔仁子・貫井万里訳、明石書店

山下泰子 1994「女子差別撤廃条約の制定過程」国際女性の地位協会編『女子差別撤廃条約注解』尚学社

横田耕一 1997「性差別と平等原則」岩村正彦ほか編『ジェンダーと法』岩波書店

Abu-Zayd, Nasr. 2013 "The Status of Women between the Qur'an and Fiqh," in Mir-Hosseini et al. (eds.), *Gender and Equality in Muslim Family Law*, London and New York: I. B. Tauris, 153–168.

Adújar, Ndeye. 2013 "Feminist Readings of the Qur'an: Social, Political, and Religious Implications," in *Muslima Theology: The Voices of Muslim Women Theologians*, Ednan Aslan, Marcia Hermansen and Elif Medeni (eds.), Frankfurt am Main: Peter Lang, 59–80.

Ali, Shaheen Sardar. 2016 *Modern Challenges to Islamic Law*, Cambridge: Cambridge University Press.

Anwar, Zainah (ed.) 2009a *Wanted: Equality and Justice in the Muslim Family*, Selangor: Musawah.

———. 2009b "Opening Speech," in Global Meeting for Equality and Justice in the Muslim Family, 14 February 2009, Kuala Lumpur.

———. 2013 "From Local to Global: Sisters in Islam and the Making of Musawah: A Global Movement for Equality in the Muslim Family," in Mir-Hosseini et al. (eds.), *Gender and Equality in Muslim Family Law*, London and New York: I. B. Tauris, 107–124.

Badran, Margot. 2010 "Re/placing Islamic Feminism," *Critique internationale* 46: 1–21.

Bauer, Karen. 2015 *Gender Hierarchy in the Qur'ān: Medieval Interpretations, Modern Responses*, Cambridge: Cambridge University Press.

Bydoon, Maysa. 2011 "Reservations on the 'Convention on the Elimination of All Forms of Discrimination against Women (CEDAW)' Based on Islam and its Practical Application in Jordan: Legal Perspectives," *Arab Law Quarterly* 25: 51–69.

Cusack, Simone and Lisa Pusey. 2013 "*CEDAW* and the Rights to Non-Discrimination and Equality," *Melbourne Journal of International Law* 14: 1–39.

Fredman, Sandra, Jaakko Kuosmanen, and Meghan Campbell. 2016 "Transformative Equality: Making the Sustainable Development Goals Work for Women," *Ethics & International Affairs* 30(2): 177–187.

Holtmaat, Rikki. 2013 "The CEDAW: A holistic approach to women's equality and freedom," Anne Hellum and Henriette Sinding Aasen (eds.), *Women's Human Rights: CEDAW in International, Regional and National Law*, Cambridge: Cambridge University Press, 95–123.

Jaffal, Zeyad, Faisal Shawabkeh, and Ali Hadi Al Obeidi. 2022 "Toward constructive harmonisation of Islamic family law and CEDAW: A study on the UAE's reservation to CEDAW Article 16 and equal rights to marriage and family relations," *Australian Journal of Human Rights* 28(1):

139-162.

Quṭb, Sayyid. 2008 *Fī Ẓilāl al-Qur'ān*, 4 vols., Cairo: Dār al-Shurūq.

―――. 2001 *In the Shade of the Qur'ān*, Adil Salahi and Ashur Shamis (trans. and eds.), Leicester: The Islamic Foundation.

Shehadeh, Lamia Rustum. 2003 *The Idea of Women in Fundamentalist Islam*, Gainesville: University Press of Florida.

Mir-Hosseini, Ziba. 2007 "Islam and Gender Justice," in Vincent Cornell and Omid Safi (eds.), *Voices of Islam, Voices of Diversity and Change* Vol. 5, Westport: Greenwood, 85-113.

―――. 2009 "Towards Gender Equality: Muslim Family Laws and the *Shari'ah*," in Zainah Anwar (ed.), *Wanted*, 23-63.

Mir-Hosseini, Ziba, Kari Vogt, Lena Larsen, and Christian Moe (eds.) 2013 *Gender and Equality in Muslim Family Law: Justice and Ethics in the Islamic Legal Tradition*, London and New York: I. B. Tauris.

Musawah. 2011 "CEDAW and Muslim Family Laws: In Search of Common Ground," Selangor: Musawah.

―――. 2017 "Islam and the Question of Gender Equality," Knowledge Building Briefs 03, Selangor: Musawah.

Zwingel, Susanne. 2016 *Translating International Women's Rights: The CEDAW Convention in Context*, London: Palgrave Macmillan.

Wadud, Amina. 1999 *Qur'an and Woman: Rereading the Sacred Text from a Woman's Perspective*, New York and Oxford: Oxford University Press.

第10章 信頼とムスリム女性の地域移動

ファーイザ・ムハンマッディーン／山根 聡 監訳

はじめに

　社会的信頼の神話として知られる、非対称の信頼交換（asymmetrical trust exchange）という考え方は、多くの人に支持され、一般的に受け入れられている。この概念は、信頼を得ることが失うことよりも難しく、信頼を確立させるためにかけた程度よりも多くの努力を信頼の回復に費やさなくてはいけないことを示唆している［Rempel and Holmes 1986］。信頼の喪失に言及する際、その根拠に話が及ぶことが多いが、根拠は信頼の獲得には影響しない。このような独特な感情は古くからあり、世界各地のさまざまな社会や文化において顕著に見られるが、このようなアンバランスな形態の信頼交換を支持するような実証的な証拠や研究はない。そのため、これは社会が広めた物語にすぎず、その信憑性を裏づける具体的な「科学的」根拠がない。多くの人々がこの物語を真実として受け入れている一方で、実際には根拠のない神話であり、そのまま何世代にもわたって受け継がれてきたのである［Earle and Cvetkovich 1995: 149］。

　100年前から行われてきた信頼に関する研究のなかでも、ドイチュの研究は特に画期的である。ドイチュは、個人が自分に似ている人をより信頼し、自分とは似ていない人をあまり信頼しない傾向にあることを提唱した。この考えを探るために、ドイチュはよく知られた「囚人のジレンマ」ゲームを通じた実験を行っている。ドイチュは、信頼のダイナミクスを理解することで、彼の研究の主な焦点であった紛争解決につながる可能性があると主張していた。対人関係における信頼に加えて、現代社会における機能的サブシステムに基づいた差

別化の増加に伴い、社会的信頼の関連性も高まりつつある。そのため、分割や階層化が主な信頼の形態を対人的信頼（interpersonal trust）に限定していた古代ギリシア社会や中世ヨーロッパと特に比較して、時間の経過とともに幅広い社会的信頼の必要性が増している。そのため、ドイチュの実験的研究は現代社会における信頼の重要性と、紛争解決に向けたその応用の可能性を浮き彫りにしている［Deutsch 1958］。

　社会学者のルイスとワイガートは、社会的関係に必要な構成要素としての信頼に関する基礎的な研究を発表しており、集団的社会単位や集団の基礎として機能する「必要不可欠な社会的現実」として信頼を定義している［Lewis and Weigert 1985］。この理解についてはバーバーがさらに深めており、心理面での文脈において信頼には2つの基本的な構成要素があり、一つは自然および道徳的な秩序の持続的な完全性に関する期待、もう一つは役割の遂行における技術的な能力であるとしている［Barber 1983］。信頼は社会力学に欠かせない要素であり、集団内の個人の社会心理的な特性であるだけでなく、それ自体がより大きなカテゴリでもあることが先行研究からは示されている。信頼は社会の主体間における絆を強化し、特定のタスクまたはプロジェクトへのコミットメントを高めるのにも役立つ。そのため、この概念に関する現代の文献では、人と人との交流から大規模な組織まで、あらゆるレベルでの対人関係を理解することの重要性を強調している。さらに、研究からは、コミュニケーションのスタイル、リスクを取る行動、共有されている価値観や目標、権力のダイナミクス、リスクの捉え方、経営戦略など、信頼の形成と維持に寄与する数々の要因が特定されている。信頼はさまざまな文脈における社会的交流の成功に欠かせない構成要素であり続けている［Earle and Cvetkovich 1995］。

　近年では、現代社会における対人的な信頼の役割に関する研究が行われている。現代化や機能分化が個人間の信頼の発達に及ぼす影響について、関心が高まっている。先行研究からは、社会が進歩しその複雑さが増していくにつれて対人交流の機会が減少する傾向にあり、社会制度への依存が強まるとともに確立された関係性への依存が弱まることにつながっていることが示されている［Douglas 1986］。さらに、これらの変化は対人関係や社会機関との関係における緊張も生み出している。このような緊張にもかかわらず、先行研究からは、人

と人の間における信頼が今も新しい形態の社会的信頼を確立させる上で重要な役割を果たしていることが示唆されている。具体的には、個人間のコミュニケーションや理解が深まることで、より意味のあるつながりや相互理解を作り出し、それが社会的信頼を高める可能性がある。

　山岸も信頼に関する研究に重要な貢献をしており、日本と米国におけるこのテーマに関する数十年に及ぶ研究の成果を発表している。山岸は、単に他者を信頼することの美徳について説くだけでは不十分であり、信頼が定着しないことを示唆している。代わりに、一般的な信頼を醸成するために必要なのは、社会的知性を強化する機会を人々に提供することであると提案している［Yamagishi 2011］。これは、信頼に値する人と値しない人を見分ける感性と能力を高めることと、ないことが証明されるまで善意があることを想定することを意味している。その結果、社会における全体的な信頼感の醸成に成功するためには、個人と集団の両レベルで社会的知性を育むことへの投資を推奨しなくてはならない。そのようなアプローチは信頼を社会的知性の一種として扱うことに特化したものであり、この点について個人が独自の能力を磨くことを可能にするような経験を生み出すことの重要性を認識させる。そのような経験を生み出すためには、他者と関わる最良の方法の理解と、厳しい（または困難な）状況において効果的に反応するための有効な戦略の学習が求められる。これらの領域を調査し、人々が社会的知性に関する知識やスキルを身に付けることを可能にする経験を積み重ねることで、社会全般で個人間の信頼のレベルを高めることに貢献する可能性がある。

　文献レビューは、緊密な集団が同じ集団のメンバーと集団外の者の信頼を阻害しうることを実証している。これはさらに、組織の形成を成功させるために信頼が必要不可欠であるという、福山の理解により支持されている［Fukuyama 1996］。パットナムも市民の伝統が民主的な管理を促進させ、相互信頼を強化すると主張している［Putnam et al. ca. 2006; Putnam 1993］。さらに、特定のビジネスパートナーとの継続した関係性が有益である可能性があるものの、このようなアプローチには機会費用が伴う。最終的に、社会全体に便益をもたらすためには、緊密な集団が集団の内外で信頼と協力的な関係性を培う度合いに与える影響を理解することが重要である。先行研究からは、信頼に満ちた雰囲気が個人

と組織の協力を奨励することから、家族や集団の限界を超えた信頼の発展が、社会の進歩を助長させるものであることが示唆されている［Putnam et al. ca. 2006］。さらに、緊密な集団が経済や社会の機能全般に与える影響を評価するために、そのような集団が社会的結束の発展を妨害または促進させる過程について調べることも未だに必要である。

　筆者は、集団主義社会における信頼、高い信頼を寄せる者と低い信頼を寄せる者、および信頼の維持といった理解について考察している山岸の研究が紹介している分析手法を活用した。集団主義社会（collectivist society）とは、個人がコミュニティまたは集団内での関係性や義務を強く優先し、グループ外の関係性や義務を犠牲にすることも多いような社会のことである。集団主義社会の大きなメリットの一つが、メンバー間で強固な対人的な絆を醸成し、メンバー間での共有や協力を高めることにつながる点である［Yamagishi 2011］。これによりコミュニティとしての連帯が強まり、メンバーがお互いの成功や幸福を志向するようになる。

　加えて、このような強力な帰属意識と仲間意識は集団内の信頼度を高め、個人が必要に応じてお互いの支援に頼ることを躊躇わなくなる。このことについて山岸は、信頼の構築には長い時間がかかるものの、それがいったん確立されるとメンバー間で深い忠誠が生まれ、長期間にわたる契約のやり取りを必要とせずに取引を促せる日本のような国に、特に当てはまることを指摘している。個人がお互いに協力しあうことを促すような同一の結束の感覚は「集団内での優遇主義」も生み出す傾向があり、これは集団の外にいる者に対する差別につながる［Yamagishi 2011］。さらに、全員が互いに密接に関係しているため、集団内で生じるいかなる過ちや問題も素早く広まり、情報が迅速に共有されてしまう。全体的に、集団主義社会は緊密なコミュニティや高いメンバー間の信頼度など数々の便益をもたらすものの、部外者に対する差別や、メンバー間の説明責任の欠如により引き起こされる問題など、いくつかの欠点も伴う。したがって、特定の社会または個別の状況にとって、そのような社会の在り方が正しいかどうかは慎重に判断しなくてはならない。

　理論家たちの間では、集団主義が信頼の関係性を損なわせているということについて合意が得られている。この点については、ブレスラーなどの学者が、

集団主義が部外者との社会交流を制限する閉じた関係性を重視するため、メンバー間における有意義な関係性の形成の可能性を破壊していると主張している［Sosis and Bressler 2003］。さらに、集団主義者はグループまたはコミュニティのなかで強力な絆を形成しうるものの、信頼構築を助長するような安心できる環境がないため、境界を越えてこれらの絆を拡張することはできないことを指摘している。この限界のために、個人は既存の輪の外での経済成長や政治参加の機会を、完全に制することができない。グローバリゼーションの文脈も、その文脈のなかで生産された文献が世界市場へと開かれることの重要性を強調することを意味している。しかしこの文献は、それがより大きな資本主義的な力にとって不相応に有利となりうる事実を強調していない。

　加えて、先行研究からは、特定の条件が満たされていれば、信頼が閉じた関係性から解放されうることも明らかになっている。例えば、個人に開かれた対話や相互理解を通じて、異なる背景や文化を持つ人々と交流する機会を提供すると、文化的な違いがあるにもかかわらずお互いをより信頼できるようになる。同様に、ツァイなどの研究者たちは、集団主義社会のメンバーに教育や技術へのアクセスなどの資源を提供することで、身近なネットワークの範囲を超えて有意義なつながりを形成することが可能になることを示す証拠を見出している［Tsai et al. 2020］。集団主義はメンバー間の閉じた関係性に頼る傾向があるため、必ずしも信頼の醸成にとって有利ではないものの、特定の条件が揃えば、集団主義社会も教育、技術へのアクセス、開かれた対話を通じて、従来の境界を越えた信頼のある関係性を個人が確立させることを可能にする。さらに、さまざまな背景を持つメンバー同士の相互理解の確立に資する環境を促進させることが、集団間の紛争を削減し、経済発展や社会の進歩を達成するために必要な協力を促す可能性がある。

　本章ではムスリム女性の地域移動を事例研究として扱うため、共有されている道徳的価値観という要因が重要であり続けた過去のムスリム・コミュニティに関する先行研究についても触れておきたい。中世社会におけるイスラームの教義に従った商業法やパートナーシップに関する研究を行ったウドヴィチは、8世紀までには企業活動が従来の家族に基づいた信頼の体系を超えるほどに進んでいたことを述べている。代わりに、同じ地域的起源または同じ社会集団に

属する者たちによって構成される「道徳的集団（moral group）」と呼ばれるグループが、ビジネス上の提携に利用されるようになったのである［Udovitch 2011: 206］。このような取引の在り方は世界中に広まり、成功する協力的ベンチャーの重要な要因であると考えられている。さまざまな先行研究が、同様の関心や価値観がパートナー間で共有され、親族の絆のみに頼る場合よりも頼れる信頼の形態をこのモデルが提供していることを強調している。このような種類のパートナーシップは、その共同体としての性質により、協力へのインセンティブ、より優れた説明責任、および長期的な安定性を提供するものとして捉えられた。さらなる利点として、道徳的集団においては、メンバーが契約上の義務に違反した場合に責任を取らされることから、ネットワーク内で日和見的行動のリスクに対する保護を提供している点も挙げられる［Prange 2018］。

　現在のモロッコで行われた同様の実験において、ドライバーは、地域を立ち去るユダヤ教コミュニティの面倒を見たムスリムたちが自分たちのことを道徳的エリートであるとみなしていたことについて詳細に記述している。ムスリムは地元の一族の墓の管理人に選ばれ、ユダヤ教コミュニティの信頼を得る機会を得るとともに、彼らに受け入れられた。ムスリムは、この親密さを「信頼のミルクを飲める」ようになると表現している。場合によっては、ムスリムの子どもたちがコミュニティ内のユダヤ教徒と身体的にも精神的にも親密になり、家族のような絆を形成したのである。この絆はユダヤ教徒の女性から授乳されるという文字通りの行為を通じて培われたものであり、信頼性を育むことを可能にした。別のシナリオでは、ムスリムとユダヤ教徒の間に生まれたこの親密さは信頼関係を築いただけでなく、家族のような感覚ももたらし、両グループに共有された環境下でお互いに対する深い理解を提供した。このようなエリートとしてのステータスは、彼らの多くが「信頼のミルクを飲む」行為として表現していたことから導出されていた［Driver 2018］。この象徴的な信頼のジェスチャーは、ムスリムのコミュニティがユダヤ教コミュニティにとって最も神聖な空間や最後の休息地を守ることを可能にし、ユダヤ教徒の隣人への彼らの驚くべき献身や強い絆を示した。さらに、この「信頼のミルク」により、彼らが特に信頼に値するものとして見られたため、コミュニティ全般の補助的な存在となることを可能にした。したがって、彼らが地域を立ち去るユダヤ教徒の友

人たちの後見人として役立ったと同時に、ムスリムのコミュニティ全般において認められるようになったのである。

1 信頼とムスリム女性の地域移動

本章では、信頼という考え方を、パキスタンのムスリム女性の事例を通じて探る。女性の地域移動という問題は常に、①共有された価値観や信念を通じた、②平和の時期において、③構築される信頼、という問題に深く根差している。先行研究によると、19世紀のインドにおける女性の教育の主なハードルは、女性が書くことを学びたい場合、縁戚関係にない男性に手紙を書くようになる可能性があるという点であった。しかし、この認識は大きく変化している。19世紀以降、信頼を構築する過程は、ゆっくりとではあるものの、着実に進んできた。同じ問題は繰り返し問われてきたが、10年単位で女性が移動できる領域の境界線が見直され、拡大されてきた。ただし、これには越えなければならないハードルが伴った。主な問題は、平和があるか否かであった。

女性の地域移動は、ハディースでは平和の指標として提示されている。「アッラーは、女性が強盗に遭う心配なく、ヤスリブからヒーラまで、またはさらに遠くへ、ラクダに乗って旅することができるようにあなた方を助け、あなた方に与えるであろう」（ティルミズィー著『集成』）。これは、女性が一人で移動できる平和と繁栄の指標である。したがってウラマーは、安全が保障されるのであれば、女性も一人で移動できると主張している。パキスタンの例を見ると、女性はかなり平和な地域では移動できる。これには、戦争による影響を直接受けていない都市部や農村部が含まれる。同様に、ムスリムが多数派である国のほとんどでは、女性の地域移動が可能であり、頻繁に仕事や教育のために国内を移動している。しかし、同じくムスリムが多数派であるパキスタンでは、平和や安定が脅威に晒されており、脆弱な人々の命が常に脅かされている地域がある。したがって、女性による自宅の外での活動率も引き下げられてしまう。

パキスタンで女性が直面する大きな課題は、その家族が彼女たちを信頼する必要性よりも、女性の教育や就労の機会を支援するために女性の安全を保障するインフラであった。女性の教育にとって信頼が特に重要である理由の一つは、

正式な教育には自宅を離れ、慣れない場所へ移動することを求められることが多い点にある。新しい環境で支えてくれる友人や親戚によるネットワークを構築できる男性と同じ機会を得られない可能性のある多くの女性にとって、これは厄介な問題である。さらに、女性は、賄えないほど高い費用や保育に関する選択肢の欠如など、教育にアクセスする上でさらなる困難に直面する可能性もある。これらの障壁は、危険または歓迎されない環境としてみなされる可能性のある学校やカレッジなどの機関に対する信頼の欠如により、さらに複雑になることがある。利用できる手段がある場合、多くの女性は仕事や教育の機会のためにより安全な場所へと移住することを望む。しかし、彼女たちは家族や友人により構成される頼れるネットワークを必要とするのである。

2 マドラサによる大学の女性の教育の支援（事例 1）

パキスタンのラホールで女性のマドラサに関するフィールドワークを実施していた間（2017 年 4 月、2017 年 9-10 月）、筆者はこれらのマドラサが高等教育を受けたいという学生の志を支援しているいくつかの例を見学した。女性は、大学で教育を受ける上で多大な障壁に直面している。例えば農村地域では、学校がしばしば自宅から離れている。その結果、彼女たちは男性たちと同じような学校へ通う機会を同じように得られていない可能性がある。加えて、都市部の大学は彼女たちにとって辿り着けないほど遠い。大学教育を受けるために、多くの女性が自宅を離れ、国内の別の地域へと移動しなくてはならない。この障壁を乗り越えるために、ラホールのジャーミア・スィラージーヤ（Jamia Sirajiya）は、農村地域出身の学生向けに寄宿舎を提供し、彼女たちの大学への移動を促すとともに、大学の授業時間が終わった後に宗教教育の授業を行っている。他の多くのマドラサも、学生が学校や職業訓練センター、大学などへ通学することを促進している。また、これらのマドラサは、学生が学校や大学から戻ってきた後、午後にマドラサのカリキュラムに沿って勉学に励めるような形でスケジュールを組んでいる。さらに、学生のために英語を教えることで、学生の勉学を支援している。これは、大学の講義が英語で行われている一方で、学生のほとんどがウルドゥー語を使う学校で学んできたことから、指摘に値する点で

ある。マドラサは、学生たちのために課外授業を企画することで、彼女たちを力づけているのである。

　また、筆者は 2022 年 3 月に、インドネシアのジョグジャカルタにあるペサントレンでも、大学教育を修了するために宿泊施設を活用し、マドラサの支援を提供するという同様の支援を行っていた女性に出会っている。学生たちにとっては、この方が手ごろな価格に落ち着き、親もその方が信頼できると考えているのである。これらの事例は、宗教機関の寄宿学校が、ムスリム女性による高等教育の機会へのアクセスを支援する上で、仲介役として重要な役割を果たせることを示唆している。宗教機関は都市部における親と機関の間における信頼の架け橋として機能している。親は女性の家族構成員を他の地域へ送り出しつつ、彼女たちが安全でよく面倒を見てもらえることについて確信を持てる。機関の宗教的な性質は親に安心感をもたらし、親と機関の間に信頼関係を構築するために役立っていたのである。

　19 世紀のインドにおける女性の教育に立ちはだかった大きなハードルが、女性が書くことを覚えれば、そのスキルを使って縁戚関係にない男性と文通するという、当時は不適切で危険とみなされていた行為をするようになるという考え方を影響力を持つ宗教指導者が持っていたためであると先行研究は主張している。しかし、このような認識は時間とともに変わり始め、少しずつ確実にジェンダー間での信頼の構築という過程が形成され始めたのである。インドにおいて女性の教育を取り巻く状況を改善しようとしていた者たちにとって、多くの地域が平和でなかったことは大きな課題であった。政治的な混乱や暴力の時期が繰り返されたことは、女性にとって状況を困難にし、親も娘たちを不安定な環境へ送り出すことについて消極的になった。さらに、紛争が勃発している間に大学が授業を継続できた場合も、教師や学生たち自身が暴力の対象となってしまうことも多かった。しかし、過去 2 世紀の間に、宗教学者の間で女性の教育に対する認識に変化が生じていた。女性による読み書きへのアクセスに関する問題から大学における女性の教育を促進させるマドラサまで[1]、経済的お

---

[1]　大学は共学環境を持っており、性別分離しているマドラサの環境とは異なっている。しかし、マドラサは教育を優先しており、女性の教育を犠牲にするよりも女子学生にはヴェールを被るように求めている。

よび教育的な活動の領域における女性の地域移動と参加を実現するための信頼の構築は、長い道のりを要した。

3 マドラサにおけるアフガニスタンの女子学生（事例2）

2つ目の例は、筆者がパキスタンのマドラサで出会ったアフガニスタン出身の女性たちである[2]。彼女たちは移民であり、彼女たちへの教育は中断していた。パキスタンのマドラサはアフガニスタンの女性にとって長らく教育を受けられる場所であり、その対応はアフガニスタンの学校やカレッジよりも歓迎的であり、さほどお役所的ではなかった。そのため、女性たちの多くが歳を重ねてから、共通の宗教的信念や価値観を通じてつながるために、マドラサに通い始めていた。アフガニスタン移民の家庭の多くが若い娘たちをマドラサに送り出しただけでなく、年配の女性もマドラサを頻繁に訪れ、他の信徒との交流や学習、儀礼に参加していた。学校やカレッジは一部の者によって信頼されていたものの、マドラサの方が価値体系に共感・信頼を得られることから、より安心できる存在であった［Muhammad Din 2023b］。教育を受ける許可を得る上で、彼女たちにとっては信頼が重要だったのである。アフガニスタンでは、政府が勉学や就職を女性に許可していた場合でも、許可や金銭的および社会的な支援という形で家族から支援を受ける必要があった。学校やカレッジを信頼した家族もいたものの、価値観や信念体系に共感できることから、マドラサの方が信頼できるように感じたのである。共通の価値観は、信頼構築の核を成すものである。

4 パキスタンのマドラサとドイツのエアフルト大学の交換留学プログラム（事例3）

2016年と2017年にエアフルト大学で開催された交換留学プログラムの例について、詳しく紹介したい［Bokhari 2023］。このプログラムは、パキスタンの

2）　フィールドワークの期間：2017年4月、9-10月。

マドラサの学生と、ドイツのエアフルト大学で学ぶ大学生の交換留学を目的としていた。ほとんどの高等教育機関は大学の学生交換プログラムに参加できるが、マドラサは高等教育機関とはみなされていないため、基本的にこのプログラムの蚊帳の外に置かれている。2年間にわたるこのプロジェクトでは、4つのマドラサの学生グループがエアフルト大学で2週間を過ごした。グループは約15名の男女の学生により構成されていた。このプログラムは、短期集中型のサマースクールとウィンタースクールへ留学し、意見を交換する機会を学生たちに提供していた。

　筆者がこの例を選んだのは、パキスタン・イスラーム共和国における最も宗教的な要素であるマドラサから女子学生が渡航することも含まれていたためである。筆者は、このようなことが起こりえるとは考えたことがなかった。女性のマドラサでは、ジェンダーに基づいた隔離やヴェールの着用を行っており、医師への訪問などの不可避な事柄を除き、自宅を出ることを避けるように勧めている。女性が家を出ることに対する彼らの立場は、極めて厳しいものである。彼らが共学的な環境でサマースクールに通うことについてヨーロッパの大学の運営側を信頼することは、容易ではなかったことと思われる。プロジェクトチーム内における唯一の女性かつマドラサの卒業生として、筆者はプロジェクトチームがこのような信頼を得るという難しいタスクを達成することを支援したいと考えていた。その準備のプロセスは、交渉、つながりの構築、ミーティングなどを含む信頼の構築に6カ月の期間を要する長いものであった。我々は、まず女性の移動というテーマを扱っている聖典クルアーンの熟読から始めた。

　このアプローチはまったくもって容易でも直線的でもなく、むしろ冗長で骨の折れるものであり、フラストレーションが溜まることもあった。信頼の形成はまさにこのようにゆっくりと動くものなのか、筆者が疑問に感じるようになるほどであった。人々を最高ではなく最悪のムードで試してまで行う必要があるのか？　彼らの反応を意図的に煽ることで達成するほどのことなのか？　実験に関する何らかの社会的・文化的規範を通じて信頼を検証するほどのものなのか？

　ここで、その経緯について、一つ一つのステップを振り返ってみたい。まず、筆者はパキスタンのマドラサ委員会の指導者たちに連絡を取った。筆者はドイ

ツから連絡を試みており、彼らに宛てた丁寧な文面のメールを英語で書いた。これは酷い失敗であり、誰からも返信をもらえなかった。そこで、彼らの電話番号を検索し、ウルドゥー語でメールの文面を練り始めた。メールという媒体では引き続き返信が得られなかったものの、好意的なジェスチャーを示す上では役に立った。彼らのほとんどがコミュニケーションの手段として電話やWhatsApp を好んでいたため、それらを通じて連絡を取り始めた。筆者による第2のステップは、プロジェクトチームとともに彼らのマドラサを訪問することであった。男性のチームメンバーはマドラサの男性指導者と面会した一方で、筆者はマドラサの女性側の方に入り、マドラサ内の女性たちと話すことができた。筆者は教師や事務職員と話すことができた。これは筆者自身やこのプロジェクト、エアフルト大学、さらにドイツという国について質問する機会を彼女たちに提供した。また、彼女たちからは、プロジェクトの目的やアジェンダについても繰り返し質問があった。

この後、マドラサ委員会の指導者たちにドイツにある筆者らの大学へと実際に訪れてもらった。彼らはマドラサの学生たちを実際に送る前に、大学の事務職員や教員らと面会したのである。プログラムや交換プログラムの進め方について詳しく議論するために、エアフルトに数日間滞在した。計画は、学生に教える教科やロジスティクスに関する詳しい議論が進むにつれて立てられていった。開催されたセッションはカリキュラム・デザインと題されていたものの、カリキュラム・デザインに関する議論のほとんどはカリキュラムのアジェンダや目的に関する疑念を払拭することに費やされた。参加者のほとんどからは、まだセッションにおいて教えたい科目について明確な提案がなかった。代わりに、全体的な相互的な疑惑の感情という誰も触れようとしない空気感を管理することに集中した。マドラサ幹部側の疑惑は、これがマドラサの学生を洗脳する西側の計画なのではないかという疑念に根差していた。プロジェクトグループは、プロジェクトの計画を曲げることなく信頼を創り出すことを気にしていた。しかし、まさにこの緊張がお互いを試すために役立ったのである。

どの時間枠でも最も多くの議論が行われた主なテーマは、男性の保護者を伴わないムスリム女性の地域移動であった。彼らは長い距離を移動する場合に女性に同伴するという宗教的な義務に従っていた。女性にはマフラム（maḥram）、

すなわち家族の一員の男性が保護者として同伴しなくてはならない。これについて、2つの観点から議論が進められた。第1に、マドラサは女性がマフラムなしに移動してはならないことを主張していた。プロジェクトに参加することは、ダブルスタンダードについて信者や寄付者から批判を受ける可能性があることを意味していた。第2の観点は、女性の地域移動という問いに関連する聖典をどのように再解釈すべきかという点であった。しかし、これはどちらかというと聖典の再解釈という問題よりも、公衆の間における彼女たちのイメージの問題であった。したがって、マドラサ委員会は、マドラサの男子学生がマフラムとして同伴できる女子学生を選定することを提案した。しかし、ワークショップで使用されるコミュニケーションのための言語である英語を話せる学生を選ぶ必要があったため、これは達成するのが非常に難しかった。マフラムとして互いに縁戚関係にある男性と女性である2人の学生を見つけるということも、留学生候補が非常に少ないことを意味していた。しかし、この点において妥協することは、一部の女子学生が交換プログラムに参加しドイツを訪れることや、プロジェクトを実現できることも意味していたのである。この戦略は、筆者らが当初の信頼を得ていたことも意味していた。最初のサマースクールには、9名の男子学生と4名の女子学生が参加した。女性4名全員に男性のマフラムが同伴した。

これらのマドラサが女子学生をそのようなプログラムに派遣したのは、これが初めてのことであった。第2回では、少ない留学生候補からの選抜が難しかったため、すべての女子学生のマフラムの代わりに、保護者として付き添い人（chaperon）を指名するよう交渉を持ちかけることができた。これは、より多くの学生を募集し、グループに参加する女子学生の数を増やすことを可能にした。マドラサの信頼を得ることは、筆者らのプロジェクトにとって成功であった。プロジェクトのために多くのイベントに共同で取り組んだ後、学生の派遣について彼らの信頼を得ることができたのである。プログラムに参加した最初の学生団が実体験について証言できたため、マドラサ側も周囲の人々からのプレッシャーをさほど感じなくなっていた。そのため、第2回の学生団は冬期の短期集中講座に参加し、異なるマドラサを出身とする6名の女子学生全員を対象に、派遣元となるすべての提携マドラサの代理として6名全員の保護者を代表して

兼任する1人のシャペロンが同行した。これは、代替となる言説を考案し聖典を再解釈することを可能にするほど、信頼が構築された瞬間であった。信頼が、代替的な解釈を実践に移すのに役立ったのである。

　最後となる第3回の夏期講座では、学生団に8名の女子学生と6名の男子学生が含まれた。ここでも、男性シャペロンが付き添うという前回と同じアプローチを採用した。プロジェクトは終結したが、筆者は参加した一部の女子学生と今も連絡を取っており、つながりはより強くなった。この経験には、マドラサが学生たちを信頼すること、親が子どもとマドラサが指名した保護者を信頼すること、パキスタンのマドラサがドイツの大学を信頼すること、ドイツの大使館が（退屈で長い手続きになることがあるビザの発行について）マドラサの学生たちを信頼すること、プロジェクトのメンバーがマドラサを信頼することを必要としていた。このステップには、双方の水平関係（equation）に携わる多くの関係者が人を信頼するという従来の形態から機関（この場合は大学）への信頼に移行することも伴った。

　信頼を構築する過程はさらに発展し、2023年度に至っては何名かの女性学者を会議に参加するよう招待することが容易になっており、そのなかには数々のマドラサや大学への訪問も含まれていた。山岸の例のように、たった1回の電話から、手続きが動き始めたのである。文字通り1日以内に、プロセスに携わるすべての関係者がお互いを信頼し合い、保護者による支援をほとんど必要とせず渡航に向けて準備したのである。2名のマドラサ卒業生が、インドネシアにある彼らのマドラサを代表した。彼らはシャペロン、保護者、またはマフラム抜きで移動したのである。一定の期間をかけた信頼の構築というこの例には、複数の文脈での会議、交渉、腹を割った会話、情報収集が必要であった。

　これは他人を信頼するのに消極的であった保守的なグループの話、というふうに思われるかもしれない。しかし、赤の他人と信頼を構築する過程には、互いについて学び、情報や証言を集め、関与している関係者の信頼性を試し検証する努力という、同様のステップが必ず伴う。マドラサは信頼に至るまでに時間を要したものの、将来的には信頼する意思があった。しかし、信頼関係のきっかけを作ったプロジェクトの寄付者は、プロジェクトをもう一期延長することなく、手を引いてしまった。これは、山岸による高い信頼を寄せる者と低い

信頼を寄せる者という類推を彷彿させるものである。信頼の形成は、関係者が相手方の信頼性を検証するために独特の挑戦により試そうとするため、容易に成文化することはできない。

　信頼を獲得する方法の一つが、情報や脆弱性の共有である。通常、機関は我々が申込書を通じて申し込む際に多くの情報を求めることでこれを行う。驚くような未知の質問をするインタビューも、信頼を確かめる手段である。会議中の非言語的な手がかりも、この目的のために分析される。これが長い過程であることはどれほど強調してもしきれない。これは、集団主義社会や閉じた社会では時間の投資がすでに行われている過程である。人々は確立され信頼されている機関を同じ理由により信頼しており、信頼の構築と人々に自分のことを知ってもらうことに時間をかけているのである。個人の脳は、管理しやすいようにタスクを別の当事者／集団または機関に展開する。また同時に、人々はニュース機関やフェイクニュースに翻弄されやすくなる。

5　考　　察

　近年、就労や就学するパキスタン人女性による運動が大きくなりつつある。これは祝福すべき前向きな傾向である。しかし、平和が実現されておらず、そのため諸種の機関も信頼されていないことにより、戦争が勃発している地域における悪循環を無視することはできない。平和は社会的・経済的な交流の重要な前提条件であり、連携の問題を克服し協力を促進させるのに役立つ。女性が安心して教育やキャリアを追求できるようになるためには、彼女たちを支える機関やインフラ全般を信頼することが必要不可欠である。これには教育、法、医療の諸制度なども含まれる。これらの制度を信頼できると女性が感じる場合、彼女たちがそれらを積極的に利用する可能性も高くなる。

　特定の宗教的または文化的なコミュニティのメンバー間ですでに強力な関係性が出来上がっている場合、それが信頼構築の取り組みの土台となることがある。共有されている宗教的・文化的価値観も、信頼の感覚を生み出すのに役立つ。信頼は、どのような社会においても極めて重要な要素である。我々が共通の価値観や信念を持っていることを知っているということは、平和的に善意を

持って他者と交流することを可能にするのである。女性の信頼性については歴史を通じて議論が行われてきており、多くの文化において、女性が新しい知識を活用して境界を破ることは恐れられ、彼女たちの教育が制限されてきた。しかし、我々は、時間が経つにつれて、女性が移動できる領域の境界が少しずつでありながらも確実に拡大してきているのを目の当たりにしている。この過程にハードルがなかったわけではない。世界の多くの地域における平和の欠如は、主な困難の一つであり、社会のより脆弱な部分に不相応に影響してきた。

　安心・安全を感じることの重要性がどの社会の進歩にとっても欠かせないことは、多くの場所における平和の欠如がその進歩を妨げ、孤立が進み恐怖や不信感が強まることを意味している。さらに、女子など立場の弱い者は、このような暴力と政治的混乱の頻発による影響を特に受ける。戦争やその他の植民地化の経験に耐えてきたコミュニティは、部外者に関しては特に深い不信感を抱いていることが多い。戦争と平和の経験は、コミュニティにおける信頼に対する態度に直接影響する。植民地化の場合、信頼の再構築が難しいことも多いほどの不信感が、地域に根強く残ってしまうことがよくある。これは不平等、米国や NATO 軍によるドローン攻撃、「近代化」の取り組みを通じた地元の知識体系の西洋型の教育による置き換えなどの被害が続いている、パキスタンやアフガニスタンのような地域のマドラサに大いに当てはまることである。これは特にマドラサをめぐる世界的な体験に見られており、このような伝統的なイスラーム学校は植民地主義、不平等、軍事介入の時代を経て緊張の発生源となっている。

　しかしながら、地域のコミュニティへの継続的な接触や参入は、文化間に橋を架けるために役立つ［Tonkiss and Passey 2000］。特に、互いの歴史を理解し共通点を見出し、共に建設的に前進することに焦点を当てた長期的な対話がこれに該当する。エアフルト大学の例では、対話を重ね、不信感が存在する理由の背景にある歴史を理解し、過去の過ちから学び、異なる社会や文化の間に橋を架けるよう積極的に協働することで、信頼を再構築することが欠かせなかった。そのような文脈でも、信頼を特定のレベルまで回復させることが大きな挑戦であったものの、不可能ではなかった。関わり合い、時間の投入、交渉を通じて、これらパキスタン、アフガニスタンとヨーロッパという 2 つの根本的に異なる

イデオロギーの間で信頼の基盤を取り戻したのである。そのような経験の後に不信の壁を取り壊すためには、社会の各層が別々に活動し、それぞれの歴史を考慮しつつ信頼の回復に向けて会話を継続しなければならない。共通の価値観や目標は、そのために重要な積み木なのである。人々は異なる語彙を用いてイニシアチブに抵抗する可能性がある。例えば、ドイツの政府は官僚主義的な言葉遣いで疑念を、マドラサはイスラーム法学の語彙により懸念を示していた。一旦信頼が確立されると、彼らの語彙や言語学的な解釈も他者を歓迎するためにその境界を拡大し始めたのである。

　アフガン女性に共有された宗教的信念と、マドラサが都心でムスリムの女性に提供している支援は、既存の構造の上に成り立った信頼構築の重要な例である。教育や雇用へのアクセスがジェンダーに基づいた規範や社会的期待により制限されてしまう可能性があるアフガンの女性は、家族への支援や社会的支援を得るために、共通の宗教的信念に頼っていた。同様に、都心では、マドラサがムスリム女性に教育やスキル構築の機会へのアクセスができる重要なプラットフォームを提供していた。既存の宗教的・社会的構造を活用することで、これらの女性は信頼を構築し、手に入れることが難しかった資源へアクセスすることが可能になった。信頼の構築において既存の構造が果たす役割を理解することは、効果的で持続可能な支援システムを生み出し、疎外されたコミュニティに力を与える上では不可欠である。

　このような女性の地域移動に関する宗教的な規定の解釈を変えるという例は、規則や規定が固定的なものではないことを表している。これらは人々や機関の間における平和、安定、信頼度に依存している。これは、特定の学者やウラマーの考え方の原因について考える際に、彼らの声明を解釈するためにそれらの文脈も見る必要があることを念頭に置いておくためでもある。宗教や文化の共有された象徴は、交渉、仲介、信頼の構築にとって重要なツールであり、社会内外での信頼を生み出すために慎重に用いなくてはならない。最終的に、信頼は、個人間であろうが職務上であろうが、どのような関係においても欠かせないものである。2つの当事者の間における信頼の創造は、関係性の構築に時間を費やす結果としてもたらされる。他人と信頼できる関係性を構築することや社会との交流には近道はなく、時間をかけて獲得されなくてはならない。特に、

信頼度の高い者は自分が所属する輪を開き、見慣れない者も招き入れるのに対し、信頼度の低い者はそうするまでにより多くの時間を要する。最終的に、信頼は特定の人物と時間を過ごした結果としてだけでなく、つながりを創るために人の人生に時間を投じる行為としてもみなされるべきである。信頼は、人々が安全に感じられる、金銭では買えない資産である。人々が信頼のある関係性において安心できると、主体的に手を差し伸べ新たなつながりを作ろうとするようになり、信頼をさらに深く意味のあるものにする。

　これらの考察を進めると、ソーシャルメディアなどのデジタル技術も、物理的な距離やその他の障壁の存在にもかかわらず他者とつながりを形成することを可能にしている［Jose 2018; Lai et al. 2015; Zhang et al. 2015; Piela 2012］。これは、現代社会において個人間で信頼を構築するための新たな機会を提供できる可能性がある［Delacroix et al. 2019; Crittenden et al. 2019］。そのため、社会の近代化や複雑性が対人関係における信頼の醸成に独特の困難をもたらしているものの、そのような信頼構築の活動に新たな道を提供するという意味では潜在的な利点ももたらしている［Earle and Cvetkovich 1995; Masood 2018］。例えば、男性が支配するパキスタンの市場という文脈では、女性がソーシャルメディアという空間をインキュベーターとして使う例が増えている。彼女たちは社会的または専門的なネットワーキングのためにソーシャルメディアを活用し、バーザールという男性が支配する市場に参入する前にセーフティネットを創り出している。これは、パキスタン人女性による女性限定のFacebookグループでのプロフェッショナル・ネットワーキングという戦略に関する筆者が近日発表する予定の論文にて詳細に記述している［Muhammad Din 2023a］。ソーシャルメディアは社会における信頼を促進させるための安全な空間となる可能性を秘めているものの、非常に危険な場所にもなりうる。

　近年、パキスタンの女性は、女性限定のプライベートなグループやコミュニティによるネットワークの創造と維持にFacebookを活用するようになっている。労働力に参入するにあたり女性が多大な障壁に直面している国では、これらのFacebookグループ[3]は、ネットワーキングや情報共有のための安全な空

---

[3]　著名なグループとしてはWomen's Investment Forum、Sheops Thursday, 2023、Pakistani Ladies in Germany、Soul Sisters Pakistanが挙げられる。

間を提供している。また、これらのグループは、女性が自らの事業やサービスを宣伝するためのプラットフォームとしても役立っている。これらのバーチャル・ネットワークを創造することで、パキスタン女性は経済的なエンパワーメントの機会を増やしているのである［Yunis et al. 2019］。加えて、これらのグループは社会的障壁を壊し、異なる背景を持つ女性たちの間に橋を架ける役目も果たしている。この例の一つとして "Soul Sisters Pakistan"[4) があるが、このグループには 30 万人を超える参加者がおり、多くの女性にとって知識の提供元となっている。人々が家族や職場について問題に直面しているのであればそれらの問題について匿名で投稿し、グループのメンバーがそれらの問題を解決するための方法、機関、リソースなどに関する知識を共有できる。また、これらのグループは選択、地域移動、仕事、そしてムスリム女性としての権利に関する疑問について開かれた議論を行う場でもある。

おわりに

信頼は、2 つの集団または存在の間で構築し維持するために非常に多くの労力を要する。このような信頼は、時間の流れという試練に耐えられることを保証するために、証言や確認といったさまざまな手順を通じて検証される。当事者間で相互信頼を築く過程は長いが、いったん確立されると、合意内容に違反しない限り持続可能になる。双方の当事者がこの信頼の構築と維持に積極的に参加し、あらゆる側面を考慮することが重要である。

これらの事例や文献について考察した結果として、筆者は、信頼の形成が複雑な過程であり、いくつかの単純な手順にまとめたり、たった一つのレシピとして説明できるものではないことを学んだ。実際、対人的な信頼は主に進化生物学の観点から研究されてきており、計画されていない相互作用の経過で起こる行動を注意深く観察することを伴う［Hosking 2014; Yamagishi 2011］。これは、信頼が発展する過程に関する理解を深めるために、ボディランゲージや言語的および非言語的な手がかりに注意を払わなくてはならないことを意味している。

---

4) この有名な Facebook グループの簡単な紹介は "What is Soul Sisters Pakistan network on Facebook" に掲載されている。

時間と誠実さ、さらに脆弱性に対し心を開く意志による継続的な労務なのである。無力な立場にいる者は、表向きには物事を受け入れているように見えるが、必ずしも信頼しているわけではなく、支配するだけの力がないために従っているのである。したがって、真の信頼を形成することは容易いことではなく、それに伴う複雑さを理解することが、信頼をめぐって作用している機序に関する貴重な洞察につながる。

参考文献

Barber, Bernard. 1983 *The Logic and Limits of Trust: New Brunswick*, N.J.: Rutgers University Press.

Bokhari, Hasnain. 2023 *Religious Pluralism & Religious Plurality: Towards an Ethics of Peace*, University of Erfurt. Available online at https://www.uni-erfurt.de/en/philosophische-fakultaet/seminare-professuren/religionswissenschaft/professuren/islamic-studies/research/religious-pluralism-religious-plurality-towards-an-ethics-of-peace, checked on Tuesday, 1/24/2023 ほか.

Crittenden, Victoria L., Crittenden, William F. and Ajjan, Haya. 2019 "Empowering women micro-entrepreneurs in emerging economies: The role of information communications technology," In *Journal of Business Research* 98: 191–203. DOI: 10.1016/j.jbusres.2019.01.045.

Delacroix, Eva; Parguel, Béatrice, Benoit-Moreau, Florence. 2019 "Digital subsistence entrepreneurs on Facebook," In *Technological Forecasting and Social Change* 146: 887–899. DOI: 10.1016/j.techfore.2018.06.018.

Deutsch, Morton. 1958 *The Resolution of Conflict: Constructive and Destructive Processes*, London: Yale University Press.

Douglas, Mary. 1986(1987) *How Institutions Think*, 1st ed., Syracuse, N.Y.: Syracuse University Press (The Frank W. Abrams lectures).

Driver, Cory Thomas Pechan. 2018 *Muslim Custodians of Jewish Spaces in Morocco: Drinking the Milk of Trust*, Basingstoke, Hampshire: Palgrave Macmillan (Contemporary anthropology of religion).

Earle, Timothy C. and Cvetkovich, George. 1995 *Social Trust: Toward a Cosmopolitan Society*, Westport, Conn., London: Praeger.

Fukuyama, Francis. 1996 *Trust: The Social Virtues and the Creation of Prosperity*, New York: Simon & Schuster.

Hosking, Geoffrey A. 2014 *Trust: A History*, First edition, Oxford: Oxford University Press.

Jami' at-Tirmidhi (Book 47, Hadith; 52953b). Available online at https://sunnah.com/tirmidhi, checked on Tuesday, 1/24/2023.

Jose, Saju. 2018 "Strategic use of digital promotion strategies among female emigrant entrepreneurs in UAE," In *International Journal of Emerging Markets* 13(6): 1699-1718. DOI: 10.1108/IJoEM-10-2016-0268.

Lai, Ching-Yi, Wu, Wei-Wen, Tsai, Shao-Yu, Cheng, Su-Fen, Lin, Kuan-Chia, Liang, Shu-Yuan. 2015 "The Effectiveness of a Facebook-Assisted Teaching Method on Knowledge and Attitudes about Cervical Cancer Prevention and HPV Vaccination Intention among Female Adolescent Students in Taiwan," In *Health Education & Behavior: The Official Publication of the Society for Public Health Education* 42(3): 352-360. DOI: 10.1177/1090198114558591.

Lewis, J. D. and Weigert, A. 1985 "Trust as a Social Reality," In *Social Forces* 63(4): 967-985. DOI: 10.1093/sf/63.4.967.

Masood, Ayesha. 2018 "Negotiating mobility in gendered spaces: Case of Pakistani women doctors," In *Gender, Place & Culture* 25(2): 188-206. DOI: 10.1080/0966369X.2017.1418736.

Muhammad Din, Faiza. 2023a "Digital connectivity as a springboard to professionalization: Facebook groups of Pakistani women," In *International Quarterly for Asian Studies* (upcoming).

———. 2023b *Female Madrasas in Pakistan: Religious, Cultural and Pedagogical Dimensions*, Liverpool University Press.

Pakistani Ladies in Gemany. Available online at https://www.facebook.com/groups/42831105397 1367, checked on Thursday, 3/2/2023.

Piela, Anna. 2012 *Muslim Women Online: Faith and Identity in Virtual Space*, Abingdon, Oxon, New York: Routledge (Routledge Islamic studies series).

Prange, Sebastian R. 2018 *Monsoon Islam: Trade and Faith on the Medieval Malabar Coast*, New York: Cambridge University Press (Cambridge oceanic histories).

Putnam, Robert D. 1993 "The Prosperous Community: Social Capital and Public Life," In *The American Prospect* 13: 35-42. Available online at http://prospect.org/.

Putnam, Robert D., Leonardi, Robert and Nanetti, Raffaella ca. 2006 *Making Democracy Work: Civic Traditions in Modern Italy*, 14. print, Princeton, NJ: Princeton Univ. Press.

Rempel, J. K. and Holmes, J. G. 1986 "How do I trust thee?," In *Psychology Today* 20: 28-34.

Sheops. 2023 Available online at https://www.facebook.com/groups/sheops, updated on Thursday, 3/2/2023.

Sosis, Richard and Bressler, Eric R. 2003 "Cooperation and Commune Longevity: A Test of the Costly Signaling Theory of Religion," In *Cross-Cultural Research* 37(2): 211-239. DOI: 10.1177/1069397103037002003

Soul Sisters Pakistan. 2023 Available online at https://www.facebook.com/groups/41486522528 4415, checked on Thursday, 3/2/2023.

Tonkiss, Fran and Passey, Andrew (eds.) 2000 *Trust and civil society*, Basingstoke: MacMillan.

Tsai, Lily L., Morse, Benjamin S. and Blair, Robert A. 2020 "Building Credibility and Cooperation in Low-Trust Settings: Persuasion and Source Accountability in Liberia During the 2014-2015 Ebola Crisis," In *Comparative Political Studies* 53(10-11): 1582-1618. DOI: 10.1177/0010414019897698.

Udovitch, Abraham Labe. 2011 *Partnership and Profit in Medieval Islam*, Princeton, N.J.: Princeton University Press.

What is Soul Sisters Pakistan network on Facebook. Available online at https://www.globalvillage space.com/what-is-soul-sisters-pakistan-network-on-facebook/

Women traveling without mahram. Available online at https://fiqh.islamonline.net/en/women-traveling-without-mahram/, checked on Tuesday, 1/24/2023.

Women's Investment Forum. Available online at https://www.facebook.com/groups/1652935675 018320, checked on Thursday, 3/2/2023.

Yamagishi, Toshio 2011 *Trust: The Evolutionary Game of Mind and Society*, Tokyo, New York: Springer (The science of the mind).

Yunis, Mohammad, Hashim, Hina and Anderson, Alistair. 2019 "Enablers and Constraints of Female Entrepreneurship in Khyber Pukhtunkhawa, Pakistan: Institutional and Feminist Perspectives," In *Sustainability* 11(1): 27. DOI: 10.3390/su11010027.

Zhang, Ni, Tsark, JoAnn, Campo, Shelly and Teti, Michelle. 2015 "Facebook for Health Promotion: Female College Students' Perspectives on Sharing HPV Vaccine Information through Facebook," In *Hawai'i Journal of Medicine & Public Health* 74(4): 136-140.

あとがき

　手元の携帯電話の予定表をひっくり返して見ると、2020 年 1 月 10 日の寒い日、本研究プロジェクトの代表者黒木さん、A01 班（経済）の代表長岡さんと私の 3 人で、京都大学のひと部屋に集まって 3 時間ほど話し合ったとある。これが、私の本研究プロジェクトとの最初の関わりであった。黒木さんとは以前に研究プロジェクトでご一緒したことで知り合っていて、長岡さんとはよく関西での研究会でご一緒することがあった。この時はまだ、ムスリムに特徴的な「コネクティビティ」や「信頼」を解明できないか、というぼんやりとした輪郭ができつつある段階であった。その後、「学術変革領域研究」という新しい研究種目での応募に向けた動きが本格化し、「イスラーム信頼学」という看板を掲げて何を明らかにしようとしているのか、という議論が重ねられていった。大枠や方針が決まると班の構成を考え、ともに活動する研究分担者や研究協力者のお名前を挙げて依頼する作業に入っていった。班の構成は、現代のムスリムが直面し、関わっている喫緊のテーマをもとに作られた。

　私たちの「思想と戦略」班は、イスラーム思想そのものを正面から扱うというよりも、「コネクティビティ」の問題、すなわち誰が思想を伝え、誰がその影響を受けているかという、思想に関わるヒトそのものに主眼を置こうとした。そして思想が伝わるなかで、思想を根拠として自らの行動、政策などを正当化したり、逆に行動や政策を正当化するために新たな思想を生むようなしたたかな戦略性が潜むことに着目した。言うまでもなく、そうした戦略性はムスリムのみのものではない。しかし、世界宗教で、世界各地に信者が居住するムスリムがそのネットワークを利用する姿は、ムスリム同士という「信頼」が存在することを前提にしている点で特徴的で、ヒトが他者とつながろうとする姿の一例として、ムスリムの事例を記録しておくことは必要であったと考えている。本書では、ムスリム同士だけでなく、ムスリムと非ムスリムの関係性についても分析を行った。

コネクティビティを扱う研究で、ムスリムの行動は特徴的なのか。これを考えるうえで、ヒトがヒトとつながろうとする最初の行為である挨拶を考えたい。私がムスリムを相手に「アッサラーム・アライクム」と挨拶をすると、「あんたはムスリムか？」と問われることがしばしばある。相手に合わせて挨拶したつもりが、そのひと言をもって、相手にはムスリム同胞という意識を喚起させる力が存在することがあるのだ。「ハロー」や「こんにちは」「ニーハオ」では同胞と特定できない宗教的な挨拶。かといって「ナマステ」で私をヒンドゥーと思うインド人はいないだろう。この「アッサラーム・アライクム」は、私がムスリムたりうる可能性を持たせる挨拶なのである。そのひと言で、相手が宗教的同胞であると期待する気持ちこそが、ムスリム同士をつなごうとする基本的な要素なのだろう。もちろん、ムスリム同胞間での対立、衝突は計り知れない。本書でもシリアの問題や在日パキスタン人社会での世代間の対立や違いなど、細やかな感情を記録しようとする試みも含めている。また、急進派のつながりもまた、こんにちの懸念されるべき問題である。それでも、本書で紹介したさまざまな事象において、ムスリムがムスリムや非ムスリムを問わずつながりを模索しているように、ヒトのつながり、あるいはつながろうとする動きは、世界の分断や対立が懸念される現代にこそ再評価すべきものであると考える。本書がこうしたムスリムのつながりの解明について、少しでも貢献できれば幸いである。

　本書の刊行にあたっては、東京大学出版会の山本徹さんに大変お世話になりました。また、校正の段階では研究員の藻谷悠介さんにご協力をいただきました。ここに感謝申し上げます。

　なお本書は、2024 年度文部科学省科学研究費学術変革領域研究（A）「イスラーム的コネクティビティにみる信頼構築：世界の分断をのりこえる戦略知の創造」総括班（20H05823）および計画研究「思想と戦略が織りなす信頼構築」（20H05828）の成果として刊行されるものである。

2025 年 1 月

山根　聡

索　引

執筆者紹介　(掲載順、*は編者)

山根　聡　(やまね そう)*

1964 年生。大阪大学大学院人文学研究科教授。博士（京都大学、地域研究）。ウルドゥー文学、南アジア・イスラーム論。〈主要業績〉『四億の少数派　南アジアのイスラーム』（山川出版社、2011年）、『越境者たちのユーラシア』（共編著、ミネルヴァ書房、2015 年）、『食から描く　インド近現代の社会変容とアイデンティティ』（共編著、春風社、2019 年）。

青山弘之　(あおやま ひろゆき)

1968 年生。東京外国語大学大学院総合国際学研究院教授。一橋大学大学院社会学研究科博士課程。博士（社会学）。現代東アラブ政治。〈主要業績〉『シリア情勢──終わらない人道危機』（岩波書店、2017 年）、『膠着するシリア──トランプ政権は何をもたらしたか』（東京外国語大学出版会、2021年）、『ロシアとシリア──ウクライナ侵攻の論理』（岩波書店、2022 年）。

ジアド・アルアフマド　(Ziad Alahmad)

1988 年生。東京外国語大学特別研究員。東京外国語大学大学院総合国際学研究科博士課程。博士（学術）。強制移住者研究。〈主要業績〉"Turkey's Temporary Protection: Syrians' Perspective," *Language, Area and Culture Studies* 29(1), 2023; "Quest for Citizenship: Examining the Interplay Between Legal Status and (Im)mobility Aspirations of Syrians in Turkey," *Border Crossing* 14(1), 2024 (Co-authored with Mehmet Çiçekli); "No More "Refugees." Re-defining the Humans on the Move from a Humanistic Perspective," in O. Lytovka ed. *Navigating Borders: Perspectives on Migration and Identity*. London: Interdisciplinary Discourses 2024.

菅原由美　(すがはら ゆみ)

1969 年生。大阪大学大学院人文学研究科教授。東京外国語大学大学院地域文化研究科博士後期課程。博士（学術）。東南アジア・イスラーム史、インドネシア史。〈主要業績〉『オランダ植民地体制下ジャワにおける宗教運動』（大阪大学出版会、2013 年）、「出版とオランダ領東インドのイスラーム化──インドネシア近代史叙述とイスラーム・アイデンティティ」小泉順子編『歴史の生成』（京都大学学術出版会、2018 年）、"Sunan Bonang's Teaching: Ethical Sufism in Sixteenth-Century Java" In *Storied Island: New Explorations in Javanese Literature*, edited by Ronit Ricci. Leiden: Brill, 2023.

藻谷悠介　(もたに ゆうすけ)

1992 年生。大阪大学大学院人文学研究科特任研究員。東京大学大学院人文社会系研究科博士課程。修士（文学）。アラブ近代史。〈主要業績〉「ムハンマド・アリーによるシリア統治に関する重要史料」（『アジア・アフリカ言語文化研究』95、2018 年）、「ムハンマド・アリー占領期（1832-1840）のアレッポ高等協議会」（『東洋学報』99(4)、2018 年）、「1830 年代エジプト統治下シリアの財務行政」（『日本中東学会年報』38(2)、2023 年）。

池田一人　（いけだ かずと）
　1967 年生。大阪大学大学院人文学研究科准教授。東京大学大学院総合文化研究科博士課程。博士（学術）。ビルマ史・地域研究、東南アジア史。〈主要業績〉『日本占領期ビルマにおけるカレン＝タキン関係——ミャウンミャ事件と抗日蜂起をめぐって』（上智大学アジア文化研究所モノグラフシリーズ No. 11、2012 年）、"Two Versions of Buddhist Karen History of the Late British Colonial Period in Burma: *Kayin Chronicle* (1929) and *Kuyin Great Chronicle* (1931)," *Southeast Asian Studies*. Vol. 1, No. 3, 2012 年 12 月、"The Emergence of Ethnic Politics in 1940s Myanmar: Karens and Thakin Historiography" in *Journal of Burma Studies*, No. 1, Vol. 29, 2025 (forthcoming).

中溝和弥　（なかみぞ かずや）
　1970 年生。京都大学大学院アジア・アフリカ地域研究研究科教授。東京大学大学院法学政治学研究科博士課程。博士（法学）。現代インド政治。〈主要業績〉『インド　暴力と民主主義——党優位支配の崩壊とアイデンティティの政治』（東京大学出版会、2012 年）、*Violence and Democracy: The Collapse of One-Party Dominant Rule in India*, Kyoto and Victoria: Kyoto University Press and Trans Pacific Press, 2020;『世界の岐路をよみとく基礎概念——比較政治学と国際政治学への誘い』（共編、岩波書店、2024 年）。

アヌプリヤー・シャルマー　（Anupriya Sharma）
　1989 年生。ロンドン大学 UCL 博士課程。南アジアの教育学・社会学。

マリー・ラール　（Marie Lall）
　ロンドン大学 UCL 教授。博士（ロンドン大学 LSE）。南・東南アジアの教育学・政治学。〈主要業績〉*India's Missed Opportunity: India's Relationship with the Non-resident Indians*, Farnham: Ashgate, 2001; *Myanmar's Education Reforms: A Pathway to Social Justice?* London: UCL Press, 2020; *Delhi's Education Revolution: Teachers, Agency & Inclusion*, (Kusha Anand and Marie Lall, eds.), London: UCL Press, 2022.

工藤正子　（くどう まさこ）
　1963 年生。桜美林大学リベラルアーツ学群教授。東京大学大学院総合文化研究科博士課程。博士（学術）。文化人類学、移民研究。〈主要業績〉『越境の人類学——在日パキスタン人ムスリム移民の妻たち』（東京大学出版会、2008 年）。"Multinational migration and post-return identity negotiation: An intersectional study of Japanese-Pakistani Muslim youths," *Ethnic and Racial Studies*, doi: 10.1080/01419870. 2024.2436068, 2024 年.

後藤絵美　（ごとう えみ）
　1975 年生。東京外国語大学アジア・アフリカ言語文化研究所助教。東京大学大学院総合文化研究科地域文化研究博士課程。博士（学術）。近現代イスラーム文化・思想研究、ジェンダー。〈主要業績〉『神のためにまとうヴェール——現代エジプトの女性とイスラーム』（中央公論新社、2014 年）、『イスラームってなに？　イスラームのおしえ』（かもがわ出版、2017 年）。

ファーイザ・ムハンマッディーン　（Faiza Muhammad Din）
　1988 年生。フンボルト大学ベルリン講師。博士（エアフルト大学）。南アジアのジェンダー学・社会学。〈主要業績〉*Female Madrasas in Pakistan: Religious, Cultural and Pedagogical Dimensions*, Liverpool: Liverpool University Press, 2023.

イスラームからつなぐ6　思想と戦略

2025 年 2 月 27 日　初　版

［検印廃止］

編　者　山根　聡

発行所　一般財団法人　東京大学出版会

代表者　中島隆博
153-0041 東京都目黒区駒場4-5-29
https://www.utp.or.jp/
電話 03-6407-1069　Fax 03-6407-1991
振替 00160-6-59964

組　版　有限会社プログレス
印刷所　株式会社ヒライ
製本所　誠製本株式会社

イスラームからつなぐ　[全8巻]

［編集代表］黒木英充
［編集委員］後藤絵美・長岡慎介・野田 仁・近藤信彰・山根 聡・石井正子・熊倉和歌子
Ａ５判・上製・各巻平均 300 頁／＊は既刊